자본주의 시대,

여성의 눈으로 성서를 읽다

자본주의 시대, 여성의 눈으로 성서를 읽다

2020년 5월 13일 초판 1쇄 인쇄
2020년 5월 20일 초판 1쇄 발행

엮은이 | 한국여성신학회
지은이 | 강희수 김선하 김정숙 박진경 이숙진 임현진 정복희 최은영
펴낸이 | 김영호
펴낸곳 | 도서출판 동연
편 집 | 김구 박연숙 전영수 김율 디자인 | 황경실
등 록 | 제1-1383호(1992. 6. 12.)
주 소 | (우 03962) 서울시 마포구 월드컵로 163-3
전 화 | (02) 335-2630
팩 스 | (02) 335-2640
이메일 | h-4321@daum.net / yh4321@gmail.com

Copyright ⓒ 한국여성신학회, 2020

ISBN 978-89-6447-579-9 94230
     978-89-6447-578-2(세트)

여성신학사상 제13집

자본주의 시대,
여 성 의
눈 으 로
성서를 읽다

한국여성신학회 엮음

동연

『자본주의 시대, 여성의 눈으로 성서를 읽다』를 발간하며

『자본주의 시대, 여성의 눈으로 성서를 읽다』 책의 발간사를 쓰라
는 요청에 비로소 한국여성신학회 27기 임기가 마무리 시점이라는 것
을 새삼 실감한다. 다른 기독교학회와는 달리 한국여성신학회 임원들
의 임기는 2년인지라 모든 것이 여의치 않은 상황에서 임원직을 맡아
2년간 활동하는 일이 그리 녹록지않았던 것 또한 사실이다. 남성 중심
적으로 구조화된 한국교회 현실에서 '여성' 그리고 '신학자'라는 실존
의 버거움을 짊어진 채 진정한 평등과 평화라는 목표를 위해 모이고
만들어진 한국여성신학회다. 서로의 어려움에 공감하며 미약하나마
보다 나은 세상을 만들어 보자는 오롯한 열정으로 2년간 함께해온 27
기 임원 선생님들의 사랑과 헌신에 감사드린다. 우리 27기 임원들이
2년간 함께하며 명시적으로 혹은 암묵적으로 공유한 문제는 시대의
고민이며 우리가 서있는 자리에 대한 의식 곧 역사의식이 아니었나
싶다.

우리 한국여성신학회 27기 임원진은 3.1독립선언과 만세운동 그리
고 상해에 대한민국임시정부가 수립된 지 100주년을 한해 앞둔 시점
에 임기를 시작해서 이제 한국전쟁이 발발한 지 70년이 되는 올 6월에
회기를 마무리한다. 일제 치하의 식민지 자리에서 분단의 자리로 삶의

정황이 달라졌지만, 그래서 많이 것이 달라지고 바뀌었지만 그럼에도 여전히 바뀌지 않은 채 이어온 역사의 흐름 한가운데서 우리는 그리고 우리 한국교회는 무엇을 하고 있으며 무엇을 해야 할 것인가를 고민했던 것 같다. 우리 임원진은 뜻을 모아 "종교, 성, 폭력"이라는 주제를 통해 이웃종교를 섬기는 여성 성직자들, 천주교의 수녀님, 원불교의 교무님, 불교의 불자님 그리고 개신교의 목사님을 초청하여 종교의 다름이라는 장벽을 넘어 한국의 종교적 토양에서 살아가는 삶의 이야기를 나누었다. 우리는 각 종교가 다름에도 불구하고 여성들이 겪어내야 하는 성 차별적 상황은 별반 다름이 없다는 사실을 공감했다. 각 다른 종교적 배경을 가지고 있음에도 이웃 종교를 섬기는 분들이 많이 참석해주셔서 그동안 많은 교류가 없었던 이웃종교에 속한 여성들이 한자리에 모여 종교계에 만연한 성 차별, 성폭력의 현실을 분석하고 그 원인과 대안을 진지하게 토론하며 서로가 서로에게 배우는 학술 모임을 가졌다.

3.1 비폭력 만세운동 100주년이 되는 2019년, 우리 임원진들은 74년 전 일본제국의 식민지배로부터 해방되고 완전한 독립을 열망했던 한반도가 세계 유일의 분단국가로 남아 여전히 미완의 독립국가라는 것에 대한 의식을 공유하며 이에 관한 특별 학술행사를 갖기로 결정했다. 이에 한반도 통일 운동에 온 일생을 바치신 박순경 선생님을 기억하며 "박순경 선생님의 삶과 신학: 기독교·통일·민족"이라는 주제를 정하고, 각자 임원이 분야를 나눠 영상과 학술제 그리고 친교 모임에 이르기까지 오랫동안 공을 들여 빈틈없이 행사를 준비했다. 박순경 선생님께서 몸이 불편하신 관계로 직접 참석하시지는 못했으나 영상으로 말씀을 나눠주시고 격려해주시며 여성신학과 통일신학에 있어 선

구자로서 건재하심을 보여주셨다. 세대를 넘어 기독교, 통일, 민족의 주제로 하나 될 수 있는 기회였다. 박순경 선생님의 삶과 신학에 관한 영상을 새롭게 제작하였음을 물론 행사 전체를 동영상으로 촬영하여 선생님께 보내드렸고, 한국여성신학회의 귀중한 자료를 남기는 뜻깊은 기회가 되었다.

2019년 가을, 한국기독교 공동학회 직후에 그동안 한국교계에서 문제가 되던 부자 세습의 문제에 대해 신학자들이 의견을 모아 명성교회 부자 세습을 반대하는 성명서를 발표하기로 기획하며, 이를 위해 오랜 기간 각 학회의 신학자들이 함께 연대하며 준비했다. 한국여성신학회뿐만 아니라 한국문화신학회, 한국목회상담학회 등을 비롯해서 모두 303명의 한국기독교 신학자들이 서명한 성명서를 준비했다. 한국성공회 본당에서 기자회견을 열어 다양한 방법과 형태로 진화되고 있는 교회 세습의 문제를 비판하며 교회 자정 능력을 요구하는 성명서를 발표하고 대담하는 기회를 가졌다. 아마도 가장 많은 한국 신학자들이 교회 개혁을 위해 연대하는 계기가 되었으며, 앞으로도 한국교회 개혁을 위해서 언제든 함께 연대하며 활동할 수 있는 든든한 신학자들의 모임이 형성되었다는데 큰 의의가 있다고 생각한다. 이를 준비하고 실행하기까지 수고한 많은 신학자들 특히 한국여성신학회 전 회장단과 현 임원들의 노고에 감사를 표한다. 그리고 2019년 마지막 송년행사에는 "한국여성신학회 징검다리 잇기"라는 주제로 그동안 한국여성신학회를 이끌어온 이전 회장단들과 그들의 활동, 업적 등에 대한 영상 기록을 만들었고, 선배들의 업적과 노고를 기억하며 그 뜻을 이어나가는 한국여성신학회의 전통을 만들어 나가자는 취지의 행사를 진행했다. 한국여성신학회의 과거와 현재 그리고 미래로 이어져가는 열린 전통의 확립을 위한 뜻깊은 자리였다.

이제 우리 한국여성신학회 27기 임원회는 오는 6월 총회를 앞두고 있다. 본래 매년 5월 총회가 열리지만 올해는 코로나 19사태로 6월로 잠정 연기되었다. 6월 마지막 모임에서는 총회가 있을 것이며 신구임원 교체식과 더불어 『자본주의 시대, 여성의 눈으로 성서를 읽다』의 출판기념회로 진행될 것이다.

임기 초 임원들이 모여 매 임기 말에 출판하는 책의 주제를 정하기 위해 서로 머리를 맞대고 의논했던 것이 기억난다. 주제를 먼저 정해야 회원들에게 미리 공지할 수 있고 그래서 관심 있는 사람들이 지원하고 주제에 따른 논문을 구상하고 집필하는 긴 과정 때문에 책의 주제는 임기 초에 정했다. 임원들이 제시한 다양한 주제들 가운데 가장 많이 나온 단어, '성서'와 '자본주의'를 연관시켜 최종 주제를 "자본주의 시대, 여성의 눈으로 성서를 읽다"로 결정했다. 모든 것의 모든 것이 되어버린 자본, 사람의 목줄을 죄고 삶의 의미를 감사와 행복이 아닌 생존으로 만들어버리며 어른·어린아이를 가리지 않고 모두의 어깨를 짓누르는 돈의 문제, 시대를 관통하는 절대적 가치로 인식되어 온 '진'·'선'·'미'의 기준조차 비웃는 듯 가뿐히 뒤틀어버리는 이 자본 우위의 시대에 우리는 진정 예수를 따르는 참된 그리스도인으로 살 수 있을까? 오늘날과 같은 극단적인 자본주의 시대를 살아가며 성서를 읽고 묵상하고 삶 속에 실천해 간다는 것은 과연 가능이나 한 것이며, 만일 그렇다면 어떻게 하나님의 말씀대로 살 수 있을 것인가. 하나님보다 돈이 더 강력하며 더 인기가 있는 듯 예수가 아닌 돈을 따라가는 현 자본주의 시대에 그럼에도 불구하고 예수의 제자로서 살아야만 하는 그리스도인의 삶에 대한 고뇌로부터 "자본주의 시대, 여성의 눈으로 성서를 읽다"는 비롯되었다. 쉽지 않은 주제를 가지고 집필해주신 집필진의 노고가 감사할 뿐이다.

이번 코로나19 사태로 많은 것들이 변화되고 있다. 코로나19로 인해 인간들이 발과 손을 멈추고 사회적 거리를 두자 아이러니하게도 자연이 살아나고 있는 듯하다. 하늘이 맑아지고 생태계가 회복되는 것을 느낀다. 코로나19 이후의 한국 사회, 한국교회 그리고 한국 신학은 어떻게 전개되어야 할지 새로운 고민에 마음이 쓰인다. 살다보니 이런 일도 생기는구나 하는 예측 불가능한 시기에 우리는 예측가능한 일들을 해내고 있다. 5월 중에는 『자본주의 시대, 여성의 눈으로 성서를 읽다』가 드디어 출판될 것이다.

그동안 수고하신 27기 임원직을 맡아 환상적 팀워크로 수고해주신 장영주, 강희수, 진미리, 김선하 박사님들, 춘천에서 오가며 최선을 다해주신 편집부장 정애성 박사님, 부편집장 최순양 박사님과 원고를 쓰느라 고생하신 집필진 선생님들 그리고 어려운 여건에서도 기꺼이 책으로 출판될 수 있도록 도와주신 도서출판 동연 김영호 대표님과 여성신학회를 후원해주신 이대 대학교회, 석사감리교회 손학균 목사님, 공주초대감리교회 서소원 목사님, 성암감리교회 허태수 목사님, 고마운 모든 분께 마음을 모아 진심 어린 감사의 말씀을 전한다. "고맙습니다."

김정숙
한국여성신학회 회장

머 리 말

『자본주의 시대, 여성의 눈으로 성서를 읽다』를 출간하며

한국여성신학회 27기 임원들이 서대문역 인근 카페에 모여 논집 13집의 주제를 궁리하던 때가 2018년 12월 초였으니, 이 책은 시간의 산물이다. 해마다 회원 수는 늘어 가지만 익명의 존재들처럼 뿔뿔이 흩어진 여성신학회 회원들을 글쓰기 작업에 불러들일 수 있는 주제가 무엇이 있을까. 결국 우리에게 채택된 키워드는 전 세계인들의 삶을 급속히 그리고 파행적으로 침탈하며 수많은 생명을 위협하고 앗아가는 광포한 자본주의 그리고 여성신학회 전 회원의 공동의 텍스트인 성서. "자본주의 시대, 여성의 눈으로 성서를 읽다"라는 주제는 이렇게 만들어졌다. 여덟 명 집필자의 원고가 실린 이 논집은 1부와 2부로 구성되고, 각각 '신자유주의를 넘는 성서적 담론'과 '신자유주의적 삶 속으로-시선과 성찰'이라는 제목하에 네 편의 논문으로 묶였다.

이숙진은 "한국교회 대중적 신앙담론과 자본주의의 친연성"이라는 글에서 한국교회와 자본주의와의 깊은 착종 관계를 신랄하고 리얼하게 드러낸다. 1960년대 산업화 이후 번영신학과 물질적 성공은 교회의 주류 담론이 되었다. IMF 시기에는 깨끗한 부, '청부담론'이 본격적인 등장을 알렸다. 2008년 세계금융위기 이후에는 크리스천 재정원리를 표방하는 '왕의 재정학교'가 급부상하면서 성경적 재정원리에 충실하면 누구나 '거룩한 부자'가 될 수 있다는 간증으로 인기를 끌었다. 이숙진은 경전과 서구기독교의 재물에 대한 이해를 소환하며 맘모니즘과 결탁한 한국교회에 경종을 촉구한다. 만나, 희년법, 희브리 법, 재물에 대한 예수의 급진적 가르침, 소유물을 공유한 초대교회, 금욕과 청빈의 삶을 중시했던 수도원 운동 등, 유대-기독교에는 재물 소유를 한정함으로써 신의 정의와 자비를 실행해온 전통이 올곧게 서 있다. 역사적 기독교는 이기적 탐욕주의에 침윤될 때도 있었지만 이에 맞서 공(公)의 신앙을 지키기도 했다. 한국의 주류교회가 물량적 성장주의에 경도되어 맘몬을 섬길 때 자본주의 시장 논리에 저항하며 생명공동체를 일궈나갈 대안교회의 가능성이 우리에게 있을까.

김정숙은 "낙타와 하나님 나라: 낙타가 바늘귀 통과하기"라는 논문에서 맘몬을 신처럼 섬기는 자본주의 시대에 부자가 하나님 나라에 들어갈 수 있는지를 고찰한다. 근대 자본주의가 고전적 자유주의, 수정 자본주의, 신자유주의 시장경제로 탈바꿈하는 동안 극단적인 빈부격차와 유례없는 생태계 파괴 및 기후변화가 가속화되고 상품이라는 허울 아래 삶의 현실은 '허상'과 '환상'의 이미지로 조작, 왜곡되었다. 맘몬이 최고의 목적과 절대적 가치, 신과 우상이 된 것이다. 김정숙은 아우구스티누스의 아가페와 에로스 개념을 상기하며 재물에 대한 인간의 왜곡된 사랑을 바로잡으려 한다. 아가페가 인간을 향한 무조건적인 하나님의 사랑이라면, 에로스는 존재 근원인 창조주를 갈망하고 그리워하는 인간의 사랑이다. 에로스, 인간의 사랑의 대상은 영원한 안식처이자 삶의 목적인 하나님뿐이며, 재물을 비롯한 그 외의 것은 일시적이고 도구적인 사랑에 불과하다. 이러한 사랑의 질서를 망각하고 맘몬을 하나님처럼 탐닉하고 사랑하는 것은 우상숭배이고 영생에 이르지 못하게 한다. 바늘귀에 들어가는 길은 돈과 재물, 세상의 모든 것이 하나님의 것이며 세상을 구원하는 하나님의 목적에 사용하라고 우리에게 위탁하신 선물임을 잊지 않고 그렇게 행하는 것이다.

누구와 함께, 무엇을 먹을 것인가? 원시 자본주의 시대 이래 인간 사회의 불평등한 삶을 '식사'만큼 노골적으로 드러내는 상징이 또 있을까? 정복희는 "많은 무리를 먹인 기적 이야기에 나타난 평등 지향 — 요한복음 6:1-15를 중심으로"에서 유대교 식사와 1세기 그레코-로만 시대의 식사를 넘어 예수의 식사로 나아간다. 하나님의 백성 이스라엘은 성결한 삶을 요구받았으나 배타적인 음식 규례와 사회 계층화, 불평등한 사회 구조를 양산했다. 그레코-로만 사회의 식사는 코이노니아(공동체의 교제)를 이상으로 삼았지만 사실상 소수의 참석자가 권력과 사회적 입지를 가시화하고 서열화하는 자리였다. 이에 반해 요한복음 6:1-15의 이야기, 갈릴리에서 빵과 물고기로 많은 무리를 먹이신 예수의 식사는 무너진 예루살렘 성전을 대신하여 예수가 주인으로 이방인 무리에게 베푼 메시아연회를 상징화한다. 예수의 식사는 유대교의 배타적 성결과 그레코-로만 사회의 계층화를 뛰어넘어 평등한 삶으로 부르는 자리이고, 그 식사에 참여하는 것은 "자본이 지배하는 체제"에 순응하지 않고 "예수가 지배하는 체제"의 평등 지향적인 사회적 실험에 참여하는 것이라는 정복희의 주장은 불평등한 자본주의 시대에 평등한 하나님의 나라를 일상화할 수 있는 길을 상기하게 한다.

자본주의 사회에서 빚, 채무로 인한 삶의 위기는 한부모 가족, 특히 여성 가장일 경우 극대화된다. 최은영은 "경제적 위기 속의 한부모 가족 이야기 — 열왕기하 4장을 중심으로"라는 글에서 열왕기하 4장 1-7절에 나오는 과부의 가족 이야기를 탈식민주의적, 여성신학적 성서해석 방법으로 읽는다. 예언자 생도 남편을 잃은 한 과부가 엘리사를 찾아가 빚쟁이에게 두 아들까지 빼앗기게 된 사정을 알린다. 과부에게 남은 것은 기름 한 병이 전부이다. 엘리사가 이웃에게 그릇을 빌려와 기름을 채우라고 하자, 여성이 두 아들과 함께 그대로 행하고 그릇마다 기름이 가득 차서 빚을 갚게 된다. 지금까지 이 이야기는 엘리사의 기적설화로 불리며 남성 예언자의 시선에서 성서의 여성을 불쌍한 과부로 타자화, 고정화했다. 최은영은 이 이야기를 경제적 고충에 능동적으로 대처하는 여성 가장의 관점으로 재해석한다. 여성 가장은 경제문제의 해결자, 경제활동의 주체자가 되어 이웃과 연대하며 기적을 낳는다. 오늘날 한부모 가족과 여성 가장들이 겪는 경제적 위기는 여전하지만, 그들을 사회적 약자와 수혜자로만 여기지 않고 사회 전체가 기적을 낳는 시스템으로 작용하는 것이 중요하다. 뒷부분에는 열왕기하 본문 내용에 대한 스토리텔링 방식의 서술이 실려 있다.

박진경은 "신자유주의적 자본주의 시대, 이주 여성 노동자와 한국교회의 과제"라는 글에서 신자유주의적 자본주의 시대 이주 여성 노동자의 차별현상을 분석하고 이를 극복하기 위한 한국교회의 방안을 제시한다. '이주의 여성화'는 신자유주의 시장경제의 두드러진 한 현상이고, 이주 여성 노동자는 신자유주의적 세계화의 대표적 희생자이자 피해자이다. 이주 여성 노동자들은 저임금, 비정규직, 장시간 노동 속에서 성차별, 인종차별, 계층차별에 노출된다. 박진경은 필리핀, 네팔,

몽골 출신 세 명의 이주 여성 노동자와 인터뷰를 한 후 그들이 겪는 삼중적 차별을 언어화한다. 이주 여성 노동자와 남성(선주민 남성 노동자와 이주 남성 노동자)과의 관계에서 발생하는 성차별은 임금 차별, 성희롱, 편견으로 가시화된다. 이주 여성 노동자와 선주민 여성의 관계에서 인종차별이 야기되는데, 인종적 순혈주의와 경제적 우월감, 이주 노동자에 대한 편견이 만든 합성물이다. 이주 여성 노동자와 결혼 이주 여성 간에는 신분상의 차이로 계층차별이 일어난다. 박진경은 한국교회가 공동체성을 회복, 강화함으로써 한국사회 내 이주 여성 노동자의 차별을 극복할 수 있다고 강변하며, 교회의 다섯 가지 목적—교육, 말씀선포, 섬김, 예배, 교제—을 이 시대 이주 여성 노동자들의 정황에서 새롭게 제시한다.

오늘날 인공지능 제품이 대부분 여성 목소리로 만들어지고 각광 받는다는 점에서 인공지능 산업에 침투된 젠더 편견의 심각성은 적잖은 지적을 받아왔다. 임현진은 "인공 '여성' 지능에 대한 여성주의 현상학적 이해 — 바울서신에 나타난 여성 역할의 모순성을 중심으로"에서 최근 EqualAI에서 인공지능 음성인식 장치로 무젠더(genderless) 음성 Q를 출시한 사태에 주목하며 그것이 기술자본주의에 은폐된 젠더 편견을 해결할 수 있을지를 묻는다. 그는 무젠더 음성 인공지능 Q가 곧장 인공 '여성' 지능 문제의 실제적 대안이 되기 어려운 이유를 그와 유사한 실존론적 구조를 보이는 갈라디아서 3장 28절과 고린도전서 14장 34절 사이의 딜레마로 해석하고 그것을 하이데거의 심려 분석론으로 분석한다. 남자도 여자도 없다는 "그리스도 안"의 무젠더적 이상주의와 여성의 잠잠함을 명령하는 그리스도 바깥 사이에, 하이데거의 표현으로, "현사실적 삶의 경험"과 "세인" 세계 사이에 간극이 있다. 젠더를 수단으로 타인의 실존성을 이윤 창출의 동력으로 삼고 과학기술 소비를 통해 그 동력을 더욱 세공화하는 기술자본주의 시대에 우리가 그 시스템에 침투된 젠더 편견과 혐오에 저항하고 개입해야 하는 이유가 바로 이것이다.

김선하는 "자본주의에서 '좋은 삶'에 대한 해석학적 모색"이라는 글에서 폴 리쾨르의 '좋은 삶'을 고찰하고 자본주의 사회에 적용해본다. 리쾨르는 '좋은 삶'을 '정의로운 제도 속에서 타자와 함께, 타자를 위해 사는 진정한 삶'으로 정의한다. '좋은 삶'은 우정과 '더불어–살기'를 수반하며 공유와 제도적 평등으로 확장되는데, 이러한 삶은 타자의 고통에 대한 공감에서 비롯된다. 자본주의는 '좋은 삶'을 위한 정의로운 제도가 될 수 있는가? 김선하는 성서적 '빚' 개념과 마르셀 모스의 '선물' 교환 도덕에서 그 가능성을 본다. 만유는 하나님의 것이고 하나님 사랑은 이웃 사랑으로 연결된다. 우리는 유산이라는 명목으로 과거에 의존해 있는 빚진 자들이다. 관건은 주어진 것을 어떻게 운용하는가인데, 마르셀 모스는 선물(증여)을 그 방식으로 제시한다. 선물–교환은 선심에 의한 임의적인 행위가 아니라 개인의 고립과 이익의 노예화를 방지하는 의무적인 사회소통 제도이다. 달라져야 하는 것은 세계만이 아니라 세계를 대하는 우리 자신이므로, 자본주의 체제 속에서도 우리는 각자의 잃어버린 얼굴을 되찾고 타인과 함께하는 좋은 삶을 끊임없이 생각하고 선택해야 한다는 김선하의 결구는 또한 시선을 끈다.

"전지구적 자본주의 시대, 여성과 디아코니아"에서 강희수는 자문

한다. 여성들의 노동이 주로 돌봄 영역에 투여되고 '가정주부화', '보이지 않는 노동자', '값싸고 온순한 노동자', '지구화의 하인들' 등의 명목으로 여성의 노동이 은폐되고 주변화되는 전지구적 자본주의 시대에 여성의 디아코니아(diakonia)는 희망과 의미를 줄 수 있는가? 디아코니아는 교회의 섬김과 봉사를 이르는 말로, 어원(diakonein, 섬기다)에서 알 수 있듯 섬기는 일, 특히 식탁 시중에서 시작되었다. 나는 세상을 섬기러 왔으니 너희도 섬기라는 예수의 당부대로 교회는 초기부터 디아코니아의 삶을 다각적으로 실천해왔다. 성서에는 예수의 참된 가족이었던 마르다와 마리아, 자기 집을 공유했던 여성들, 여성 사도들, 여성 지도자들, 선한 일과 구제에 힘썼던 여성들 등 디아코니아의 삶을 살았던 다수의 여성이 등장하지만, 교회의 가부장적 제도화로 여성의 디아코니아는 남성을 섬기고 보조하는 봉사로 한정되었다. 강희수는 가부장적 자본주의의 시대에도 예수 그리스도의 삶을 본받아 이웃 사랑을 실천하는 디아코니아의 자취를 1986년 창립 이래 소외된 사람들과 함께 호흡해온 기독여민회의 삶 속에서 찾는다.

그간 이런저런 고충과 사정도 있었지만, 험난한 신자유주의 시대 속에서 살고 생존하는 여성신학자들의 글들이 한 권의 책으로 열매를 맺었다. 책이 나오기까지 함께 수고해주신 분들이 별빛처럼 떠오른다. 어려운 시기에 여성신학회를 이끌어오신 김정숙 회장과 임원들 그리고 바쁜 생활을 쪼개 기꺼이 집필자로 참여해준 여덟 분의 필자들께 진심으로 감사를 전한다. 논집 작업에 함께 해준 최순양 박사, 원고 교정을 도와준 후배 이귀옥에게 고마움을 전한다. 짧지 않은 시간 동안 지루한 교정 및 편집작업의 수고를 담담히 감당해주신 도서출판 동연,

김영호 대표와 편집자들께 마음의 빚을 졌다. 신자유주의적 세계화 양상으로 삽시간에 번진 코로나 19사태의 고통과 그 끝을 알 수 없는 여파에 시달리는 참담한 시절에 이 논집을 한국여성신학회 회원들과 많은 분이 반갑게 읽어주시길 바란다.

2020년 5월
한국여성신학회 편집위원장 정애성

차 례

1부

신자유주의를 넘는
성서적 담론

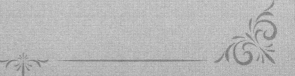

한국교회 대중적 신앙 담론과 자본주의의 친연성

이숙진*

I. 서론

이 글은 산업화 시대 이래 자본의 논리에 침윤된 한국교회의 현실을 대중적 신앙 담론을 통해 조망한다. 나아가 성서와 교회 전통을 지렛대로 삼아 신앙적 공공성을 모색하는데 목적이 있다.

굴곡진 근·현대사 속에서 한국 기독교는 사회 변혁을 이끄는 동력으로 인식되기도 하고, 사회 지체의 원인으로 지목되기도 한다. 한국 기독교는 수용 초기부터 사회 변혁에 기여했으며, 민주화운동의 선봉에 서서 시대의 예언자 역할을 감당해 온 자랑스러운 역사가 있다. 다른 한편, 일제에 협력한 부끄러운 역사나 장로 대통령 만들기와 같은 파당정치나 정치적 우파의 지원군 역할을 해온 이력도 있다.

---

* 이화여자대학교 강사 / 기독교윤리·여성신학

자본주의와의 관계 측면에서도 한국교회는 양단에 서 있다. 한국 사회는 돌진적 산업화의 시기를 거쳐 IMF와 세계금융위기를 겪는 중에 돈의 전능성과 무소불위의 힘을 경험했다. 이러한 과정을 통해 한국교회 공간은 믿음의 순도마저 헌금이나 물질로 측정하는 등 돈의 논리에 침윤되고 있다. 크고 작은 신앙 공동체들이 대형 교회를 지향하고, 선교 방법마저 상업화되면서 교회는 대표적인 자본친화적인 종교 공간이 되었다. 반면, 이러한 흐름에 도전하고 비판적으로 성찰하며 새로운 윤리적 준거를 찾으려는 교회와 교인도 있다. 자본주의의 첨예한 모순이 공동체를 파괴할 때 자본의 논리를 따르기보다는 공동체성을 회복하기 위한 부단한 노력이 있다. 그럼에도 불구하고 한국교회의 주류가 성장주의와 성공주의에 경도되어있는 것은 주지의 사실이다.

요컨대 오늘날 한국 기독교 공간은 소비자본주의 문화와 긴밀히 연동되어 있으며, 다양한 신앙적 장치는 자본주의 사회를 강화하는 데 중요한 역할을 하고 있다. 즉 청부론淸富論과 성부론聖富論으로 대표되는 한국교회의 대중적 신앙 담론은 소비자본주의 사회를 정당화하는 데 중요한 역할을 담당하고 있는 반면, 소비자본주의의 에토스는 한국 기독교 공간에 깊이 침투하여 선교 프로그램을 비롯한 교회 안의 다양한 신앙적 장치를 변형시키고 있다.[1] 대중적 신앙 담론의 수용자인 교인들도 물질적 욕망을 신앙적 언어로 번역한 교회의 재정적 가르침을 적극 받아들여 돈독한 신앙생활과 물질적 풍요를 동일시하는 경향이 있다.

---

[1] 이숙진, "깨끗한 부와 거룩한 부: 후기자본주의시대 한국교회의 '돈' 담론," 한국종교학회 편, 『종교연구』 (서울: 한국종교연구, 2016), 81-115.

사실 기독교 경전과 교회 전통 속에는 나눔의 공동체 문화와 경제 정의의 가르침이 끊이지 않았다. 성서와 교회사에 나타난 자발적 가난의 영성이나 가난한 자와의 연대의식 등의 기독교 전통은 오늘날 한국교회에 시사하는 중요한 지점이 있다. 뿐만 아니라 한국교회 공간에 침투하여 막강한 힘을 발휘하는 자본의 논리에 포획되지 않으면서 공공적 가치를 추구하는 대안 교회 운동도 있다.

이러한 점을 고려하여 이 글은 크게 두 부분으로 구성된다. 첫째, 한국 사회의 경제 상황의 변동에 따라 한국교회의 경제와 연동된 신앙 담론은 어떻게 변화했는지를 탐구한다. 둘째, 기독교 경전과 교회사에 나타난 나눔의 공동체 문화와 경제 정의의 가르침에 주목한다. 즉 경전과 교회 전통을 통해 확산된 자발적 가난의 영성이나 가난한 자와의 연대의식 등의 성찰한다. 그리고 마지막으로 한국교회에서 막강한 힘을 발휘하는 자본의 논리에 포획되지 않으면서 공공적 가치를 추구하는 대안 교회 운동에 주목한다.

II. 한국 사회와 대중적 신앙 담론의 변화

1. 산업화사회의 성장주의와 부의 복음

1960년대 이후 개신교 공간에는 개발독재의 경제성장주의와 공명한 교회 성장주의의 열풍이 불었다. 국가 총동원체제기의 기치였던 '잘 살아보세'는 교회 공간에서 '예수 믿고 만사형통'으로 번안되었다. 격동하는 한국 사회에서 계층적 상승에 대한 욕망과 물질적 수준의 상승

을 추구하는 모든 요소는 신앙적 언어로 번안된 것이다. 이러한 물질
적 풍요와 성공에 대한 신앙적 해석은 부를 욕망하는 신자들에게 크게
어필하였다. 이미 초기부터 교회는 내한 선교사의 영향으로 복음에로
의 회심과 물질적 성공을 동시적으로 추구한 특성이 있었다. 이 시기
의 신학은 일종의 번영신학prosperity theology인데, 이는 교회 성장은 물론
이고 물질적 풍요를 욕망하는 이들에게 내적 동력을 제공하였으며, 부
에 대한 긍정적 인식이 널리 확산되었다.

가난과 질병 슬픔과 절망은 죄 때문에 오게 된 결과입니다. 하나님은 필
요한 것은 모두 다 채워주십니다. 필요한 게 있는데 없어서 발버둥 치며
사는 삶은 하나님이 원하시는 삶이 아닙니다. 신은 겨우겨우 필요한 것만
채우며 사는 것을 원하는 게 아니라 항상 모든 것이 넉넉하여 넘치는 것을
원하십니다. … 모든 것이 넉넉해야 모든 착한 일을 할 수 있습니다. 물질
이 없는 사람은 신에게 드릴 것도 없고 사람들에게 줄 것도 없는 궁핍함에
놓이게 됩니다.[2]

가난해야 좋은 크리스천이 될 수 있다는 이 생각은 하나님이 주시는 생각
이 아닙니다. 성경이 주는 생각이 아니라 그것은 우리를 도적질하고 죽이
고 멸망시키는 악한 마귀가 주는 생각인 것입니다.[3]

교회 성장의 대표적인 모델이었던 카리스마 리더에 의해 선포된 위

---

2 조용기, "가난해야 좋은 신자인가?," 1982년 11월 7일 여의도순복음교회 주일예배 설교
  중에서.
3 앞 글.

의 설교는 부에 대한 비판적 관점을 설파하던 예수운동과는 거리가 있다. 가난은 죄의 결과라든가, 예수를 따르기 위하여 자발적인 가난을 선택하던 신앙 전통을 "악한 마귀"로 폄하하는 메시지는 부를 욕망하던 교인들에게 큰 호응을 얻어냈다.

그런데 산업화시대 한국교회에서 '부'의 축적은 하나님의 축복으로 간주될 뿐 돈 버는 과정에 대해서는 물음이 제기되지 않았다. 더 나아가 부가 믿음의 증거 혹은 신앙의 척도로 여겨지는 분위기가 형성되면서, 헌금을 일종의 투자 자본으로 해석되기도 했다. 그 결과 헌금을 많은 돈을 벌기 위한 종자돈seed money으로 여기는 '씨앗신앙seed faith'이 출현하였다. 자본의 논리가 신앙생활 속에 침윤한 것이다.

이러한 풍토 속에서 한국교회는 한국 사회의 왜곡된 경제 구조에 착종되어 갔다. 한국교회와 부속건물 건립의 붐은 부동산 시장의 투기 문화와의 깊은 착종을 보여주는 대표적인 사례다. 대형 교회를 욕망하는 교회들은 무리하게 대출을 받아서 교회당과 기도원을 건립하였고, 더 많은 땅을 구입할수록 부유해졌다. 교회를 크게 짓고 신자들이 가득 차는 것은 곧 신의 축복으로 해석되었고, 교회가 부흥한다는 것은 교회가 대형화되는 것과 동일하게 사용되었다. 교회 자산이 늘어나면 늘어날수록 빠른 속도로 부패해갔다. IMF를 전후하여 한국 사회에 불었던 안티기독교적인 정서 확산의 도화선이 되었던 것에는 대형 교회의 재정적 문제도 한몫했다.

1970년대 한국교회의 비약적 양적인 성장에는 돌진적 개발주의가 야기한 사회 변동과 연동되어 있다. 산업화로 인한 도시화는 이농향도 현상을 촉진하였고, 그 결과 급격한 공동체 해체는 정서적 불안과 실존적 위기감을 고조시켰다. 성장에 대한 강력한 염원과 동시에 삶에 대한 불안과 걱정이 가중된 대도시에서 교회는 실존적 고통과 심리적 불안을 위무하는 안식처로 역할하였다. 특히 영적인 카타르시스를 제공한 기도원은 약한 심령들의 혼돈과 불안, 좌절과 걱정을 안아주고 치유해주는 공간이었다.

이러한 방식으로 한국 개신교는 지속적인 경제 성장의 동력을 제공한 측면이 있다. 그리고 경제 부문에서의 발전과 유사한 스타일로 교회도 팽창하였다. 예컨대 소수의 재벌주도형 경제 발전처럼 소수의 초대형 교회가 중소 교회를 흡수하면서 한국교회 성장을 독점적으로 선도하였다.[4]

산업화가 초래한 급속한 변화는 전통적 공동체를 파괴함으로써 사람에게 불안을 초래하지만 경제 발전은 일자리를 창조함으로써 기회를 제공한다. 불안과 기회를 제공하는 산업화사회에서 영혼 축복, 범사 축복, 건강 축복의 메시지(요삼 1:2)는 교회 성장의 촉매제가 되었다. 산업화시대 한국교회를 연구한 마틴은 "확산된 복음적 교회들이 제공한 것은 소망 치료 공동체 그리고 네트웍 즉 관계망이었다. 이 교회들은 카오스와 아노미를 막아냈다"[5]고 평가하였듯이, 당시 국가나 시민사회가 수행하지 못한 대체재의 역할을 수행하면서 교회는 급속하게 성장하였다.

---

4 김성건, "고도성장 이후의 한국교회: 종교사회학적 고찰," 『한국 기독교와 역사』 (서울: 한국기독교역사연구소, 2013), 5-45 참조.

5 David Martin, *Tongues of Fire. the Explosion of Protestantism in Latin America* (Oxford UK: Blackwell, 1990), 155.

2. 신자유주의와 청부 담론

복음서에는 부에 대해 부정적인 가르침이 지배적이다. "낙타가 바늘귀로 들어가는 것이 부자가 하나님의 나라에 들어가는 것보다 쉽습니다"(마 19:23-26)나 "여러분은 하나님과 재물을 겸하여 섬기지 못합니다"(마 6:24)는 사례다. 16세기의 개혁파 교회 전통에서는 모든 부가 부정적인 것만이 아니라 '깨끗한 부'에 대한 긍정적인 해석이 등장하였다. 깨끗한 부 곧 청부淸富란 "하나님의 방식과 법대로 살았을 때 그에 대한 은혜와 상급으로 주신 부"라는 뜻이다.6 청부론의 기원은 16세기의 프로테스탄티즘이다. 칼뱅주의는 각자의 소명에 충실함으로써 신의 영광을 드러낸다는 직업소명설과 함께 이미 구원받았다는 확고부동한 믿음에 근거한 윤리적 생활을 강조하였다. 독일어로 직업은 베루프Beruf(영어의 calling)다. 베루프는 '부른다'는 뜻의 베루펜berufen의 명사형이다. 곧 직업과 하나님의 부르심은 같은 어원이다. 프로테스탄트 윤리에 따르면, 하나님이 주신 소명인 각자의 직업에 충실하고 이를 통해 번 돈은 함부로 낭비해서는 안 된다. 그 결과 프로테스탄티즘이 주류인 국가는 본원적 자본이 축적되었으며, 이로 인해 자본주의 태동의 기반이 되었다는 베버의 주장이다.7 또한 베버에 의하면 칼뱅주의는 부富를 하나님의 축복의 징표로 해석함으로써 이윤 추구라는 경제

---

6 김동호, 『깨끗한 크리스천』(서울: 규장, 2002), 8-9; 김동호, 『어린이 돈 반듯하고 정직하게 쓰기』(서울: 주니어규장, 2003), 73.

7 Max Weber, *Die protestantische Ethik und der Geist des Kapitalismus* (Tübingen: J. C. B. Mohr, 1920), 김덕영 옮김, 『프로테스탄티즘의 윤리와 자본주의 정신』(서울: 길, 2010), 71-100.

적 동기를 허용하였는데 이것이 자본주의 발전에 긍정적 영향을 미쳤다. 요컨대, 기독교가 자본주의와 대립적인 관계가 아니라 상호 고무적인 관계가 형성될 수 있으며, 근면성실하게 일하여 번 돈을 낭비없이 저축한다면 그것은 청부 곧 하나님의 은총으로 해석되었다.

한국교회 공간에서 이러한 청부 담론이 본격적으로 등장한 것은 IMF 전후다. 청부론이 출현하게 된 교회 외적인 맥락은 IMF의 구조조정을 거치는 가운데 확산된 '부자되기' 신드롬과 무관하지 않다.[8] 신자유주의의 원리가 사회 각 영역으로 침투하면서 노동의 유연화와 구조조정이 본격화되자, 생존을 위한 겨루기가 더욱 치열해졌다. 특히 1997년 이후 산업사회의 특징이었던 안정된 가족공동체와 평생직장의 개념이 급속히 해체되면서 스스로 생존의 방도를 찾아야 했다. 이러한 위기상황에서 가족이나 조직을 대신할 '돈'에 대한 의존성이 심화되었다. 『10억 만들기』와 같은 재테크 서적이 베스트셀러가 되고, '부자되기' 대학동아리나 '부자학개론' 등의 인기는 이를 반영한다.[9]

교회 공간도 예외가 아니었다. 무한경쟁 사회에 내몰린 이들은 "부자가 되고 강한 자가 되어서 예수 믿는 사람답게 사는"[10] 것을 주장한 청부론에 열렬히 호응하였다. 깨끗한 부자가 되기 위해서는 "하나님의 방식과 법대로" 돈을 벌어야 한다.[11] 또한 깨끗하게 번 돈은 '정직하게'

---

8 이숙진, 앞 글, 2016.
9 서울여대 '부자학개론' 강의는 수강신청 2분 만에 정원 350명이 채워졌고, 대학 동아리에 '부자동아리'가 생겨나고 모 학생의 경우 '20대 부자만들기' 싸이트를 개설한 지 1년 만에 회원수가 6만 명(이중 20대가 70%)을 넘어서기도 했다(「조선일보」, 2005년 11월 24일자).
10 김동호, 『깨끗한 부자』 (서울: 규장, 2001), 205.
11 김동호, 같은 책, 213-231.

몫을 나누는 것으로 이어져야 한다. 성서적 기준에 따른 몫의 주인은 하나님, 이웃, 자신이다. 청부론은 매우 구체적인 수치로 분배의 원칙을 제시한다. 요컨대, 하나님의 몫은 수입의 10분의 1, 여기에 3년마다 바치는 십일조의 1년분 3.33%를 더하고, 나아가 네 귀퉁이 헌물로 21.45%를 합한 34.8%가 된다.[12] 이웃에 대한 몫은 다섯 가지 기준을 통해 제시되는데 세금을 정직하게 납부하는 것, 임금을 제때 제대로 지급하는 것, 노동을 성실하게 제공하는 것, 빚을 갚는 것, 제2의 십일조인 구제다.[13] 나눔이 정확하다면, 나머지 몫에 대해서는 어떤 용도로 사용하건 개인의 권리를 보장해 주어야 한다는 것이 신자유주의 청부의 윤리학이다. 이러한 청부의 윤리학은 세속적인 부자되기 신드롬과 부에 관한 에토스를 공유하지만 구별되는 지점이 있다. 하나님의 법대로 사는 사람에게 결국 모든 일이 뜻과 같이 잘되어 간다는 믿음이 차이점이다.[14] 예수운동에서는 양립 불가능했던 '부자'와 '깨끗하다'를 신앙으로 연결시킴으로써 세속적 부자되기 신드롬과 구별짓기가 이루어졌다.

청부론 출현의 교회 내적인 맥락은 산업화 시대의 한국교회에 팽배한 번영신앙에 대한 반작용과 관계있다. 산업화 시대의 교회 성장주의는 물질적 풍요를 향한 국가와 국민의 욕망에 부합하는 신앙 담론을 유통시켰다. 이른바 번영신앙에서는 '부'를 하나님의 축복의 징표로 해석하면서 돈 버는 과정의 불의를 문제 삼지 않았다. 청부론은 이러한 한국교회의 번영신앙을 비판하며 교회개혁운동의 일환으로 등장하였

---

12 김동호, 같은 책, 159-163.
13 김동호, 같은 책, 135-148.
14 김동호, 앞 책, 2003, 113.

다. 청부론은 주술적 기복신앙과 결합된 번영신앙과 구별짓기를 통해 도덕적 위기에서 벗어나고자 했던 중산층 교인의 적극적 응답과 열렬한 지지를 끌어내었다. 동시에 신앙과 '돈' 사이에 갈등 없이 풍요와 자유를 '당당하게' 누리고 싶은 중산층의 욕망에 정당한 신앙적 근거를 제공하였다. 요컨대 청부 담론은 한국교회가 처한 도덕적 위기에서 벗어남과 동시에 정당하게 인정된 풍요를 누리려는 중산층의 욕망에 신앙적 정당성을 제공했다. 이러한 배경에는 여전히 막스 베버가 분석한 프로테스탄티즘의 윤리가 잘 작동하고 있다. 그 결과 청부 담론을 생산하고 소비하는 교회들은 풍요함과 당당함까지 누림으로써 '상징 자본'을 가진 중산층의 욕망을 적절하게 수렴함과 동시에 나름의 구별짓기에 성공함으로써 여타 교회공동체나 이웃 종교 집단보다 높은 경쟁력을 구가할 수 있게 되었다.

한국교회의 청부론이 성서적인지에 대한 문제가 제기된다. 자크 엘룰에 따르면, 안정감을 누리기 위해 저축에 집착하는 것은 하나님의 의지에 대항하는 것이다.[15] 즉 청부론의 문자적 계산과 미래 대비책은 반성서적이다. 자본주의 구조 자체가 불평등이 전제되어 있는데, 과연 깨끗한 부자가 가능할지에 대한 문제제기도 있다. 자칫 불평등한 구조의 산물인 부를 하나님이 주신 복의 징표라고 간주하고 빈부의 차이를 하나님의 섭리로 인정하는 체제유지적 효과를 가져올 수 있다.[16]

---

15 Jacques Ellul, *L'Homme at l'argen* (Paris: Delachaux & Niestle, [1954] 1994), 양명수 옮김, 『하나님이냐 돈이냐』 (서울: 대장간, 2010), 179.
16 김영봉, "깨끗한 부자는 없다, 신 청부론에 대한 대안적 비판 — 적선을 넘어 제도 개혁으로," 「기독교사상」 47(2003년 3월호), 254.

3. 세계금융위기 이후 '왕의 재정' 담론

2008년 세계금융위기 전후의 교회 공간에는 '부'에 대한 새로운 신앙적 해석이 출현했다. 청부론은 여전히 중산층의 부의 윤리 담론으로 정착했지만, 경제적 파산을 경험한 이들에게는 더 이상 유효하지 않았다. 요컨대 초기 자본주의의 정신으로는 더 이상 부를 축적할 수도, 부채를 감당할 수도 없다는 대중의 위기의식이 개신교 공간에서도 감지된 것이다. 세계금융위기 이후의 부에 대한 새로운 신앙적 해석의 진원지는 크리스천 재정원리를 표방하는 예수전도단 소속의 '왕의 재정학교'(NCMN: Nations-Changer Movement & Network)다. NCMN은 일종의 선교단체로써, 수십억 빚을 지고 내일이 오지 않기를 간절히 바랐던 이들이 왕의 재정 훈련을 통해 재정의 돌파는 물론, 관계 회복과 이웃과 나누는 삶을 살게 된 비결은 누구든 성경적 재정 원리에 충실하면 '거룩한 부자'가 될 수 있다는 믿음임을 널리 확산하고 있다.[17]

하나님 나라 사업을 위한다면 재정 원칙부터 철저히 수행해야 한다는 이른바 '왕의 재정' 강연과 간증은 온·오프라인을 통해 확산되고 있다. 오프라인에서는 부흥회나 정규강좌 등을 통해 크리스천 재정 훈련을 실천하고, 이러한 현장 강의는 유튜브youtube에 동영상으로 업로드하여 국내뿐만 아니라 국외로까지 확산되고 있다. 2019년 현재까지 업로드된 동영상의 갯수는 수 천에 달하며 폭발적인 조회 수를 기록한다. 또한 "수많은 불신자와 낙심한 자들을 주님께 돌아오게 하고, 빚에 허덕이던 개인과 교회에 성경적 재정원칙을 알리며 재정의 돌파를 이

---

17 김미진, 『왕의 재정: 내 삶의 진정한 주인 바꾸기』 (서울: 규장, 2014) 참조.

루게"했다는 내용의 『왕의 재정』은 종교계의 베스트셀러로 자리매김한 지 오래다.

이러한 왕의 재정 담론이 대중적인 호응을 받게 된 사회적 맥락은 세계금융위기와 결부되어 있다.[18] 청부론이 한국교회 중산층의 호응을 끌어낼 수 있었던 1997년 전후만 하더라도 IMF 구제금융의 요구에 따라 구조조정을 하고 근검절약한다면 경제적인 회복이 가능하다는 희망을 꿈꿀 수 있었다. 그러나 그로부터 10여 년이 지난 2008년 세계 금융위기에는 근면성실의 태도로 극복할 수 있다는 믿음이 크게 퇴조하였다. 부동산 시장의 급격한 변동, 부실 펀드와 신용카드 대란 등이 가져온 금융위기로 인해 신용불량자, 노숙자 등 수많은 사회적 배제자를 양산하였기 때문이다. 아울러 신자유주의의 무한경쟁 시스템은 중산층의 몰락뿐만 아니라 한 세대를 통째로 무력화시킴으로써[19] 그 위험성을 드러내었다.

2008년 세계금융위기 이후 대중의 변화된 심리는 통계조사에서도 감지된다. 2013년의 한 통계조사에 따르면, "로또 아니면 10억 모으기 불가능하다"고 응답한 비율이 60%에 육박한다.[20] 이러한 절망적 심리가 팽배한 가운데 출현한 부에 대한 새로운 신앙적 해석에는 경제와 관련된 언어들이 전례 없이 난무한다. 왕의 재정 담론의 생산자와 유통자들은 공공연히, 성서는 믿음과 구원보다 부에 대하여 열 배 이

---

18 이숙진, 앞의 글.
19 홍석만·송명관, 『부채 전쟁: 세계 경제 위기의 진실』 (서울: 나름북스, 2013), 155-186.
20 이러한 변화를 읽을 수 있는 2011, 2013, 2015년의 머니투데이 특집 헤드라인은 다음 과 같다. "국민 54%, 로또 아니면 10억 모으기 불가능," "멀어지는 '부자의 꿈'… 10명 중 6명은 평생 불가능," "59.9% '부자?' 평생 불가능하다."

상이나 언급하고 있다거나, 예수의 비유도 2/3가 부와 관련된 비유임을 강변한다.[21]

그동안 아무리 번영신앙을 내세운 기복주의 성격이 강한 성령집회라고 할지라도 치유와 회복이 선포되었지 노골적으로 물질적인 부에 대하여 언급한 곳은 거의 없다. 신앙의 초석은 물질이 아니라 믿음이나 구원에 있었다. 그런데 왕의 재정론에서는 노골적으로 신앙적 실천에 '돈'이 얼마나 필요한지를 강조한다. 요컨대 왕의 재정론은 경제가 정치, 교육, 예술, 과학기술, 가정 등과 같은 여타의 영역을 위한 튼튼한 기반과 공급원이 되는 중요한 역할을 한다고 하면서 교회 성장의 동력으로 물질을 내세운다.

이러한 NCMN의 왕의 재정 학교는 금융위기가 일으킨 불안의 정서와 깊이 공명하고 있다. 이는 왕의 재정론을 열렬하게 소비하는 주체를 보면 알 수 있다. 청부 담론이 주로 구별짓기를 꾀하는 중산층 신자의 호응을 받았다면, 왕의 재정론은 이와는 사뭇 다른 계층이 주로 소비하고 있는 것으로 비친다. 성서 해석의 수준이나 세련되지 않은 신앙적 언어, 직접적이고 도발적인 표현방식 등도 중산층의 정서와는 거리가 있어 보인다. 그러나 삶의 불안정성이 심화되면서 누구든지 벼랑 끝에 내몰릴 가능성이 높아진 점을 고려한다면 왕의 재정론은 하층계층에서만 소비된다고 할 수 없다. NCMN의 주 강사인 김미진의 경우처럼 계층을 막론하고 경제적으로 파산한 자, 신용불량자의 열렬한 관심을 받고 있다.

이 지점에서 우리는 위험관리의 주체가 사회적 차원에서 개인적 차

---

21 김미진, 앞의 책, 19.

원으로 이동하고 있음을 짐작할 수 있다. 금융의 위험성이 특정계층에 국한되지 않는다는 점은 경제적 파탄에서 자유로운 계층이 없음을 의미한다. 그러하기에 왕의 재정론을 돌리는 주체는 채무관리와 신용관리, 나아가 금융위기의 관리를 신앙적 버전으로 수행하는 자이다. 요컨대 간증에 빈번하게 등장하는 빚, 채무, 투자, 이율, (하늘)은행 등의 금융/재무 언어를 잘 독해하고 구사하며 이를 신앙적 언어로 번안하는 주체다.

김미진의 강연 현장을 취재한 한 신문기사에 따르면, 교회의 주인을 다시 하나님으로 바꿀 것인가를 설명하는 부분은 시간도 부족했지만 청중의 관심도 그것에 있지 않았다고 한다. 0.1%의 부자였던 그가 파산하고 100억을 빚진 상태에서, 하나님의 은혜로 4년 반 만에 다시 월 1억 이상 버는 부자가 되었다는 스토리에 청중은 집중하였던 것이다(이택환, 2014). 아무리 하나님의 은혜였다고 하지만 100억대의 빚으로부터 벗어나서 부자가 될 수 있는 가능성은 매우 희박하다. 그렇지만 언제 몰락할지 몰라 불안감에 싸여있는 사람들이나 빚으로부터 탈출할 수 있는 합리적인 방도를 찾지 못한 이들은 실낱 같은 가능성이라도 잡기 위하여 관련 종교 상품을 구매하고 거룩한 부의 담론을 소비한다.

근검절약이나 자기계발 같은 개인적 차원의 노력으로는 부자가 될 가능성이 없다고 판단한 이들은 부의 축적 통로를 저축이 아니라 투자에서 찾는다. 그런데 투자는 언제든 파산의 위험성을 안고 있다는 점에서 부의 축적 통로의 변화는 새로운 주체의 탄생을 예고한다. 이들이 바로 리스크를 관리해야 할 부담을 안고 있는 '금융적 주체'이다. 문제는 리스크의 원인과 그 돌파구는 전문가의 고도로 특화된 영역이라

합리적 계산을 통해 찾아질 수 있는 것이 아니다. 예측불가능하고, 느닷없이 다가오며, 파산과 성공의 경계에서 늘 불안정한 신용금융은 그 레토릭상 '성령'과 닮았다. 따라서 간증의 공간에서는 "하늘은행에 입금하면 이자율이 3000%"[22]라는 말이 유통되고, 신이 내려주는 부의 선물을 받으려는 수많은 주체들이 몰려들고 있다. 금융적 주체는 부를 얻기 위하여, 혹은 우연히 부를 이루었을 때 이를 관리하는 자기계발의 능력을 필요로 한다. 이들은 금융의 위기적 측면인 변동성, 파괴성, 불안정성을 인지하면서도 신용관리를 비롯한 합리적 방도와 전문지식을 습득하며 위기를 관리하는 주체다. 이 글에서 관심하는 '거룩한 부자'는 금융의 위기에 그림자처럼 드리워진 두려움을 '비합리적' 장치 곧 기도와 믿음을 통해 극복하려는 금융적 주체의 신앙적 버전으로 볼 수 있다.

왕의 재정론은 "하나님은 부자이니 떼먹힐 위험이 없다"는 논리로 하늘 은행에 투자하기를 강변한다. 그 투자는 십일조와 헌금으로 적금을 붓는 행위다. 이에 따르면 하늘 잔고가 넘칠 때, 세상에서의 하나님의 축복(이자)도 넘칠 수 있다. 가난하다면 그 이유는 단 하나, 십일조를 하지 않았기 때문이다. 따라서 이러한 논법에서는 신앙생활이 거룩한 부의 축적과 동일시된다. 그렇다고 왕의 재정론의 진원지인 〈왕의 재정학교〉가 기도 등의 비합리적 방도에만 매달리는 것은 아니다. 거룩한 부에 대한 새로운 관점을 교육하고, 예산 세우기와 집행하기, 빚을 없애는 실질적 방법으로서 규모 있는 생활 등의 교육 프로그램을 제공한다.

---

22 이택환, "하늘은행에 입금하면 이자율이 3000%?," 「뉴스앤조이」 2014년 2월 5일자.

왕의 재정론을 생산하는 이와 같은 프로그램은 믿음과 기도라는 비합리적 내적 장치와 재무관리와 신용관리라는 합리적 외적 장치를 구사하면서 체제 밖으로 밀려날 위기에 처한 이들의 욕망을 흡수하고 있다. 성부 열풍을 취재한 한 신문에서도 주목했듯이, 단 하루라도 빚 없는 세상에 살고 싶은 '신용불량자의 멍에'를 쓰고 사는 수많은 이들과 그 가족들에게는 최소 6개월 정도만 몰입해 실천하면 빚지지 않고, 오히려 어려운 이웃을 돕는 사람으로 거듭나게 된다는 강연은 그야말로 기쁜 소식, 곧 '복음'이다. 그들은 십일조와 헌금은 내 몫이 되어 반드시 돌아온다는 하늘 통장 이론과 그것도 몇 곱절로 돌아온다는 신앙 간증에서 가능성의 동아줄을 발견한다. "십일조를 제일 많이 내는 사람이 되게 해달라"는 절절한 기도 속에는 제일 돈 잘 버는 부자가 되게 해달라는 욕망이 도사리고 있지만 여기에 종교 언어가 입혀지는 순간 이는 성령의 은사로 전환된다. 이러한 신자유주의 체제의 문법에 안착한 왕의 재정론은 세계금융위기의 여파로 몰락한 파산자들을 체제의 논리 안으로 회수하는 역할을 하고 있다.

III. 기독교 전통과 경제 사상의 변화

부와 분배에 관한 기독교의 가르침은 시대와 지역에 따라 다양한 모습을 보여 왔다. 경제적 풍요를 신이 준 선물로 해석해 온 전통과 신과의 관계를 가로막는 장애물로 보는 전통이 공존해 왔다. 가난 역시 윤리적 삶의 징표로 간주되는가 하면 불신앙의 징후로 여겨지기도 했다. 오늘날의 한국교회에서도 예수 믿고 잘 살자는 주장과 예수 닮기 위해 부를 추구해서는 안 된다는 주장이 격돌하고 있다. 좀 더 구체적으로 살펴보도록 하자.

1. 경전과 경제 정의

히브리 바이블에는 물질적 풍요를 신의 선물이나 축복의 표상으로 여기는 경우가 종종 등장한다. 유대-기독교와 이슬람교에서 공히 믿음의 조상으로 여기는 아브라함은 신의 축복을 받아 큰 부자가 되었다(창 24:35). 왕정 시대의 솔로몬 왕도 엄청난 물질적 풍요를 선물로 받았다. 극심한 고통을 겪으면서도 신에 대한 굳건한 믿음을 지킨 욥의 이야기도 결국 많은 재물과 풍요로운 삶을 얻은 것으로 마무리되었다(욥 42:10-17).

그러나 히브리 바이블의 핵심 가르침은 신을 믿는 자에게 늘 차고 넘치는 물질적 풍요가 허락되는 것이 아니었다. 재물의 소유 정도를 제한하는 것이 히브리법의 핵심이다. 이집트에서 탈출한 히브리 노예들이 광야 생활을 할 때 주식이었던 '만나'는 대표적인 사례다. 젖과 꿀이 흐르는 약속의 땅인 가나안으로 들어가기 전에 그들이 머물렀던 광야는 먹을 것이 없는 척박한 땅이었다. 일용할 양식은 오직 신이 내려준 만나였다. 이때 누구든 각자 하루 먹을 만큼의 만나를 거두어야 했는데, 만약 다음날 먹을 것을 염려하여 더 많이 챙겨 거두면 썩었다(출 16:14-36). 바이블의 본문에 따르면 제각기 먹을 만큼만 거두어들였기 때문에 남거나 모자라지 않았다. 히브리인의 역사에서 만나의 사건은 일용할 양식만을 구하라는 뜻으로 그 이상의 것을 축적하면 탐욕이라는 가르침으로 해석되어 왔다.

물론 "도둑질하지 말라"는 십계명의 조항이나 이웃의 재산에 피해를 입히면 보상하도록 한 규정은 고대 히브리 사회가 사적 소유를 허용하였음을 짐작케 한다. 그럼에도 불구하고 히브리의 법은 생존권과 소유권이 충돌할 때는 약자의 생존권을 우선시하였다. 남의 과수원을 침범하면 10세겔을 배상하도록 한 리피트-이쉬타르Lipit-Ishtar 법이나 남의 과수를 훼손하면 그루당 '은 1/2미나'를 배상하도록 명시한 함무라비법처럼, 기원전 18-17세기의 근동 지역의 법은 소유주의 소유물을 지키는 데 초점을 두었다. 반면 히브리 바이블은 가난한 자에 대한 우선적 관심을 보였다. 동족 간의 땅의 공평한 분배(민 26:52-56), 땅 사용권의 한시적 매매 허용(레 25:15)과 같은 제도에서 경제 정의에 입각한 분배의 실현을 지향한 강력한 의지를 읽을 수 있다. 물질의 정의로운 분배를 제도화한 대표적인 것은 희년법이다. 희년은 7번의 안식년이 지나고 그 다음 해인 오십 년(7×7+1=50)마다 찾아오는 해다. 따라서 희년은 그 땅에 거주하는 모든 이가 온갖 속박에서 벗어나는 글자 그대로 기쁜 해[禧年]다. 빚 때문에 종살이를 하던 이들도 이 해가 되면, 종의 신분에서 벗어나 빼앗긴 조상의 땅을 되돌려 받을 수 있었다(레 25:10, 28). 물론 고대 근동 지역의 국가들에서도 물질의 재분배를 통해 사회를 개혁하려는 법이 있었지만, 히브리 바이블은 갚을 수 없을 정도의 빚을 주기적으로 청산해주고, 빚으로 인해 노예가 된 자들을 고향으로 돌아가도록 하는 희년법을 지녔다는 점에서 독특성을 지닌다. 이러한 법은 특정한 계층에 부가 몰리는 빈익빈 부익부 현상을 신의 법에 위반되는 행위로 간주하였음을 보여준다. 이처럼 더 많은 부를 축적하려는 인간의 탐욕을 경계함으로써 정의로운 공동체를 실현하려는 의지가 이 법에 담겨 있다. 요컨대 희년의 핵심 원리는 풍요가 아니라 정의와 공평이며, 이를 실천하는 구체적인 방법은 부채 탕감, 노예해방 그리고 토지에 대한 권리 회복인 것이다.

기독교 바이블에 나타난 예수의 가르침에는 부에 대한 부정적 가르침과 경고가 많다. 예를 들면 부자의 구원 가능성이 매우 낮다(막 19:24)는 경고나 물질적 풍요에 기대어 위안을 받는 부자들에게는 화가 닥칠 것이라는 경고(눅 6:24)가 보인다. 또한 도둑맞거나 평가절하될 가시적 재산을 축적하기보다는 더 큰 가치를 위해 사용할 것을 권고한다든가(마 6:19) 물질적 풍요보다 생명이 더 소중하니 탐욕에 사로잡히지 않도록 스스로 조심할 것을 당부하였다(눅 12:15).

이처럼 여러 본문에서 볼 수 있듯이 부에 대한 예수의 가르침은 매우 신랄하다. 신이냐 재물이냐(마 6:24)의 양자택일을 단호하게 촉구한 예수는 가난한 자들에게 새로운 삶의 길을 제시하였다. 세상의 가치체계와 위계질서를 전복시키면서, 가난으로 정결법을 지키지 못해 경멸당하고 죄인이 될 수밖에 없었던 떠돌이 난민들에게 신의 나라는 그대들의 것이라는 파격적인 메시지를 던졌기 때문이다. 가르침뿐만 아니라 역사적 예수 자신의 삶의 방식도 매우 급진적이다. 기독교 바이블에는 자신을 따르려면, 스스로의 십자가를 지고 따르라고 한다. 이때의 십자가의 삶은 고통과 고난의 길이다. 예수의 제자가 되기 위해서는 세상적 가치와 관심을 전적으로 포기해야 한다. 예수의 가르침과 생애가 기록된 복음서에는 'afieimi'라는 단어가 자주 등장하는데 떠남과 포기의 의미를 지닌 용어다.[23] 즉 여태까지 살아온 삶을 떠나

---

23 서중석, "예수의 카리스마적 리더십과 마가공동체," 「신학논단」 29(2001. 8), 90. 'afieimi'에는 '허락'과 '용서'의 의미도 있으나 이 글에서는 '포기'와 '떠남'으로 해석하고 있다.

험한 고난의 길을 기꺼이 걸어간다는 결단을 뜻한다. 바이블은 예수의 어부였던 첫 제자들이 유일한 생산수단인 그물과 가족들을 남겨두고 예수를 따랐다고 보도한다. 가진 것이 많은 자들은 "모든 것을 버려야"(막 10:28) 함에도 그럴 수 없었기에 예수를 따름에 실패할 수밖에 없었던 것이다.[24]

2. 서구 기독교사의 경제관

1) 예수운동과 초대교회

예수와 그 제자들이 활동할 당시 로마제국의 질서는 팔레스타인의 작은 마을에까지 침투하였다. 제국의 질서는 군사적 압박과 경제적 착취를 통해 이 지역의 전통적인 질서와 가치를 무너뜨렸다. 복음서는 삶의 길을 잃어 사회적으로 무능력해진 오클로스민중가 과중한 세금과 빚으로 인해 종으로 팔려가고 토지 강탈과 굶주림으로 인해 가족과 마을 공동체가 급속히 해체되는 위기 상황을 증언하고 있다.[25]

예수운동은 제국의 폭력적 세계에 부지불식간에 휘말리면서 발생한 신체적 상처와 정신적 트라우마를 치유하였다. 이 운동은 사회적 주변인들에게 희망의 세계를 제시해 줄 뿐만 아니라 로마 군대 귀신으로 표상된 내면이 파괴된 자들을 회복시키는 구체적인 실천행위도 수

---

24 같은 글.

25 Richard A. Horsley, *Jesus and empire: the kingdom of God and the new world disorder*, 김준우 옮김, 『예수와 제국: 하느님 나라와 신세계 무질서』 (고양: 한국 기독교연구소, 2004), 207.

행하였다. 예수가 선포한 신의 나라는 폭력적 제국 질서와는 완전히 다른 가치체계를 지닌 세상이었다. 이처럼 예수운동은 제국의 지배 논리에 의해 파괴된 갈릴리 촌락 공동체의 전통적인 상호 호혜적 관계를 회복시키고자 했으며, 궁극적으로는 제국의 통치에 의해 내면까지 부서진 민중의 마음을 회복시켜 주체적 삶을 영위하도록 이끌었다.26 맘몬이 지배하는 세상에서 신과 맘몬을 동시에 섬길 수 없다며 양자택일을 주문했던 예수의 급진적 운동은 오늘날에도 유효하다.

예수운동이 팔레스타인 농촌 마을을 떠돌며 새로운 공동체적 질서를 가져올 신의 나라 운동에 동참할 것을 촉구했다면, 바울이 중심이 된 초대교회 공동체 활동의 중심은 예수였다. 초대교회의 분위기를 보여주는 사도행전의 기록에 따르면, 가가호호 돌아가면서 빵을 떼어 순전하고 기쁜 마음으로 함께 먹을거리를 나누어 먹으며 신을 찬양하였다(행 2:44-47). 공동체 구성원은 자신들이 소유했던 자원을 팔아 공동체 생활비로 보탰고, 물건은 필요한 사람에게 나누는 등 소유물을 공동으로 사용하였다. 요컨대 초대 공동체 구성원들은 필요할 때마다 땅과 집을 팔아 자발적으로 함께 나누는 경제적 공동체, 곧 코이노니아Koinonia를 통해 히브리 바이블의 희년사상을 실천하였다.

4세기경에 접어들면, 반사회적 반국가적 집단으로 비쳐 로마제국에 의해 탄압을 받던 기독교가 로마의 종교관용법의 혜택을 받게 되었다. 로마제국의 한 종교로 인정받게 되자 기독교 교회는 재산과 권력을 소유할 수 있게 되고, 상층계층이나 지식인도 교회에 들어오게 됨으로써 코이노니아를 지향하던 경제적 신앙 공동체의 특성은 점차 희

---

26 같은 책, 186-190.

미해졌다. 탄압이 종식되면서 기독교인으로 살아도 위험할 것은 없어졌지만 신앙적 정체성은 급속하게 약화되었다. 초기의 공동체 윤리는 서서히 해체되고 가부장적 위계질서와 제도화로 인해 신앙의 형식화 현상이 나타났는데 이에 저항한 일군의 새로운 신앙 공동체가 등장하였다. 바로 수도원 운동이다. 수도원 공동체는 금욕과 청빈의 삶을 강조하면서 부에 대한 탐욕을 통제하기 위한 방안을 마련하였다. 초기 교부들도 교회가 물질을 탐하는 유혹에 빠지지 않도록 탐욕의 위험성을 가르쳤으며, 가진 자라 할지라도 자발적 가난의 길 곧 청빈의 삶을 추구함으로써 신앙인의 모범이 되었다.

밀라노의 교부 암브로시우스는 물질적 부 자체는 악한 것이 아니나 어떻게 사용하는가가 중요하다고 하면서, 만약 부를 합당하게 사용할 줄 모른다면 죄라고 주장했다.[27] 황금의 입이란 별칭이 있을 정도로 설득력 있는 설교자였던 크리소스톰John Chrysostom은 모든 창조물의 선함을 인정하였지만 인간이 재물에 사로잡히는 것은 물신숭배라고 가르쳤다. 밖에 있는 가난한 자가 곧 그리스도라는 급진적 설교를 했던 그는 땅은 모든 사람이 공기처럼 누구나 사용할 수 있는 것이라고 하면서 토지에 대한 만민의 평등한 권리를 주장하였다. 초대교회와 중세교회의 가교 역할을 하였던 교회지도자 어거스틴은 물질적 자원의 목적은 소유하거나 긁어모으는 데 있는 것이 아니라 '사용하는 것'임을 환기시켰다. 만약 사용해야 할 것을 축적하는 것에 목표를 둔다면 죄라고 가르쳤다.

---

27 Justo L. Gonzalez, *The story of Christianity. Volume 1, The early church to the dawn of the reformation* (San Francisco: Harper & Row, 1984), 189.

2) 중세교회

　서유럽의 종교로 확산된 중세의 기독교는 수도원 정신에 따라 자발적 가난을 강조했다. 그러나 수도원 정신에 입각한 신앙생활의 목표는 세상과 분리된 영적 생활의 추구로 귀결되었고 세상일에 대해 부정적 태도를 취했다. 현세보다 내세에 관심을 기울이면서 초대교회가 지향했던 공동체 의식은 약화되고 개인적 신앙의 경향이 팽배하였다.[28] 다른 한편, 10세기에 들어서면서 수도원은 점차 귀족들의 안녕을 대신 빌어주는 검은 옷의 기도전사 역할을 하면서 후원이나 기부금으로 막대한 봉토를 소유하게 되었다.[29] 금력과 권력이 집중된 교회 공간은 점점 무소유나 공동 나눔이라는 기독교 정신과 멀어졌다. 중세 말기에는 부를 축적하기 위하여 성직 매매와 면죄부를 강매하는 사태까지 일어났다. 이처럼 중세교회의 현실은 물질에 매우 탐욕적이었으나 신학적으로는 여전히 성서적 가난과 구제를 강조하는 이율배반성을 보였다.

　중세의 대표적 신학자인 토마스 아퀴나스T. Aquinas는 법을 영원법, 자연법, 인정법人定法의 셋으로 나누었다. 물질의 소유와 관련해서 보면 영원법은 세상 물질이 모두 다 신에 속한다는 것이며, 자연법은 세상 물질이 개개인의 것이 아닌 공동체 구성원 모두의 것이라는 명제다. 이에 반해 인정법은 개인의 소유를 인정한다. 이러한 세 법 사이에는 위계가 있는데, 가령 인정법은 자연법에 어긋나면 안 된다. 자연법은 영원법에 어긋나면 효력을 잃는다. 따라서 개인 소유권의 주요 내용이

---

28 Ibid., 277-279.
29 Ibid., 278.

되는 취득과 관리, 처분의 권리는 인정되지만 모든 것은 신의 것이라는 영원법과 모든 것은 공동체 모두의 소유라는 자연법의 제약을 받는다. 이에 따르면 자신의 것이라고 해도 이웃과 함께 나누어 누릴 생각을 하지 않는 것은 죄를 짓는 행위가 된다. 또한 자기 소유라고 해도 과도하게 소비하는 것은 강도짓이라고 보았다. 부자에게는 도둑질의 의미가 과소비에도 적용될 정도로 폭넓게 해석된다. 먹거리가 없어 끼니를 거르는 가난한 사람이 있다면, 부자의 소유를 허락하는 인정법은 해체되어야 한다. 대신 상위법인 자연법의 원리에 따라 공동체의 일원인 가난한 사람을 구제하는 데 쓰여야 한다. 이러한 논리는 가난한 사람이 생존의 위기에 처했을 때 남의 것을 가져다 쓰는 것은 도둑질이 아니라는 결론으로 이어진다. 본래 세상 만물은 신의 것이기 때문에 가난한 사람이 생존을 위해 남의 물건을 취한 것은 도둑질이 아니라 자기의 것을 찾는 행위로 해석되기 때문이다.[30]

3) 종교개혁

십자군전쟁과 르네상스 이후 중세 장원제는 위기를 맞게 되고 16세기에 이르러 종교개혁의 물결이 거세졌다. 이 시기는 중세 봉건제에서 근대 상업·산업사회로 이행하는 전환기였다. 칼뱅John Calvin의 개혁파 종교개혁은 중세교회의 사제주의와 성속聖俗 이원론을 비판적으로 해체했을 뿐만 아니라 새로운 경제관을 제공하였다. 앞서 살펴보았듯이 중세 기독교는 비록 금권에 침윤된 시기도 있었지만, 원칙적으로는 청

---

30 신치재, "토마스 아퀴나스의 자연법과 정의 사상," 「중앙법학」 16/3 (2014), 413-448.

빈을 이상적 신앙인의 경제윤리 지표로 삼았다. 반면 칼뱅주의는 청부 淸富의 가능성을 제시함으로써 물질관의 변화를 가져왔다. 칼뱅의 종교 개혁은 성속 이원론과 사제주의로 특징지어지는 중세의 신앙적 신조를 개혁했을 뿐만 아니라 경제문제에도 관심을 가졌는데 이는 상업·산업 사회에 부합하는 쪽으로 확장되었다.

칼뱅의 경제윤리는 구원론에 기초해 있다. 그에 의하면 구원받은 그리스도인은 삶의 모든 영역에서 신의 뜻에 따라야 하며 경제적 영역에서도 마찬가지다. 세상 만물의 주인은 인간이 아니라 세상을 창조한 신이다. 인간은 신을 대신하여 관리하는 자에 불과하다. 욕심대로 물질적 풍요를 누리며 사는 삶은 관리자의 바른 태도가 아니라는 것이다. 초대교회 구성원들이 자신의 재산을 팔아 가난한 자들을 위한 구제에 최선을 다했듯이, 신앙인들은 사유재산을 사회의 공공선을 위해 사용해야 한다고 주장했다. 그러면서도 칼뱅은 초대교회가 공동소유만 한 것은 아니라는 점을 들어 개인 소유도 인정했다.[31] 그렇지만 가난을 야기한 그릇된 법과 구조를 방치하는 것은 신앙인의 태도가 아니라고 가르쳤다. 또한 근검절약하여 얻은 깨끗한 부에 대해선 신의 축복으로 해석했지만 토지를 사유하여 불로소득으로 부를 축적한 부자들에 대해서는 신랄하게 비판하였다.[32] 이러한 면에서 볼 때 그의 사상은 일정한 연한이 되면 땅을 회복하고 빚을 탕감해 재산이 사회적 억압의 수단

---

31 J. Calvin, "Contre la secte phantastique et furieuse des Libertins qui se nomment spirituels," *Opera Calvini, VII*, 145-252. 이오갑, "칼뱅에 따른 돈과 재화,"「한국조직신학논총」40 (2014), 15에서 재인용.

32 J. Calvin, "1er sermon sur le ch. 15 du Deutéronome," *Opera Calvini, XXVII*, 319. 이오갑, "종교개혁자들의 경제관,"「사회이론」52 (2017), 15에서 재인용.

으로 탈바꿈하지 않도록 했던 희년 정신의 회복을 강조했던 것으로 보인다.

베버Max Weber는 『프로테스탄티즘의 윤리와 자본주의 정신』(1906)에서 칼뱅주의의 윤리적 지침이 자본주의 정신과 친화성을 띠면서 자본주의의 발흥에 중요한 역할을 수행하였다는 가설을 발표하였다.[33] 이 가설에 의하면 중세 기독교에서는 신의 소명vocation이 성직자나 수도사 등 교회 엘리트의 직분을 의미하며, 신이 준 은사(재능)는 경건한 성직자에게만 해당하는 것으로 이해되었다. 그 결과 직업에 따른 위계의식과 귀천의식이 초래되었고. 농민, 노동자, 상인 등 생업에 종사하던 이들은 자신의 직업에 긍지를 가질 수가 없었다. 그러나 종교개혁자들은 소명이란 생업을 의미하며 재능은 이 세상에서 맡은 일을 효과적으로 수행하기 위해 신이 주신 능력으로 가르쳤다.[34]

이처럼 칼뱅주의는 세상의 생업에 귀천이 없기에 각자의 소명에 충실함으로써 신의 영광을 드러내야 한다는 직업소명설을 가르치는 동시에, 이미 구원받았다는 확고부동한 믿음에 근거하여 신앙인들은 매우 엄격한 윤리적인 생활을 할 것을 독려하였다. 나아가 각자 신의 소명에 따른 일터에서 근면성실하게 일해서 정직하게 번 돈을 함부로 낭비해서는 안 된다고 가르쳤다. 이러한 방식으로 재산을 축적하는 일은 죄가 아니며 구원의 장애가 되는 것도 아니라는 것이다. 이러한 노동윤리와 물질관으로 인해 종교개혁의 사상이 확산된 지역에서는 자본의 본원적 축적이 가능했다는 것이다.[35] 요컨대 베버에 의하면 칼뱅주

---

33 Max Weber, 『프로테스탄티즘의 윤리와 자본주의 정신』 참조.
34 이경숙 외, 『기독교와 세계』 (서울:이화여자대학교 출판부, 2013), 156.
35 Max Weber, 『프로테스탄티즘의 윤리와 자본주의 정신』, 71-100.

의는 부(富)를 하나님의 축복의 징표로 해석함으로써 이윤 추구라는 경제적 동기를 허용하였고, 이것이 자본주의의 태동에 긍정적 영향을 미쳤다. 왜냐하면 자본 축적을 위해서는 성실·근면·절제·시간 엄수 같은 노동윤리가 필요한데, 종교개혁파의 소명의식과 금욕적 훈육이 이러한 윤리를 정당화하고 고무하는 역할을 하였기 때문이다.

IV. 한국 기독교의 대안 교회 운동

지금까지 살펴보았듯이 서구 기독교의 역사는 부의 축적과 분배 문제를 둘러싸고 다양한 견해와 입장을 보여왔지만 나눔의 가치와 경제 정의의 실현을 위한 풍부한 신학적 자원을 내장하고 있음을 알 수 있었다. 물론 한국 기독교의 공간에서도 나눔의 가치와 경제 정의의 실현을 위한 몸짓이 있었다. 지역공동체의 구축에 관심있는 민중교회 운동과 작은교회운동이 대표적인 사례다.

민중교회는 산업화 시대의 교회 성장주의에 맞서 교회 본연의 역할을 수행하였다. 주지하다시피 군사정권하 개발독재로 특징지어지는 산업화 시대의 교회 성장주의와 경제성장주의는 깊이 연동되어 있다. 1960년대 이후 산업화 단계로 접어들면서 이농향도가 불가피해지자 교회는 도시빈민으로 편입된 이농민들에게 심리적 터전을 제공하였고 그 과정에서 급성장을 할 수 있었다. 1970년대부터 본격화된 압축적 산업화와 급속한 도시화는 수많은 사회문제를 낳았고, 기층민중의 생존권과 인권 침해는 심각한 문제로 등장하였다. 전태일 열사의 분신 사건을 계기로 '민중 사건'를 목격한 대학생과 지식인들을 중심으로 기층민중의 생존권 및 인권수호를 위한 다양한 운동이 전개되었다.

이 시기에 등장한 민중교회는 성장주의를 지향한 주류 교회와 달리 지역의 가난한 자와 함께 하는 생활공동체 운동을 전개하였다. 사회적 약자와 억압받는 이들의 편에 서고자 했던 민중교회 운동은 처음부터 공益의 질서를 공共의 실천을 통해 실현한다는 뚜렷한 목표를 내세웠다. 민중신학이 천착한 공益 개념을 민중교회의 신학적 기반으로 삼았던 것이다.

민중신학의 공益 개념과 대립하는 것은 사유화다. 창세기의 타락설화에서 죄의 기원을 해석해 낸 민중신학자 안병무는 인간이 선악과를 따먹은 사건을 신의 영역을 침범한 행위 곧 공益을 파괴하는 행위로 보았다.[36] 세상만물은 창조자 신의 것인데 이를 사유화하려는 인간의 욕망을 본 것이다. 그의 신학에 의하면 공益을 물질적 차원에서 사유화하는 죄는 대립과 약탈, 갈등과 분쟁의 씨앗이 된다. 마찬가지로 정치권력의 차원에서 권력을 사유화한 결과 국경이 고착되고 전쟁과 폭력, 노예제도 등이 초래되었다.[37] 이처럼 민중신학의 공益 개념은 단지 물질적 차원에 머무는 것이 아니라 국제적·정치경제적 차원으로 확대된다.

민중교회는 이러한 민중신학적 사유의 영향을 받으면서 대안적 교회 공간의 역할을 수행했다. 주류 교회가 값싼 은혜와 축복을 기대하며 기복신앙으로 경도되어갈 때, 민중교회는 정반대의 길을 택한 것이다. 주류 교회가 자본주의적 가치를 좇아 교회의 외형을 늘리는 교회 성장 지상주의로 치달을 때, 민중교회는 소외된 개인들의 생활공동체

---

36 안병무, 『민중신학이야기』 (서울: 한국신학연구소, 1987), 203.
37 앞의 책, 204-205.

운동을 통해 공#의 가치를 실천하고자 하였다.

1970년대부터 2000년에 이르기까지 빈민 지역에서 일어났던 주민운동을 채록한『마을공동체 운동의 원형을 찾아서』에는 민중교회가 자본친화적 주류 교회와 얼마나 다른 지향점을 지니고 있었는지 잘 드러나 있다.

> 저소득층 지역에서의 사회운동, 즉 지역주민을 조직하는 운동은 철저히 주민의 이해와 욕구에 기반을 두어야 했기 때문에 주민의 생활상의 문제를 세심히 관찰하고 살피는 데서 시작되었다. (중략) 아이들을 맡아 탁아소를 운영하면서 엄마들의 모임을 조직했고 '어머니학교'를 개설하기도 했다. 노동자 야학을 여는가 하면 청소년 독서 클럽을 만들었고, 때로는 지역청년회를 조직하기도 했다. 외부의 의대생 봉사자를 모아 주말 진료소를 운영하기도 하고 신용협동조합을 설립하기도 했다. 이러한 과정에서 이른바 '민중교회'는 주민을 위한 공간과 프로그램을 만드는 데 많은 기여를 했다.[38]

주류 교회가 대형 교회를 꿈꾸며 양적 성장을 도모하면서 교회 밖의 사람들을 교회 안으로 끌어당기는 전도사업에 매진하는 동안, 민중교회는 교회 밖으로 나가 시민사회운동의 형태로 공공성의 가치를 확장하는 방식을 취한 것이다.

산업화 시대의 성장주의에 매몰된 주류 교회의 대척점에 민중교회

---

38 빈민지역운동사 발간위원회 엮음,『마을공동체 운동의 원형을 찾아서』(서울: 한울, 2017), 36-37.

운동이 있다면, 후기산업화시대의 대형 교회의 대척점에는 '작은교회' 운동이 있다. 2000년대 중반에 등장한 작은교회 운동 역시 소비자본주의에 침윤된 종교 공간에 대한 대안 교회 운동이라 할 수 있다. 여기에서 작은교회는 교회의 크기나 규모에 따른 개념이 아니다. 성장주의를 지지한다면 아무리 작은 규모라도 작은교회라고 할 수 없다. 반면 교회공동체가 지역사회와 신앙 공동체 안에 생명의 네트워크를 형성하고 있다면 그곳은 작은교회다. 작은교회의 대척점에 있는 대형 교회가 문제적인 것은 자본의 논리에 복무하느라 사회와 신앙 공동체의 생태계를 파괴하기 때문이다. 그러하기에 교회와 지역에 맘몬의 논리가 아닌 생명의 가치를 생성하고 확산한다면 작은교회의 목표를 실현한 것이다.

민중교회가 민중신학을 신학적 기반으로 삼았다면 작은교회 운동은 '공공신학'에 기대어 있다. 구체적으로는 마을만들기 사업과 사회적 기업이나 협동조합 등 경제 정의를 실현할 방도를 구상하고, 이를 통해 지역사회의 복지 생태계, 학습 생태계, 문화 생태계를 활성화하는 목표를 가진다.[39]

종교가 중심이 된 공동체 운동은 신앙적 정체성의 강화에 총력을 기울이는 경향이 강하다. 일차적으로 튼튼한 조직을 구축한 후 이상을 실현하려는 전략이다. 그러다 보니 강한 종파성을 띠게 되면서 공동체 운동의 핵심인 공공성 실현은 부차적인 문제로 등한시하기 십상이다. 마치 교회가 그 목표를 설정하고 활동을 전개하며 교회 내의 인적 물적

---

39 이원돈, "탈성장주의의 시대, 교회를 말하다," 공동심포지엄 미간행 발표문, 2013년 4월 13일.

자원을 사용할 때 개별교회의 유지와 확장에 최우선권을 부여하는 개교회주의[40]와 다를 바 없게 될 수도 있다. 종교의 공동체 운동이 '종교적 게토'에 머물지 않기 위해서는 민중교회 운동이 실천한 신앙적 공공성에 주목할 필요가 있다. 일상적 삶을 수렴하지 못하거나 긴밀한 연계과정이 없는 공동체 운동은 사회적 차원에서만이 아니라 교회 안에서조차도 대안공동체 운동의 역할을 감당할 수 없기 때문이다.

V. 결론

시장의 논리가 전 사회 영역을 장악하면서 공공기구마저 사익에 복무한 지 오래다. 공적 기구들이 공공성을 상실하면서 파편화된 개인들의 생존을 보호해줄 장치가 점차 사라지는 악순환이 반복되고 있다. 벼랑 끝에 몰린 송파 세 모녀의 죽음, 성북 네 모녀의 죽음, 탈북 여성의 아사, 추위에 길바닥을 전전하며 내일이 오는 것이 두려워 돌아올 수 없는 길을 떠난 철거민 청년 등, 잇따른 사회적 취약계층의 죽음에서 우리는 "악마는 항상 꼴찌부터 잡아먹는다!"고 한 후생경제학자 아마타르 센의 말을 기억한다. 이 말은 경제적 위기 때 가난한 자들이 제일 먼저 겪게 되는 극단적 고통을 상기시키기 때문이다.

국가마저 예산 마련의 한계를 이유로 공공성을 실천하지 못한다면 시민사회가 나서야 한다. 종교공동체는 그 여느 시민단체보다 풍부한

---

40 개교회주의에 대한 정의는 노치준, "한국교회의 개교회주의," 『한국교회와 사회』 (서울: 나단, 1996), 40 참조.

인적 물적 자원을 가지고 있다. 그간 종교공동체가 주도해왔던 자선과 구제사업은 시혜적 돌봄에 그친다는 의혹에서 자유롭지 못했다. 더욱이 소비자본주의와 공명한 종교 공간에는 물질적 탐욕을 신앙적 언어로 번안한 신앙 담론이 대중적 인기를 구가하고, 풍부한 인적 물적 자원은 개교회의 성장주의에 동원되면서 종교 공간은 공공성을 상실해 왔다.

이 글은 자본의 논리에 침윤된 한국교회의 대중적 신앙 담론을 살펴보았고, 신앙적 공공성을 회복하기 위하여 기독교 경전과 교회사에 나타난 자발적 가난의 영성과 경제 정의의 가르침을 살펴보았다. 역사 속의 기독교는 이기적 탐욕에 침윤될 때도 있었지만 이에 저항하며 공소의 신앙을 지켜온 전통도 지니고 있다. 한국 기독교 역시 물량적 성장주의에 경도된 주류 교회가 세력을 확장하며 맘몬을 섬길 때, 산업화 시대의 민중교회와 후기산업화 시대의 작은교회와 같은 대안 교회 운동은 자본주의적 시장 논리에 균열을 가하면서 생명공동체를 구축해 가고 있다. 한국 기독교의 미래는 이러한 대안 교회 운동의 활성화와 지속가능성에 달려 있다고 할 수 있다.

낙타와 하나님 나라
: 낙타가 바늘귀 통과하기

김정숙*

I. 글을 열며: 재물이냐 영생이냐

예수님이 길을 가시는데 한 사람이 달려와서 무릎을 꿇고 "선한 선생님, 제가 무엇을 해야 영원한 생명을 얻겠습니까?" 하고 물었다. 그래서 예수님이 그에게 대답하셨다. "왜 나를 선하다고 하느냐? 선한 분은 하나님 한 분뿐이시다. 너는 '살인하지 말아라. 간음하지 말아라. 도둑질하지 말아라. 거짓증언하지 말아라. 남을 속여 빼앗지 말아라. 네 부모를 공경하라'고 한 계명들을 알고 있겠지?" 그러자 그는 "선생님, 저는 이 모든 것을 어려서부터 다 지켜왔습니다" 하였다. 그때 예수님이 사랑하는 마음으로 그를 바라보시며 말씀하셨다. "네게 한 가지 부족한 것이 있다. 가서 네 재산을 다 팔아 가난한 사람들에게 나눠 주어라. 그러면 네가 하늘에서

* 감리교신학대학교 교수 / 조직신학·여성신학

보물을 얻을 것이다. 그리고 와서 나를 따르라." 그러나 그는 재산이 많으므로 이 말씀을 듣고 근심하며 가 버렸다. 예수님은 제자들을 둘러보시며 "재산이 많은 사람은 하나님의 나라에 들어가기가 정말 어렵다" 하고 말씀하셨다. 제자들이 이 말씀을 듣고 놀라자 예수님은 다시 말씀하셨다. "얘들아, 하나님의 나라에 들어가기는 정말 어렵다. 부자가 하나님의 나라에 들어가는 것보다 낙타가 바늘귀로 통과하는 것이 더 쉽다"(막 10:17-25, 현대인의 성경).

현대인들이 가장 바라고 추구하는 것 하나를 고르자면 그것은 아마도 '돈을 많이 버는 것, 그래서 부자가 되는 것'이리라. 돈을 추구하고 부자가 되고자 열망하는 사람들을 향해 속물적이라거나 탐욕스럽다고 탓하기에는 자본주의 사회에서 돈이 갖는 위력이 너무도 크다는 것을 부인할 수 없을 것이다. "유전무죄, 무전유죄"의 탄식은 세상의 정의가 진실이나 법에 의해 규명되는 것이 아니라 슬프게도 돈에 의해 좌우된다는 경험적 사실을 폭로한다. 돈은 때로 인간이 선택하고 누릴 수 있는 행복과 미래를 박탈하는가 하면 때로 생사의 기로에 선 인간의 생명을 연장하기도 혹은 죽음으로 내몰기도 하며, '돈이면 안 되는 것이 없다'는 실존적 고백을 용인하는 전능자의 자리에 서기도 한다. 이렇게나 강력한 돈의 위력이 오늘만의 일이 아닌 듯 성서의 말씀도 이를 뒷받침하고 있다는 사실을 새삼 깨닫는다.

마가복음 10장 17-25절에는 한 부자 청년이 예수 앞에 무릎까지 꿇으면서 어떻게 하면 영원한 생명을 얻을 수 있는가를 간곡하게 묻는 장면이 나온다. 부자 청년의 간청에 예수께서 모세의 십계명을 열거하며 계명을 지키라 말씀하시니 그 부자 청년은 놀랍게도 '어려서부터 모세의 계명을 다 지켰다'고 대답한다. 그러자 예수께서는 부자 청년을 향해 영생을 얻기에는 아직 '부족한 한 가지'를 지적하며 '그가 가진 재물을 다 팔아서 가난한 사람에게 나누어주고 자신을 따르라'고 알려주신다. 그토록 간절하게 염원했던 영생이었건만, 영생을 위해 모세의 율법까지도 모두 지켜왔던 그 부자 청년은 하나님 나라에 이르는 마지막 관문의 비밀까지 알게 됐지만 재산을 포기하지 못해 고개를 떨어뜨린 채 예수를 떠나간다. 이를 지켜본 예수께서는 부자가 하나님 나라에 들어가는 것이 얼마나 어려운지를 "차라리 낙타가 바늘귀로 빠져나가는 것이 더 쉽다"고 비유를 들어 말씀하신다.

우리에게 너무도 익숙한 마가복음의 "부자 청년 이야기"는 자본주의 사회에서 일상의 삶을 살아가야만 하는 기독교인들을 절망시킨다. 비록 예수님 당시의 시대와 현대인들에게 적용되는 돈과 부자, 재물에 대한 판단 기준이 다르다고 할지라도 마가복음에서 묘사되는 부자 청년과 예수님의 대화는 현대 그리스도인들에게 "영생", "하나님 나라" 그리고 "부자", "그리스도인의 삶"에 관해 많은 시사점을 제시하고 있기 때문이다. 살아가는 시대와 체제를 막론하고 적어도 그리스도인이라면 이 땅에서의 삶이 끝이 아니며 죽음을 넘어 하나님 나라로 이어지는 영생을 소망한다. 하나님 나라를 기대하며 영원한 생명에 대한 소망을 품고 이 시대를 살아가는 그리스도인들은 예수를 만난 부자 청년처럼 무엇을 어떻게 해야 영생을 얻고 하나님 나라에 들어갈 수 있을지 알고자 원하기 때문이다.

영원한 생명을 얻는 방법이 좀 덜 분명하고 적당히 애매하며 추상적이었으면 좋았으련만 예수의 대답은 너무도 명쾌해서 부자 청년뿐만 아니라 자본주의 시대를 살아가는 현대 그리스도인들을 당혹케 한다.

적당한 타협이나 적절한 중도라면 참으로 좋으련만 예수의 대답은 매우 구체적이고 직설적이다. 재물을 포기하고 영생을 택할 것인가, 아니면 영생을 포기하고 재물을 택할 것인가? 죽음 이후의 하나님 나라를 위해 오늘의 풍요와 권세를 포기하느냐, 아니면 아직 오지 않은 천국의 영생을 포기하고 지금 여기서의 풍요와 안전 그리고 권세를 굵고 길게 누리느냐, 정녕 이것이 문제로다. 진실로 '바늘귀를 통과하는 낙타'가 되고 싶은 우리는 양자택일이 아닌 둘 다를 쟁취하고자 고뇌하는 햄릿이 된다. 하나님 나라에 당당히 입성하는 낙타, 그 낙타가 되고 싶은 우리는 여러모로 복잡하기만 한 질문들로 머리가 혼란하다.

그렇다면 정녕 부자는 하나님 나라에 들어갈 수 없고 그래서 영생을 얻을 수 없다는 말이며, 역으로 나누어줄 재산이 없는 가난한 사람은 하나님 나라에 들어갈 수 있는 무임승차권을 거머쥘 수 있다는 말인가? 성서 속에 등장하는 부자들 그리고 오늘도 부자가 되고 싶어 하나님의 축복을 갈망하며 기도하는 우리 그리스도인들은 모두 하나님 나라와 무관한 낙타들이란 말인가? 영생이냐 재물이냐, 이것이냐 저것이냐, 둘 중 하나만을 선택하라는 그 잔인한 모순 앞에 우리는 부자가 되고 싶고, 영생도 얻고 싶고 하나님 나라에도 들어가고 싶다. 이것이 정녕 우리의 진심일진데 낙타를 바늘귀로 통과시킬 방법은 없을 것인가?

그렇다면, 비록 그리스도인이라 할지라도 자본주의 사회의 일원으로서 살아가야만 하는 현 시대적 상황에서 재물과 영생, 부자와 하나님 나라, 낙타와 바늘구멍, 이 모든 관계에 대해 마가복음 10장 17-25절 이외의 하나님 말씀은 무엇을 어떻게 말하고 있을까?

21세기 현 극단적인 자본주의 사회에서 낙타가 바늘구멍 통과하기,

부자가 하나님 나라에 입성하는 방법을 성서의 다른 말씀들과의 연관 속에서 생각해 보고자 한다.

이 글의 전개 방식은 우선 첫 번째로 현대 그리스도인들이 살아가고 있는 21세기 자본주의 사회를 분석하면서 돈, 부, 재물 등이 현대인의 삶에 끼치는 영향력을 살펴보고자 한다. 오랜 자본주의의 역사 속에서 21세기 자본주의 소위 "시장과 자본 중심의 신자유주의 세계화의 자본주의 경제체제"의 실체를 간단하게 살펴보며 이 체제에서 모든 것을 통제하고 지배하는 것은 '물신' 곧 '맘몬'이라는 것을 증명할 것이다. 따라서 맘몬이 지배하고 통제하는 시장 중심의 자본주의 체제가 만들어 내는 허상과 실상, 다른 말로 환상과 현실의 분열된 모습을 추적할 것이다. 그리고 두 번째, 극단적인 자본주의 체제에서 하나님 나라의 소망을 추구하며 21세기를 살아가는 그리스도인들에게 하나님의 말씀인 성서는 무엇을 어떻게 말씀하고 있는가를 살펴보고자 한다. 성서에서의 돈과 재물, 부자와 영생 그리고 하나님 나라와 연관한 가르침을 알아볼 것이다. 그리고 마지막 세 번째, 위의 장에서 살펴본 현 신자유주의 세계화의 자본주의 경제체제에서의 돈, 상품을 비롯한 물질적 실상과 이해 그리고 영생과 하나님 나라에 대한 성서적 가르침에 대한 신학적 해석을 통하여 작금의 자본주의 사회에서 낙타가 바늘구멍 통과하기의 가능성, 부자가 하나님 나라에 이르는 의미에 대해 하나의 신학적 대안을 제시해 볼 것이다.

II. 21세기 신자유주의 세계화의 자본주의 경제사회
: 맘몬과 낙타

현대인들은 자본주의 체제가 전 세계를 지배하는 시대에 살고 있다. 물론 현대 세계를 지배하는 경제체제가 순수하게 자본주의라는 단일한 체제만 있다는 것을 의미하는 것은 아니다. 사회주의 경제체제도 있고, 자본주의와 사회주의가 섞인 "혼합주의 경제체제" 등으로 세분화할 수도 있겠지만, 대체로 크게 분류해 본다면 자본주의 경제와 사회주의 경제 둘로 나눌 수 있다. 자본주의 경제체제와 사회주의 경제체제의 가장 큰 차이점이라면 "경제활동의 조율과 조정을 누가 담당하는가에 달려 있다"고 할 수 있다.[1] 자본주의 경제체제의 경우 경제활동이 시장과 같은 자율적 기구를 통해 이루어지는 '자유경제'라고 할 수 있는 반면 사회주의 경제체제는 국가 주도적이고 중앙집권적인 통제 기구에 의해 조정되는 '계획경제'라고 할 수 있다.[2] 자본주의 체제에서는 개인의 사적 재산이 허용되고 생산수단의 사적 소유가 가능하며 정당한 이윤 추구 또한 가능하다. 또한 자본주의 경제체제에서는 생산수단을 소유하고, 생산 활동의 결과로 얻어진 잉여소득에 대해 권리를 갖는 자본가들과 반면 노동을 통해 생산 활동에 참여하고 임금을 받는 노동자들로 계층화되는 경향이 있다. 반면 사회주의 경제체제는 원론적으로 사유재산제도를 용인하지 않으며, 생산수단 또한 사유화가 아닌 '사회화'하여 사적 이익보다는 공적 이익을 도모하는 체제를 통해

---

1 "경제체제," 「경제학 사전」, https://terms.naver.com/entry.nhn?docId=778619&cid=42085&categoryId=42085. (2020년 1월 28일 최종 접속)

2 Ibid.

논리상 사회 구성원들의 경제적 사회적 불평등을 최소화시키고자 하는 목적 지향적 경제체제다.3

이론상 평등사회를 지향하고 사적 이익보다는 공공 이익을 도모하는 사회주의 경제체제가 세계를 선점할 것이라 기대할 수 있겠지만 현실적으로 세계를 지배하는 승리자로 구가하고 있는 것은 사회주의가 아닌 자본주의 경제체제라는 것을 경험하고 있다. 부연하자면, 베를린 장벽이 무너지고, 독일이 통일되고, 소련이 해체됨으로 명실상부 전 세계의 경제체제는 자본주의 체제로 편승되었다.4 물론 중국이나 가까운 북한 등 여전히 예외적 상황이 없다는 것은 아니다. 그럼에도 불구하고 중국마저도 정치체제와는 별도로 경제체제에 있어서는 "개혁개방정책"으로 변모되고 있어 사회주의 계획경제에서 점차 "사회주의 시장경제"로 전환되고 있다.5 중국뿐만 아니라 베트남 그리고 북한까지도 경제 문제에 있어서는 자본주의의 물결로 인한 변화가 감지된다. 국가와 지역에 따라 정도와 범위에서 차이가 있음에도 자본주의의 영향력은 전 지구촌의 구석구석을 휩쓸어 그 세가 더욱 확장되고 가속화되어 급기야는 '자본주의의 세계화'로 명명되기도 한다.

'사적 소유', '이윤 창출', '시장경제', '자본가와 노동자' 등의 자본주의 개념이 지시하는 내용적 의미에서만 본다면 학술적 용어와 체계적 형식은 갖추지 못했을지라도 자본주의의 역사는 실로 오랜 시간을 소급해 올라간다. 노예들의 노동에 기반을 둔 신정정치 시대부터 소작농

---

3 Ibid.

4 조너던 포티스/최이현 옮김, 『자본주의가 대체 뭔가요?』 (서울: 아날로그, 2019), 9.

5 "중국식 사회주의 시장경제," 「시사상식사전」, https://terms.naver.com/entry.nhn?
docId=72282&cid=43667&categoryId=43667. (2020년 1월 28일 최종접속.)

의 노동과 지주의 토지를 근간으로 이루어진 봉건제 그리고 사유재산이 법으로 인정된 로마제국주의, 산업혁명과 더불어 기술 발전을 통한 근대 사회 등, 비록 '시장과 자본'을 중심으로 경제체제가 이루어지는 현대 자본주의와는 많은 차이가 있을지라도 다양한 내용과 형식의 자본주의 경제는 실로 인류의 역사만큼이나 오랜 기간 지속되고 있음을 알 수 있다. 더욱이 성서 속에 드러난 예수 당시의 신약시대에도 화폐와 시장, 사유재산 등 원시적인 혹은 고전적인 내용과 형식을 지니고 있음에도 불구하고 자본주의의 특성을 발견할 수 있다는 점에서 자본주의 경제체제는 각 시대를 거쳐 다양한 변화의 과정을 겪어왔다는 것을 알 수 있다. 그러나 시대적 변화에 따른 다양성에도 불구하고 21세기 현 자본주의 체제는 이전의 자본주의의 특성과는 상당히 다른 면모를 갖는다. 우리의 일상을 주도하고 결정하는 현대의 21세기 자본주의를 "시장과 자본의 신자유주의 세계화의 자본주의"라고 부른다. 이제 우리가 살고있는 21세기 자본주의의 특성에 대해 좀 더 알아보도록 하겠다.

1. 신자유주의 세계화의 자본주의 경제: 그 허상과 실상

현 21세기 자본주의로 명명되는 '신자유주의 세계화'의 자본주의 경제의 특징이 무엇인지를 규명할 때 현시대를 주도하는 주체와 그것이 지향하는 목적 그리고 이러한 조합이 만들어내는 세계의 허상과 실상을 어느 정도는 파악할 수 있을 것이다. 시대적 상황과 더불어 자본주의 경제의 체제와 내용이 달라지고, 혹은 역으로 자본주의 경제가 만들어내는 시대적 특성들이 변모되는 역사의 흐름 한가운데 '신자유

주의 세계화'가 자리하고 있다. '신자유주의Neoliberalism'의 문자적 의미
는 아담 스미스의 경제학에 기초한 '고전적 자유주의'를 잇는다는 의미
에서 '신자유주의'라고 명명된다.6 '세계화' 역시 문자적 의미가 가리키
는 것처럼 신자유주의적 경제화의 영향력이 전 세계적으로 확장된다
는 것을 말한다. 문화적 세계화, 정치적 세계화 그리고 교통과 미디어
통신을 통해 세계를 일일문화권으로 만든다는 의미에서의 지구화 등
이 있겠으나, 21세기 현 지구촌을 특징짓는 세계화는 경제적 세계화,
특히 '신자유주의 세계화'라고 할 수 있다.7

　제1차 세계대전 후 전 세계적으로 경제공황이 불어 닥쳤을 때 이를
극복하기 위해 영국의 경제학자 케인즈의 경제 이론을 근간으로 한 '수
정자본주의' 정책이 세계의 선진국들 가운데 채택되어 실행되었다. '수
정자본주의' 이전의 서구 세계가 채택한 자본주의는 '고전적 자유주의'
로 알려진 '경제적 자유주의'였다. '고전적 자유주의 경제론'의 이론적
근간을 제공한 대표적인 학자가 '보이지 않는 손'으로 유명한 『국부론』
의 저자 아담 스미스다. 이름이 지시하는 것처럼 '고전적 자유주의'가
제시하는 경제 논리는 국가가 경제활동에 관여하지 않는 '자유방임주
의'로서, 시장에서 자유롭게 이루어지는 경쟁 상태에서도 '보이지 않은
손'에 의해 가격이 자율적으로 조율되어 결정된다고 주장하며 자유시
장, 자유경제를 주장했던 진보적 낙관적인 경제 정책이었다. '고전적
자유주의 경제 정책'의 실행으로 자본주의 발전을 이룬 것은 사실이나,

---

6 "경제적자유주의," 「두산백과」, https://terms.naver.com/entry.nhn?docId=10641
　9&cid=40942&categoryId=31818. (2020년 1월 28일 최종접속.)
7 "신자유주의," 「두산백과」, https://terms.naver.com/entry.nhn?docId=1119158&
　cid=40942&categoryId=31645. (2020년 2월 20일 최종접속.)

결과적으로 20세기 초 대량 실업, 인플레이션 등의 세계 공황의 위기에서 '고전적 자유주의 경제론'에 근거한 경제 정책으로는 위기 극복이 불가하다고 판단하여 새롭게 제시된 경제 정책이 케인즈의 '수정자본주의'다. '수정자본주의'는 1930년대 미국이 직면한 경제공황을 극복하고자 루스벨트 대통령이 실행한 "뉴딜정책"을 통해 경제 불황을 극복했던 것처럼, 각 나라의 정부가 적극적으로 경제활동과 정책에 개입해 무역 관세 책정 등을 통한 보호무역, 농민이나 생산자에게 다양한 경제활동 장려금 등을 통해 자국 국민의 소득 균형과 복지를 위한 경제 정책으로의 전환을 꾀하고자 한 것이 '수정자본주의'이다.8 이후 "'신자유주의' 자본주의가 등장하게 된 계기는 1970년대 미국과 영국 등에서 또다시 불어 닥친 경제 위기를 극복하고자 '수정자본주의' 정책을 폐지하고 '고전적 자본주의 경제론'을 다시금 새롭게 잇는다는 의미에서 새로운 자유주의 경제, 고전 자유주의 경제를 새롭게 파격적으로 극대화시킨 이른바 신자유주의 경제론이 미국의 '시카고학파'를 중심으로 등장하게 되었다.9

'신자유주의 경제론'과 '고전적인 자유주의 경제론'이 경제활동과 정책에 있어 국가의 통제나 관여를 최소한으로 한다는 것에는 공통점이 있으나 그 내용과 목적 그리고 시행 범주에 있어서는 상당한 차이점

---

8 "수정자본주의," 「두산백과」, https://terms.naver.com/entry.nhn?docId=1115774&cid=40942&categoryId=31818. (2020년 1월 28일 최종접속.)

9 장윤재, "경제 세계화와 하이에크의 신자유주의에 대한 신학적 비판," 「시대와 민중신학」 8 (2004), 241-243. 참조. 신자유주의에 대한 연구는 이 논문의 저자 본인에 의해 이미 여러 차례 연구된 자료가 있다. 특별히 현재 시점 미출간된 논문, 김정숙, "3.1 독립선언 100주년: 식민주의, 세계화 그리고 한반도 민족주의," 「신학과 세계」 97 겨울호, 24-25를 참조하라.

을 갖는다. '고전적 자유주의 경제'가 지역 중심의 경제체제였다면 현 신자유주의는 '세계화'라는 이름이 첨가되었듯이 시장의 경계가 자유의 이름으로 지역과 국경을 넘어 전 세계로 시장이 확장되었다는 것을 의미한다. 21세기 현 신자유주의 세계화를 이끄는 주체는 '다국적기업' 혹은 '초국적 기업'이며, 다국적기업의 목적은 상품을 판매할 세계시장을 최대한 확보하여 최고의 이윤을 얻기 위해 다양한 방법을 간구해 자본을 축적하는 것이라고 할 수 있다. 여러 유형의 다국적기업을 중심으로 무형과 유형의 상품을 신속하게 생산하고 소비하는 순환을 가속화하여 전 세계를 다국적기업의 시장터로 만들어버리는 기업세계화의 성격을 갖는 현대의 자본주의를 '신자유주의 세계화'의 자본주의라고 한다. 물론 현대 이전에도 유럽의 강대국들이 남아메리카나 아프리카, 아시아 등지에 식민지를 확보해 원료를 헐값에 가져와 상품으로 만들어 다시 식민지를 시장 삼아 비싼 가격으로 되파는 제국주의식 자본주의도 있었다. 그러나 현 신자유주의 자본주의는 국가 주도가 아닌 철저히 기업 중심, 특별히 자본과 생산설비의 규모와 재력 면에서 비교할 수 없을 정도의 재력과 힘을 가진 다국적기업 중심이라는 점에서 또 다른 차원을 갖는다.[10]

현 신자유주의 자본주의 체제에서 다국적기업은 막강한 자본과 최신의 설비를 갖춘 거대한 생산력을 가지고 세계 각국의 정부 관여와 규제를 최소한으로 축소한 자유시장 경제체제를 통해 합법적으로 온갖 특혜를 누린다. 다국적기업은 최대의 이윤을 얻기 위해 막강한 자본 권력을 동원해 가난한 나라의 값싼 노동력과 상품에 필요한 원료와

---

10 말컴 워터스/이기철 옮김, 『세계화란 무엇인가』 (서울: 현대미학사, 1998), 96-98.

재료를 독점적으로 확보할 수 있다. 다국적기업이라는 명칭으로 인해 기업에는 국적이 없는 것처럼 인식이 될 수 있으나 다국적기업의 국적은 일본과 한국의 삼성과 엘지 외에 미국이나 영국, 독일 등 대부분이 서구 제1세계 국가에 속한다. 예를 들어 2019년 세계에서 최고의 글로벌 브랜드의 다국적기업에 속하는 애플, 아마존, 구글, 마이크로소프트, 코카콜라 등의 기업은 미국에 속한 기업들이지만 이들 기업들이 생산한 상품의 판로는 거침없이 전 세계로 확장되어 독점적으로 판매되고 소비되는 장터가 된다. 이러한 막강한 금력과 권력을 가지고 온갖 특혜를 누리며 만든 다국적기업의 상품과 당당하게 경쟁해서 이길 수 있는 기업이 약소국에 몇 개나 있을까? 아마도 다국적기업과 경쟁해서 순위를 바꿀 수 있을 만한 기업 역시 제1세계 강대국에서 나올 수 있을지언정 제3세계에 속한 약소국에서 나온다는 것은 거의 불가능한 일이라는 것을 짐작할 수 있다. 결국 현 신자유주의 세계화의 자본주의 경제체제는 자본과 최고의 생산설비를 구비한 글로벌 기업끼리의 경쟁이며, 더 나아가 이러한 기업을 보유한 강대국끼리의 어깨겨누기라는 면에서 현 21세기의 극단적 자본주의는 부익부 빈익빈, 개인의 양극화 그리고 강대국과 약소국 간의 양극화를 극대화시킨다.

돈으로 돈을 버는 금융상품, 인간의 필요와 편의를 위한 생활품 그리고 고가의 예술품과 사치품 등, 다양한 가치의 각종 유형과 무형의 상품 모두가 신자유주의 자본주의 체제에서는 이윤을 산출하고 자본을 축적할 수 있는 수단으로서 상품이 된다. 땅과 물은 말할 것도 없고, 인간과 식물과 동물 할 것 없이 본래적 존재 가치를 제거해버린 이용가치, 이윤가치로 평가된 모든 것이 상품으로 간주되기에 자본주의 사회에서 온전히 자연적인 것으로 인식되는 것은 찾아보기 힘들다. 현 세계화의 주체는 인간이 아닌 기업이며, 기업의 이윤을 극대화하기 위해 생산과 판매 그리고 소비 촉진을 위한 홍보와 마케팅 전략의 근거는 인간의 필요와 편리가 아닌 사람들의 욕망에서 찾는다. 인간의 욕망을 자극하고 충족시키기 위해 화려한 디자인과 자극적인 광고 전략과 더불어, 공급과 수요의 더 빠른 순환을 위해 내구성은 약화된다. 다국적 기업의 거대 자본 축적을 위해 값싼 자원과 노동력을 확보해 더 많은 상품을 더 많은 곳으로 더 빠르게 순환시켜야 하는 것이 현 21세기 자본주의의 구조적 문제로서 이러한 자본주의 사회에서 존중되는 것은 인권이 아닌 물권이며, 인간 자체의 존엄성보다 그가 어떤 것을 소유하였는가 하는 것이 곧 그의 인격이자 품격이라고 인식된다. 최신 상품으로 넘쳐나는 21세기 현 자본주의 시장은 생동감으로 활기차고, 풍요롭고 화려하며, 역동적으로 그려진다. 그러나 신자유주의 세계화의 주역이자 주체인 다국적기업이 만들어내는 이와 같은 이미지는 프랑스 사회학자 장 보르리야르가 그의 저서『소비사회』에서 말한 것처럼 자유시장경제가 조작한 '허상'이며 '환상'일 뿐이다.

2. 소비사회의 환상: 자유와 젊음의 이름으로

신자유주의가 통제하는 자유시장의 리스트에는 생명과 죽음의 존엄성과 삶의 의미와 진실성이 없다. 이뿐만이 아니다. 생로병사 인생의 실제적 현실성과 현장성은 인위적으로 가공된다. 인생의 자연스런 과정인 늙어감도 그리고 인간의 실존적 한계에 대한 성숙한 받아들임도 거부되며, 느림과 쉼의 미학은 성장과 발전의 장애물로 제거될 뿐만 아니라, 때로 받아들여야 할 불편함과 장애는 죄악시된다. 영원히 지속되는 젊음과 건강한 몸, 호화롭고 풍요로운 생활, 작위적 아름다움 등이 결코 만족을 모르는 무한한 욕망을 근거로 생산하고 재생산하는 이상적인 자본주의 상품의 이미지다. 때문에 자본주의가 기획하는 최상의 상품을 홍보하고 마케팅하기 위해 노화는 젊음으로 되돌려야 할 퇴화로 인식되고, 인간의 죽음조차 장례식장과 무덤과 함께 눈에 띄지 않는 곳으로 격리시켜 이 땅에서 누리는 이 땅의 삶이 영원히 계속되리라는 환상을 조성한다. 이렇게 늙음은 감춰지고, 죽음은 거부되고, 장애는 포장하고, 그래서 화려하고 젊음이 생동하는 풍요로운 이 세상에서 영원히 살아가는 인생과 사회에 대한 허상과 환상의 조작된 이미지가 현실을 대체한다. 때문에 온갖 화려한 상품으로 넘쳐나는 백화점에는 시계가 없고, 창문이 없으며 그리고 1층에는 화장실이 없다. 지구촌 거민의 50%가 굶주리는 빈곤의 현실은 가려지고, 늙고 병든 가난한 노약자의 삶은 곧 버려지고 사라져야 할 폐기물처럼 풍요롭고 화려한 상품의 허상에 의해 덮어지고 숨겨진다. 끊임없는 생산과 소비의 순환 속에서 진실과 사실을 은폐하고 만들어진 보들리야르의 '하이퍼리얼hyperreal: 초과실재'11 곧 허상이자 환상이 실제의 현실처럼 둔갑하

---

11 리처드 J. 레인/곽상순 옮김, 『장 보드리야르 소비하기』 (서울: 앨피, 2008), 61. 프랑스 사회학자 장 보드리야르는 1929년 프랑스에서 출생해 2007년에 사망했다. 그는 현대 사회를 소비사회로 규정하고 비판한다. 현대 소비사회의 모습은 실제가 아닌 '가상세계virtual reality'라 말한다. 보르리야르는 원본을 복사한 '복제의 세계'를 3단계로 구분하는데 바로 제3 단계에 해당하는 것이 '하이퍼리얼'(hyperreal), '극실재'로도 번역되는 '초과실재'다. 원본을 복사하는 행위를 불어로 '시뮬라시옹'이라 하고, 복사품을 '시뮬라크르'라고 번역하는데, 바로 원본과 복사품의 관계에 따라 3단계로 구분된다. 첫 번째 단계는 복사품이 현실의 원본과의 관계가 분명한 경우에 해당되며, 두 번째 단계는 원본과 복사품의 경계가 불분명한 경우에 해당된다. 그리고 세 번째 단계가 바로 '하이퍼리얼', 곧 '초과실재'에 해당되는데 이는 "조금도 현실 세계에 기초하지 않은 채 스스로 현실을 생산해내는 경우"에 해당된다. 즉, 복사의 복사, 원본이 아닌 복사물

고, 현대인들은 그러한 '초과실재' 속에서 승리자로 혹은 영원한 실패자요, 게으르고 쓸모없는 인생, 살아갈 가치도 없는 인생 낙오자로 전락되고 만다. 21세기 신자유주의 세계화의 시장 자본주의가 양산한 '하이퍼리얼', '초과실재'에서는 가정이 해체되고, 지하도에서 잠을 이루는 노숙자도, 폐휴지를 주어 연명하는 쪽방촌의 독거노인도 모두 시야에서 사라져버린다.

신자유주의 세계화가 지배하는 현 지구촌의 '실상'은 다수의 가난한 사람들을 양산시키고 행복지수는 더욱 낮아져 극소수를 제외한 대다수 지구촌 거주민들이 겪어야 하는 삶의 황폐화를 가져왔다. 2011년에 발생된 미국 뉴욕 맨해튼 월스트리트 점거 운동은 다국적기업의 탐욕으로 인한 빈부의 양극화에 대항한 운동이었다. 미국 뉴욕 맨해튼 월가를 점령하며 저항운동을 시작한 이유는 전 세계의 자본주의 금융시장의 심장인 월가를 점거함으로 신자유주의 자본주의에 격렬하게 반대하고 저항하여 자본주의 문제점을 세계에 알리고, 개혁하고자 함이었다.[12] 월스트리트 점거 운동이 주장하는 요지에 따르면, 신자유주의 세계화 이전 세계 빈부의 양극화는 세계 10%의 인구가 세계 부의 90%를 차지한 반면 세계 인구의 90%가 나머지 10%를 놓고 생존의 투쟁을 하고 있었다는 것이다. 그러나 이제 신자유주의의 자본주의에서는 1% 대 99%의 부자와 가난한 자들의 극단적인 양극화로 진행되

을 다시 복사한 세계, 그래서 현실의 원본에 기초하지 않은 가상실재로 이해된다. 최효찬, 『보드리야르 읽기』 (서울: 세창미디어, 2019) 19 참조.

12 "월스트리트에 이어 타임스퀘어도 점령했다." 「오마이뉴스」, https://news.v.daum. net/v/20111016221904851?f=o, 입력 2011.10.16. 22:19, 수정 2011.10.16. 22:19. (2020년 2월 20일 최종 접속)

었다는 것이다. 따라서 월가 점거 운동은 전 세계의 99%의 부를 독식하고 있는 1%에 맞선 99% 사람들의 저항운동으로 상징화되었고, 이는 미국의 타 도시로 그리고 이어 전 세계로 급속도로 퍼져나갔다. 극단적인 빈부의 양극화에 따른 경제적 불평등과 실업 등을 규탄하는 99%의 저항운동이 아이러니하게도 자본주의 최첨단의 국가인 미국에서 시작되어 학생과 시민과 노동자가 합류하고, 세계로 퍼져나갔던 상징적인 사건이었다. 그러나 월가 점령 저항운동은 어떤 이유인지 그리 오래가지 않았고, 저항의 물결은 잠잠해졌으나 슬프게도 신자유주의 세계화가 조장한 99% 세계민의 곤고한 삶은 달라진 것이 없다.

다국적기업이 조작한 부유함과 풍요의 세계라는 허상의 이면에는 세계시장을 확보하고 선점하기 위해 자국의 국경을 넘어 경쟁력을 갖추지 못한 약소국에 대해 관세철폐를 요구하는 등, 다국적기업의 부당한 압력과 횡포가 작용한다. 여러 나라가 함께 하는 다자간 무역조약과 협정이 신자유주의 세계화 경제 정책으로 대부분 강대국과 약소국의 양자 자유무역협정 FTAFree Trade Agreement로 바뀌게 되었고, 이러한 강대국과 약소국 양자 사이의 협정에서는 주로 강대국의 이익을 대변하는 불공정 조약이 체결되는 것이 일반이다.[13] 상식적으로 강대국과 자유무역 조약을 맺어 실질적 이익을 얻을 수 있는 약소국이 많지 않다는 것은 누구나 쉽게 알 수 있다. 특히 '군산복합체'[14]에 경제적 기반을

---

13 김정숙, "3.1 독립선언 100주년: 식민주의, 세계화 그리고 한반도 민족주의,"「신학과 세계」 97호 (2019. 12), 24-25.

14 군산복합체는 "군부와 대규모 방위산업체들의 상호의존체제를 일컫는 용어"로서 미국의 거대한 경제 기반이 최첨단 무기, 총기 등을 만드는 군수산업에 의존하고 있다는 의미다. "군산복합체,"「두산백과」, https://terms.naver.com/entry.nhn?docId=1067753&cid=40942&categoryId=31898. (2020년 2월 20일, 최종 접속)

두고 있는 미국의 경우 비교할 수 없는 천문학적 가격의 살상 무기가 무역 거래 상품이 되며, 거대한 자본으로 만든 무기를 판매하고 소비하기 위해 구조적으로 세계 정세는 불안하고, 곳곳에 전운이 감돌 수밖에 없다. 기술과 자본으로 무장한 선진국의 수출 물품은 최첨단 무기를 비롯한 최신의 값비싼 IT 생산품이 되는 반면 약소국의 무역 물품은 그 나라의 특산물 등 천연자원 등이 주된 무역 상품이 되기도 한다.

미국과 같은 선진국에서 최근 불고 있는 웰빙라이프 운동으로 인해 금연 운동이 확산되고, 인스턴트 식품에서 유기농 식사로 바뀌는 동안, 말보로 담배를 생산하는 거대한 필립 모리스와 알 제이 레이놀스 기업을 둔 미국의 거대한 담배 산업은 자국의 남아도는 물량을 처음엔 거의 헐값으로 제3세계에 넘겨주고, 이후 수입국의 국민들이 양담배에 중독되었을 때쯤 가격을 왕창 올려 생산과 이윤 실적을 유지한다. "세계인의 동맥에 코카콜라를 흐르게 하라"는 슬로건을 내세워 경영을 했다는 코카콜라나 맥도날드, 버거킹 햄버거 등의 인스턴트식품은 웰빙 바람을 타고 미국 내 수요가 줄어드는 대신 제3세계의 도시 곳곳에 파고들어 시민들의 입맛을 바꾸는 문화 식민화의 추세가 빠르게 확산하고 있다. 이것이 제3세계 약소국의 실상이다.

자유시장 경제 정책을 중심으로 상품의 생산과 소비의 순환이 가져오는 또 다른 실상은 세계민의 99%의 삶을 황폐화시키는 데 그치는 것이 아니라, 지구 생태계의 파괴로 이어지고 있다. 하나님의 창조는 무에서 유의 창조인 반면 인간의 창조는 그 어떤 창조라 할지라도 근본적으로 유에서 유로의 변화일 뿐이다. 이는 인간이 생산한 모든 문화적 산물은 일차적으로 하나님으로부터 주어진 자연을 근본 재료로 삼아 만들어낸 가공적인 재생산물이라는 의미다. 하나님의 선물인 아름

답고 신비한 자연으로부터 생명을 탈취하여 원료와 재료로 간주해 인위적인 힘을 가해 잘라내고 변형하고 수정하여 만들어낸 결과물인 모든 생산품은 직·간접적으로 하나님으로부터 주어진 자연을 파괴하고 생태계의 공존을 위협한다. 전 세계민이 경험하는 이상기온, 핵무기를 포함한 최첨단의 살상무기, 환경오염, 또 하나의 지구가 필요한 엄청난 양의 쓰레기 등등 다 나열할 수 없을 정도의 수많은 문제의 실상은 인류를 포함한 지구상의 모든 생명체의 공멸이라는 위협으로 다가온다. 끊임없는 생산과 소비의 두 축을 가진 신자유주의의 수레바퀴를 조절하고 브레이크를 잡지 않는 한 지구상의 모든 생명체의 공멸은 더욱 가속화될 것이다.

현대를 살아가는 그리스도인으로서 하나님의 뜻에 합당한 삶을 살아가고자 한다면, 하나님의 말씀을 바로 이해하는 것과 더불어 말씀이 적용되고 실천되는 현 시대적 현실과 삶의 현장에 대한 이해 또한 중요하다. 진리와 정의, 자유와 평화 그리고 민주화 등과 같이 시대를 이끄는 정신적 가치와 사회적 이상이 어느 때부터인가 사라지더니 정치인의 공약에서도 선거권자인 시민들에게서도 '경제'가 모든 것을 대체해 버렸다. 신자유주의 세계화가 만들어낸 표면적인 풍요로움과 화려함, 편안함과 안락함에 대한 과시적인 환상의 이면에는 약소 국민의 눈물과 땀이 뒤범벅된 노동력에 대한 착취와 비인간적인 처우, 죽어가는 많은 생명체의 비명과 황폐하게 파괴되어가는 자연 생태계의 실상이 감추어져 있다. 이런 신자유주의 세계화의 자유시장 경제에서 추구하는 자유는 결코 인간의 자유가 아니며 인류 생명과 평화를 위한 자유가 아니라, 오직 시장의 자유이고 다국적기업의 자유이며, 자본의 자유, 곧 재산과 자본을 많이 가진 자들만이 누리는 자유다.

기업과 시장의 자유가 우선인 사회에서 모든 노력과 에너지는 최종 목적인 돈, 부, 재물로 귀착된다. 오늘처럼 신자유주의가 만들어낸 환상과 허상의 세계에서 살아가는 현대인들에게 '사물의 가치척도'와 '물물교환'의 수단 등의 객관적이고 가치중립적인 이해는 폐기된 지 이미 오래다. 따라서 현대인들에게 돈 많은 부자, 재산이 많은 재력가가 된다는 것은 단순히 물질적 풍요와 편안하고 안정된 생활에 대한 보장 그 이상을 의미한다. 현대인에게 돈이란 단순한 기능적 가치를 넘어 인간이 추구하는 '최종의 목적', 마침내 쟁취해야 할 '절대적 가치'로서 군림한다. 이전 시대에는 권력을 쟁취하면 돈이나 재물이 부차적으로 따라온다고 믿었지만 현 자본주의 사회에서는 돈, 곧 자본 자체가 권력이다. 따라서 돈이면 원하는 무엇이든 소유할 수 있고 어떤 것이든 가능하게 할 수 있다는 돈에 부과된 '절대적 가치', '절대 권력'을 거머쥐기 위해 인간은 때로 자신의 양심뿐만 아니라 영혼까지도 기꺼이 넘겨주기도 한다.

현대 사회에서 돈은 인간의 편의와 유익을 위해 만들어 사용하는 가치중립적 유용한 수단에서 벗어나 인간의 삶뿐만 아니라 정신과 영혼마저도 통제하고 지배하는 절대적 권력이요, 초월적 상징, 곧 종교적 차원의 우상으로서 신적 위상의 맘몬으로 군림한다. 부자가 되고 싶은 인간들, 부자가 되기 위해 우상을 섬기고 기꺼이 자신의 영혼을 내어주는 낙타들, "부자가 하나님의 나라에 들어가는 것보다 낙타가 바늘귀로 통과하는 것이 더 쉽다"고 하신 예수의 말씀은 바로 이와 같은 모든 형태와 내용을 담보한 자본주의의 보편적 상황과 내용을 염두에 두고 하신 말씀일 것이다. 맘몬이 지배하는 21세기 자본주의 세계에서 그리스도인으로 어떻게 하나님의 말씀을 실천하고 살아갈 수 있을 것인가. 돈과 영생, 재물과 하나님 나라, 어느 하나도 포기할 수 없는 양자의 갈등 한가운데서 둘 다 쟁취함으로 영원한 부자가 되어 당당히 하나님 나라에 들어가고 싶은 이 세계의 모든 낙타에게 하나님의 말씀인 성서는 무엇을 말하고 있는지 알아보자.

III. 사랑의 질서: 하나님 사랑(Amor Dei), 재물 사랑(Amor Pecunia)

1. 부와 재물에 대해 성서가 말하다

집 하인이 두 주인을 섬길 수 없나니 혹 이를 미워하고 저를 사랑하거나 혹 이를 중히 여기고 저를 경히 여길 것임이니라 너희는 하나님과 재물을 겸하여 섬길 수 없느니라(눅 16:13).

마가복음 10장 17-25절에 나오는 부자 청년에 관한 이야기처럼 하나님 나라가 부자에게는 금지된 지역으로 실제로 낙타가 바늘귀를 통과하는 것이 불가능한 것처럼 부자는 하나님 나라에 들어가는 것이 불가능하다는 의미다. 돈과 영생 둘을 동시에 얻는 것은 불가능하고, 돈과 영생 가운데 적당한 중간도 없으며, 오직 하나님과 재물 둘 중 하나를 선택해야 한다는 사실을 누가복음 16장 13절 말씀은 확증하고 있다. 그런데 주목할 것은 예수께서 하나님과 재물 둘 가운데 오직 하나만을 선택해야만 한다고 설명할 때 '의인법'을 사용하고 있다는 사실이다.[15] 즉 재물과 하나님을 인간이 섬기는 주인으로 인격화하며 인간을 재물과 하나님을 섬기는 하인으로 표현하고 있다. 어떤 의미에서건 이는 하나님과 재물이 인간보다 더 높은 위치에 있거나 혹은 더 강력한 존재라는 것, 그래서 인간이 하나님과 재물 둘 다를 주인을 섬기듯 추앙하고 있다는 사실을 암시한다. 이는 돈과 재물이 단순히 물질이나 사물의 차원이 아닌 '영적인 차원'으로 인간에게 영향을 미치고 있다는 것을 알 수 있다.

또 한 가지 눈에 띄는 것은, 인간은 하나님과 재물을 동시에 섬겨서는 '안 된다'는 '명령형'(must not 혹은 do not have to)이 아닌, 섬길 가능성을 부정하는 의미의 조동사(cannot)를 쓰고 있음을 알 수 있다.[16] 누가복음 16장 13절을 NRSV 영어 성경으로 옮기면 다음과 같다.

No slave can serve two masters; for a slave will either hate the one and love the other, or be devoted to the one and despise the other. You cannot serve God and wealth.[17]

인간이 하나님과 재물을 동시에 섬길 수 없다는 '불가능성'의 의미로 말씀하신 이유 역시 재물이 인간에 끼치는 영향력이 물질적 차원을 넘어 영적 차원에서 작용한다는 사실을 다시 확인시키고 있다. 이는 재물을 향한 인간의 마음이 마치 신을 향한 인간의 사랑에 비견되기 때문

---

15 J. R. Burkholder, "Money or Servant?," *Vision* (2011, Spring), 27.

16 R. Scott Rodin, "In the Service of One God only: Financial Integrity in Christian Leader ship," *ERT* 37:1 (2013), 48.

17 Luke 16:13, *The New Oxford Annotated Bible: New Revised Standard Version with the Apocrypha* (Oxford University Press, 1989).

이라는 것을 짐작할 수 있다. 예수께서는 인간이 돈을 사랑하고 추앙하는 것이 단순히 '필요'에 의한 '사용가치'로서가 아니라, '최고의 목적'과 '절대적 가치'로서 추종하기에 이는 재물이 영적이고 종교적 차원에서 '신'적인 위치에 있다는 것을 간파하셨다는 의미다. 예수께서는 이미 돈과 재물이 인간의 마음을 지배하고 통제하는 우상 곧 맘몬이 되고 있다는 사실을 지적하며, 하나님과 재물을 겸하여 섬기는 것은 불가능하다고 말씀한다.

예수께서 돈과 재물을 향한 인간의 마음이 단순히 '사용가치'로서 물적 차원에서 작용하는 것이 아니라 인간의 정신을 통제하는 영적인 차원을 갖는다는 것을 암시하신 것처럼 사도 바울이 디모데에게 한 말씀에서도 같은 의미가 드러난다.

부자가 되려고 애쓰는 사람은 유혹에 빠지고 올가미에 걸리고 어리석고도 해로운 온갖 욕심에 사로잡혀서 파멸의 구렁텅이에 떨어지게 됩니다. 돈을 사랑하는 것이 모든 악의 뿌리입니다. 돈을 따라다니다가 길을 잃고 신앙을 떠나서 결국 격심한 고통을 겪은 사람들도 있습니다(딤전 6:9-10, 공동번역).

사도 바울은 디모데전서 6장 9절과 10절의 말씀을 통해 돈과 재물이 단순히 사용가치와 물질적 차원에 그치는 것이 아니라 '영적인 차원'을 갖는다는 것을 확인시킨다. 돈을 사랑하는 것이 모든 악의 근원이며 돈을 탐할 때 유혹에 빠지게 되고, 신앙도 잃게 되며, 고통을 겪게 된다고 말씀하고 있다. 같은 의미로 부자가 되려고 애쓰는 사람은 시험에 들고, 결국 파멸과 멸망에 빠지게 된다는 사실을 충고하고 있다.

사도 바울 역시 인간이 돈을 대하는 마음이 단순히 필요에 따라 도구로서의 사용가치로 있는 것이 아니라 돈을 따라다니고 부를 축적하려는 어리석고 악한 욕심에 사로잡혀 온 힘과 마음을 쏟아 재물을 사랑하는 것으로 결국 신에 대한 사랑처럼 돈을 우상시하고 추종하는 것이라는 사실을 확인시킨다. 이를 통해 사도 바울 역시 돈은 "중립적이고 객관적인 물적 가치"로서 작용하는 것이 아니라 인간의 마음을 통제하고 지배하는 힘을 가지며, 인간의 영혼을 사로잡음으로 돈이 우상이 되고 맘몬이 된다는 것을 강조한다.[18]

그러나 하나님을 사랑하고 하나님의 뜻을 따르고자 하는 사람이라 할지라도 돈이나 재물 없이는 하루도 살 수 없거늘 돈을 사랑하는 것이 왜 모든 악의 근원이 된다는 말일까? 마태복음 25장 15-25절에 예수께서 말씀하신 달란트 비유에서는 주인으로부터 다섯 달란트 받은 종이 열심히 장사해 5달란트 이윤을 남기자 그를 칭찬하는 반면, 한 달란트 받은 종이 1달란트를 땅에 묻어두었다가 그대로 1달란트를 주인에게 돌려주자 주인은 악하고 게으른 종이라고 책망하며 1달란트를 그에게서 빼앗아 5달란트 맡은 종에게 주는 말씀도 나오지 않는가? 더욱이 오늘날과 같은 자본주의 시대에 저축과 펀드와 주식까지 운용하여 열심히 돈을 증식해서 헌금과 구제하는 일이 미덕이라 여겨지는데 돈을 사랑하는 것으로 인해 멸망과 파멸에 이른다는 말씀은 무슨 의미인가? 복음서 가운데서도 누가복음은 특히 부자와 가난한 자에 대해 관심을 기울이고 있어 이에 대한 의미를 살펴보는 것도 의미가 있을 것이다.

---

18 R. Scott Rodin, "In the Service of One God only: Financial Integrity in Christian Leader ship," 46, 49.

또 비유로 그들에게 말하여 이르시되 한 부자가 그 밭에 소출이 풍성하매 심중에 생각하여 이르되 내가 곡식 쌓아 둘 곳이 없으니 어찌할까 하고 또 이르되 내가 이렇게 하리라 내 곳간을 헐고 더 크게 짓고 내 모든 곡식과 물건을 거기 쌓아 두리라 또 내가 내 영혼에게 이르되 영혼아 여러 해 쓸 물건을 많이 쌓아 두었으니 평안히 쉬고 먹고 마시고 즐거워하자 하리라 하되 하나님은 이르시되 어리석은 자여 오늘 밤에 네 영혼을 도로 찾으리니 그러면 네 준비한 것이 누구의 것이 되겠느냐 하셨으니 자기를 위하여 재물을 쌓아 두고 하나님께 대하여 부요하지 못한 자가 이와 같으니라 (눅 12:16-21).

예수께서 하신 "어리석은 부자"에 대한 비유는 예수를 둘러싼 무리 가운데 한 명이 유산을 혼자 독식한 자신의 형에게 자신과 유산을 나누도록 도와달라고 간청하는 사람과 무리에게 대답으로 하신 비유의 말씀이다. 예수께서는 한 부자를 언급한다. 처음부터 부자라 칭하는 것을 보니 이미 많은 것을 소유한 사람이라는 것을 알 수 있다. 이미 많은 것을 소유한 부자가 창고에 더 쌓아놓을 곳이 없을 만큼 많은 수확을 하게 되자 창고를 더 크게 짓고 모든 곡식과 물건을 쌓아두고 평안히 쉬고 먹고 마시고 즐거워하자며 혼자 행복해하는 모습이 묘사된다. 그때 하나님께서 부자를 향해 '어리석은 자'라 칭하며 오늘 밤 그의 영혼을 다시 찾아갈 것이라고 말씀하며, 그러면 그의 재물은 누구의 것이 되겠느냐고 말씀하신다.

"어리석은 부자"의 이야기가 보여주는 것처럼, 돈과 재물은 인간을 풍요하고 편안한 세계, 마냥 먹고 마시고 놀 수 있는 환락의 세계 그래서 모두가 바라고 꿈꾸는 낙원 세계라는 환상의 세계로 인도하는 힘을 갖는다. 그 환상의 세계에는 먹고 마시고 즐기는 행복만이 전제될 뿐 언제 닥칠지 모르는 예측불가능의 현실과 유한한 존재로서의 인간의 한계가 망각되고 죽음이라는 운명이 감춰지며, 풍요와 편안과 즐기는 행복한 오늘의 현실이 마치 영원히 계속될 것이라는 환상의 세계다. 그러한 환상의 세계에서는 오직 창고 속의 물건과 곡식, 금고 속의 황금, 동산과 부동산 등 재물 속에서 삶의 의미와 목적을 찾으며, 하늘과 땅과 인간관계를 단절시키는 폐쇄된 세계에 갇히게 된다. 그렇게 단절된 공간에서는 창고 속에 이르기까지의 모든 생명의 과정이 잊힌다. 곡식이 자라는 데 필요한 태양 빛과 시절에 따라 내리는 비와 한 줌의 씨를 받아 생명을 소생시켜 싹을 트이게 하는 신비한 대지의 경이감은 무뎌져 없어지고, 돌보고 키우고 추수하는 데 땀과 수고를 통해 함께하는 노동자들의 도움은 헐값의 임금으로 무마된다. 주어진 모든 것이 은총의 선물이며, 모두가 함께 더불어 일군 것이라는 실상은 은폐된다. 마치 '신자유주의의 세계화'의 자유시장 자본주의 경제체제에서처럼 모든 것이 상품으로 간주되고 평가되어 최대의 이윤과 최소의 비용을 목적으로 하는 돈과 재물 지상주의에 빠지게 한다. 재물과 돈이 가득한 창고 속의 세계에는 이웃도 자연도 없으며, 오로지 돈과 부의 신 곧 맘몬이 지배하는 폐쇄된 세계다.

"어리석은 부자" 이야기를 들려준 예수께서는 누가복음 16장 19절에서 연관된 주제로 "부자와 나사로" 이야기를 비유로 말씀한다. 기독교인이 아닌 사람들에게도 많이 알려진 "부자와 나사로" 이야기는 두 부분으로 나뉘어 전개된다. 전반 부분은 이름이 명명되지 않은 한 명의 부자 그리고 나사로라고 불리는 걸인, 두 사람이 이 땅에서 사는 동안 어떤 방식으로 어떻게 자신의 삶을 살았는지 묘사한다. 반면 이야기 후반은 부자와 나사로가 죽은 이후에 벌어지는 또 다른 생의 모습을 대비적으로 설명하고 있다. 이야기의 구조는 두 사람이 죽기 이전의 삶의 모습과 죽음 이후의 삶이 극적으로 대조되어 반전되는 모습으로 그려지고 있으며 죽음 이후의 영원한 삶은 살아생전 어떻게 살았는가의 인과관계로 연결되어 기술된다.

예수가 비유로 말씀하신 "부자와 나사로" 이야기는 부유한 자와 가난한 자의 삶에 대한 극단적인 대조적 묘사를 통해 부자와 가난한 자의 삶의 양극화 문제가 시대와 장소를 막론하고 보편적 상황임을 일깨운다. 화려한 옷을 입고 호화로운 생활을 즐기는 한 부자와 그 부자의 대문 밖에서 부자의 상에서 떨어진 음식을 먹고 사는 나사로라고 하는 걸인, 두 사람의 대조적인 삶이 이루어지는 곳은 공간상 매우 가까운 이웃이다. 부자의 삶과 걸인 나사로의 삶은 대문 하나의 벽으로 나뉘어 있지만 대문 하나 사이의 공간은 마치 천국과 지옥 사이에 커다란 구렁이 있는 것처럼 전혀 다른 두 개의 세계로 전개된다. 부자와 나사로 두 사람은 그렇게 천국과 지옥 같은 전혀 다른 세계를 살다가 모두 죽음을 맞게 되고, 죽음 이후 모습은 또 다른 천국과 지옥의 모습처럼 전혀 다른 세계로 묘사된다. 전생에서는 지옥의 고통 속에서 살았던 나사로가 죽은 후 아브라함의 품에서 천국의 삶을 누리는 반면, 생전에 천국과 같이 모든 것을 누렸던 부자는 죽어서는 고통으로 일그러진 지옥의 세계로 들어간다. 뜨거운 불꽃의 고통 속에서 부자는 아브라함에게 나사로를 시켜 물 한 방울이나마 혀에 떨궈주기를 간청하지만 나사로가 처한 천국의 세계와 부자가 처한 지옥의 세계에는 전생의 대문 사이에 놓였던 커다란 구렁만큼이나 도저히 건널 수 없는 큰 도랑이 있기에 불가능하다고 거절당한다.

이 땅에 살면서 돈과 재물이 주는 풍요와 호화로움에 취해 사는 일부 부자들의 삶은 나사로 이야기의 부자처럼 이웃과의 관계를 단절하고 삶의 연장으로서의 죽음을 부인한 채 현재의 쾌락과 탐닉이라는 폐쇄된 허상의 세계에 갇혀있다. 그러나 예수께서는 부자와 나사로의 이야기를 통해 이 땅의 삶이 끝이 아니라는 것과 이 땅의 삶을 넘어선 또 다른 차원의 생이 있다는 것을 말씀한다. 죽음을 넘어선 내세의 생은 죽음 이전의 현세의 삶과 잇대어 있으며, 이생의 삶을 어떻게 살았는가가 죽음 이후의 생에 영향을 미친다는 계시의 의미를 우리에게 전한다. 이어 예수께서는 많은 재물을 소유한 부자가 가져야 할 이웃에 대한 책임을 지시할 뿐만 아니라, 부자와 가난한 이웃의 관계가 단순히 인간들만의 문제가 아니고 '하나님의 문제'이며, 그러므로 하나님께서 관여하시는 문제가 된다는 것을 암시한다. 그렇다면 돈과 부는 그 자체로 악한 것이며, 따라서 부를 축적하고 부를 소유한 부자들에게 재물은 영생의 문을 막아버리는 사탄의 도구라는 의미라는 것인가? 만일 그렇다면 나사로처럼 아무것도 갖지 못한 가난한 자는 무소유의 가난한 삶 그 자체만으로 하나님 나라에 이르는 자격을 갖췄다는 의미가 성립되는 것 아닌가. 부자가 하나님 나라에 입성하는 것 자체가 불가능하다는 하나님의 말씀은 어떤 논리에 근거한 것인지 하나님 말씀에 대한 신학적 근거를 찾아보도록 하자.

성서는 돈과 부 그 자체를 악하거나 나쁘다고 말하지 않는다. 더욱이 하나님께서는 가난한 자만을 사랑하시고 부자이기 때문에 미워하신다는 말씀도 찾아보기 힘들다. 그가 악한 사람이건 혹은 선한 사람이건 똑같이 햇빛과 비를 주시는 것처럼 하나님의 사랑에는 부자와 가난한 사람 사이에 구렁이 없다. 다만 돈과 재물에 대한 부자들의 마음과 생각 그리고 의지와 더불어 그 동기와 과정 그리고 그 결과로서 이어지는 행위와 삶에 대해 관심이 집중되어 있음을 알 수 있다. 구약성서 신명기 8장 17-18절을 통해 하나님께서는 부자들이 자신이 소유한 많은 재물에 대해 마땅히 생각해야 할 바를 가르치고 있다. 즉, "그러나 네가 마음에 이르기를 내 능력과 내 손의 힘으로 내가 이 재물을 얻었다 말할 것이라. 네 하나님 여호와를 기억하라. 그가 네게 재물 얻을 능력을 주셨음이라. 이같이 하심은 네 조상들에게 맹세하신 언약을 오늘과 같이 이루려 하심이니라." 성서를 통해 전하는 하나님께서는 많은 재물과 부를 소유한 사람에게 이르기를 스스로의 힘으로 재물을 얻었다 생각지 말라고 경고하시며, 재물뿐만 아니라 재물을 얻은 능력조차 하나님께서 부여하셨다는 사실을 잊지 말 것을 당부하신다. 더욱이 하나님께서는 그 재물과 재물을 얻은 사람에게 부여된 부를 얻은 능력조차 그가 받을 자격이 있어 주신 것이 아니라, 오직 그의 조상과 맺은 언약을 지키고자 하는 하나님의 마음 때문이라는 사실을 알린다.

또한 전도서 5장 19절 역시 "또한 어떤 사람에게든지 하나님이 재물과 부요를 그에게 주사 능히 누리게 하시며 제 몫을 받아 수고함으로 즐거워하게 하신 것은 하나님의 선물이라"는 말씀을 통해 어떤 사람이든지 자신이 누리고 있는 재물과 부요는 자신의 힘으로 만든 것이 아니라 하나님께서 주신 선물이라는 것을 깨닫게 하신다. 곧 모든 사람이 누리는 재물과 부는 모두 원천적으로 하나님의 것임을 밝히며, 다만 하나님께서 이를 선물로 허락하셨다는 말씀이다. "나의 하나님이 그리스도 예수님을 통해 영광 가운데서 그의 풍성함으로 여러분에게 필요한 모든 것을 넘치게 채워주실 것입니다"(빌 4: 19)라는 사도 바울의 말씀은 모든 물질은 본래적으로 하나님의 소유로 악한 것이 아니며,

사람들이 필요한 것을 하나님께서 주시되, 하나님의 마음이 인색하여 궁핍하게 주시는 것이 아니라 모든 것을 풍성하게 넘치도록 채워주신다는 것을 알려준다. 또한 사도 바울은 사랑하는 제자 디모데에게 "우리가 세상에 아무것도 가지고 온 것이 없다는 것과 또한 아무것도 가지고 가지 못한다"라고 말한다(딤전 6:7). 사도 바울은 인생의 길, '공수래 공수거', 부인하고 싶으나 거부할 수 없는 인간의 실존적 진실을 확인시킴으로 모든 것은 근원적으로 하나님의 소유라는 사실과 우리가 누리는 삶에 필요한 것은 오직 이 땅에서 잠시 머물 때를 위해 하나님께서 임시로 위탁한 것임을 확인시킨다.

따라서 성서는 재물의 유형을 막론하고 모든 것은 하나님께 속한 것이며, 하나님의 위탁물이라는 선포를 통해 그리스도인의 근본적인 신앙인 '창조신앙'과 함께 '청지기 신앙'을 확인시킨다. 하나님께서는 무에서 유를 창조하신 창조주 하나님이시며, 모든 존재는 창조주이신 하나님께로부터 비롯되었다는 엄중한 선포를 통해 창조주를 제외한 모든 존재, 인간을 비롯한 자연 그리고 자연을 이용하여 만든 모든 존재물은 하나님의 권한에 속한 하나님의 것임을 선언한다. 따라서 인간이 소유하고 사용하는 모든 것의 소유권은 하나님께 있으며, 인간은 위탁받은 자로서 하나님의 것을 하나님의 목적을 위해 사용해야 할 청지기적 신앙과 사명이 부여되었음을 알린다.

그러나 성서의 말씀은 돈과 재물을 향한 인간의 마음과 생각이 마치 하나님을 향한 인간의 사랑과 비견되고 있음을 보여준다. 성서를 통해 우리는 피조물을 창조주의 위치에 그리고 창조주를 피조물의 위치에 두고, 마치 하인이 주인을 섬기듯 돈과 재물을 사랑하고 추종하고 헌신하고 있는 인간의 모습을 적나라하게 볼 수 있다. 영생을 얻고자 갈망하며 율법을 지켰던 부자 청년이 영생과 재물의 기로에서 영생을 포기하고 재산을 선택한 것처럼, 자신의 죽음과 그 너머의 생을 망각한 채 세상의 부와 재물의 축적에만 몰입했던 어리석은 부자처럼 그리고 나사로 이야기의 부자처럼, 우리 인간은 돈과 재물이 창조한 허상의 세계에서 창조주 대신 피조물을 사랑하고 따르며 헌신하며 살고 있다는 인간의 실존을 재차 확인시킨다.

성서가 적실하게 보여주는 것처럼, 인간으로 인해 창조주의 자리에 위치한 돈과 재물은 단순한 물질적 차원을 넘어 강력한 영적인 차원으로 인간의 마음과 생각을 사로잡는다. 이렇게 돈으로 상징되는 재물의 힘은 인간 위에 군림하며 인간을 지배하고 통제하여 인간과 인간의 관계 그리고 인간과 자연의 관계를 왜곡시키고 영생을 향한 하나님 나라를 차단하고 맘몬이 지배하는 물질세계로 고립시키는 강력한 영향력을 갖는다. 그 세계에는 이웃도, 하나님도 그리고 경이롭고 신비한 자연도 없다. 오로지 돈과 물질에 대한 사랑에 탐닉하여 물질이 주는 풍요로움과 편안함 그리고 호화로움 속에서 물질을 만드신 창조주를 잊어버리고 창조주의 자리를 대신한 우상 곧 맘몬이 지배하는 세계에 갇혀있다는 사실을 성서는 진지하게 그려내고 있다. 성서가 간파하고 경고하는 돈과 재물의 세계는 인간의 피조성과 인간의 관계성, 물질과 죽음을 넘어선 생명의 초월성, 자연이 주는 거룩한 신비함이 모두 배제되고 제거된 물질 만능의 환상의 세계가 주는 영적 차원의 위험을 폭로한다. 이와 같은 물질적 차원을 넘어서 영적인 차원을 드러내는 돈과 재물의 세계는 21세기 현 신자유주의 세계화의 시장자본주의 세계의 현실과 전혀 다르지 않다는 것을 인식시킨다. 성서는 이렇게 영적 차원을 부여받은 부와 재물이 만드는 환상의 세계에서 맘몬을 섬기는 그 결과가 어떠한 것인지를 비유를 통해 자세히 묘사한다.

2. 영생에 이르는 사랑: 신의 사랑과 인간의 사랑, 아가페와 에로스

"돈을 사랑함이 일만 악의 뿌리가 되나니…." 성서는 돈을 사랑하는 것이 모든 악의 근원이라고 말한다. 돈을 향한 '사랑'이 일만 악의 뿌리가 된다는 것이 무슨 의미인지 '사랑'의 의미와 사랑의 '대상' 그리고 사랑의 '방법' 등 인간의 사랑이 갖는 특성에서 살펴보고자 한다. 사랑이란 인간이 갖는 가장 근원적인 감성이다. 이는 인간은 자기충족의 존재가 아닌 결핍된 존재라는 의미를 내포하며, 사랑을 통해 자신의 결핍을 채워줄 대상을 찾고자 하는 근본적인 인간의 욕구와 요구라고 할 수 있다. 신과 같이 자체로서 완전하고 충족된 존재는 대상에 대한 필요가 없지만, 결핍된 존재로서의 인간은 자신의 필요를 채울 대상을 찾아 결합하고자 하는 감성적이면서도 의지적인 지향성을 갖는다. 따라서 사랑은 자신이 필요한 대상을 동경하고 갈망하며 소유하고 하나로 결합하고자 하는 의지적 행위를 통해 자신을 충족시키고 완성하려고 한다. 따라서 사랑은 남녀 간의 사랑처럼 대상을 갈망하고 하나로 결합하고자 하는 원리가 되며, 제삼의 존재를 잉태하는 생명의 원리이기도 하다. 따라서 무엇보다도 동경하고 결합하고자 하는 대상과 방법에 따라 결과로서 잉태되는 존재가 달라질 수 있다.

사랑은 일반적으로 사랑하는 대상에 따라 크게 아가페와 에로스로 나누어진다. 물론 필리아philia와 같이 우애나 우정을 의미하는 사랑도 있으나, 일반적으로 여성과 남성의 성적인 사랑, 육체적이고 본능적인 사랑으로 이해되는 에로스eros의 사랑과 인간을 향한 신의 사랑으로 순수하고 헌신적인 고결한 사랑인 아가페agapê의 사랑으로 이해된다. 서방 최고의 신학자 아우구스티누스는 아가페와 에로스에 대한 사랑의 이해를 다른 맥락에서 확장해서 해석한다. 아가페는 인간을 대상으로 한 하나님의 무조건적인 사랑을 의미한다. 완전하고 홀로 자기충족적인 하나님은 결핍이 없는 존재로서 그 어떤 대상도 필요치 않은 분이시다. 따라서 인간을 향한 하나님의 사랑은 자기충족을 위한 동경이나 욕구 혹은 요구에 근거한 사랑이 아니며, 어떠한 조건이 없는 무조건적인 사랑이다. 창조주 하나님께서 자신의 형상으로 창조된 인간을 향한 무조건적인 사랑은 먼저 인간을 찾아오시는 헌신적인 사랑이다. 곧 인간을 구원하시기 위해 하나님 자신이 인간의 몸으로 내려오신 '성육신의 사랑'을 말한다.

그리스도 예수는 하느님과 본질이 같은 분이셨지만 굳이 하느님과 동등한 존재가 되려 하지 않으시고 오히려 당신의 것을 다 내어놓고 종의 신분을 취하셔서 우리와 똑같은 인간이 되셨습니다. 이렇게 인간의 모습으로 나타나 당신 자신을 낮추셔서 죽기까지, 아니, 십자가에 달려서 죽기까지 순종하셨습니다(빌 2:6-8, 공동번역).

빌립보서 2장 6-8절 말씀처럼 아가페의 사랑은 창조주 하나님께서 피조물인 인간을 구원하기 위해 자신을 비우신 케노시스kenosis의 사랑이며, 종의 신분으로 낮아지신 하강의 사랑, 곧 구원의 사랑을 말한다. 『아가페와 에로스』의 저자 안더스 니그렌은 아가페의 사랑에 관한 아우구스티누스의 견해에 동조하며 '아가페'야말로 기독교에서 말하는 유일하고도 참된 사랑이라고 말한다. 니그렌은 순수하고 고결한 아가페의 사랑과는 대조적으로 에로스는 육체적이고 본능적인 사랑이라고 말하며 에로스의 사랑은 기독교적인 사랑이 될 수 없다고 평가한다. 그러나 아우구스티누스는 니그렌과는 달리 에로스의 사랑 역시 기독교적인 사랑을 대표하는 중요한 요소라고 주장한다. 아우구스티누스에게 인간을 향한 신의 사랑이 아가페의 사랑이며, 에로스의 사랑은 하나님을 향한 인간의 사랑이다. 아가페 사랑의 주체는 하나님이며 대상은 인간인 반면, 에로스 사랑의 주체는 인간이며 그 사랑의 대상은 하나님이다.

하나님을 향한 인간의 사랑 에로스는 인간이 유래된 근원에 대한 본성적인 사랑이다. 마치 자신이 태어나고 자란 고향을 그리워하듯이 하나님으로부터 창조된 인간은 자기 존재의 원천인 창조주 하나님을 동경하게 된다는 것이다. 유한한 존재인 인간은 무한하신 하나님을 갈망하고 연합하기를 동경하고 욕구하게 된다. 그래서 신을 향하고 신과 연합하여 신과 하나가 되고자 하는 인간의 사랑은 위에 계신 하나님을 찾아 오르고자 하는 상승의 사랑으로 곧 에로스의 사랑이다. 인간을 향한 아가페적인 신의 사랑과 신을 향한 인간의 에로스의 사랑이 만나는 지점, 다시 말해 인간을 찾아 내려오시는 하나님의 성육신의 사랑, 곧 하강의 사랑이 신을 갈망하고 신과 연합하여 하나가 되고자 하는 상승의 사랑과의 접점에서 만나는 사랑이 참된 하나님이자 참된 인간이신 예수 그리스도를 통해 이루어지는 구원의 사랑이다. 아가페의 사랑과 에로스의 사랑, 인간을 향해 내려오시는 하나님의 하강하는 사랑과 하나님을 찾아 상승하는 인간의 사랑이 예수 그리스도를 통해 구원의 사랑으로 이어진다.

아우구스티누스에게 인간의 사랑은 사랑하는 대상이 무엇인가에 따라 '사랑의 의지'와 '사랑의 방법' 또한 달라진다. 아우구스티누스는 자신의 저서 *On Christian Doctrine*에서 대상이 무엇이냐에 따라 대상 자체를 즐기고 향유하는 것이 있는가 하면, 단순히 이용하는 대상이 있다고 말한다. 자체를 즐거워하고 향유할 수 있는 대상은 인간을 행복하게 하지만, 단순히 이용하는 대상은 더 나은 목적을 위해 도울 수 있을 뿐이라는 것이다.[19] 따라서 어떤 대상을 참으로 즐거워하며 향유할 때 인간은 그 대상 안에 '안주'하게 되지만, 반대로 이용하는 대상에 대해서는 다른 목적을 위해 그 대상을 처분할 수도 있다고 말한다. 아우구스티누스는 인간이 대상 자체를 목적으로 즐기고 향유하며 그 안에 안주하는 유일한 참된 대상은 영원하신 삼위일체 하나님뿐이라고 말한다.[20] 아우구스티누스는 로마서 11장 36절 말씀을 인용하며 "모든 것은 그분에게서 나오고 그분으로 말미암고 그분을 위하여 있는" 하나님만이 영원하고 불변하는 우리의 목적이 되는 창조주 하나님임을 선언한다.

아우구스티누스는 삼위일체 되시는 하나님을 제외한 세상의 모든 대상은 그저 일시적으로 사용되는 도구적 대상이라고 말한다. 도구로서 이용해야 할 대상을 인간이 목적으로 삼아 즐기고 향유하고 안주한다면 정작 인간이 진정 지향하고 도달해야 할 '목적'을 잊어버리고 이탈하게 된다는 것을 경고한다. 세상에 모든 사물들은 하나님께서 만드신 피조물로서 보이지 않는 하나님을 계시하며 인간의 본향이자 궁극적 목적인 하나님을 위해 이용되는 도구적 대상이라는 것을 분명히 한

---

19 Saint Augustine, *On Christian Doctrine,* trans. by D. W. Robertson, JR. (New Jersey: Macmillan/Liberal Arts, 1958), 9.
20 *Ibid,*, 10.

다. 영원하고 불변하신 하나님은 창조주이며 그 외 모든 것은 하나님이 만드신 하나님의 것이기에 창조주를 목적으로 그리고 피조물을 수단으로 사랑해야 함을 일깨우고 있다. 피조물인 세상의 물질이나 일시적인 것들을 사용하여 영원한 하나님을 이해하고 영화롭게 하는 것이 피조물에 대한 올바른 사랑의 방법이라고 아우구스티누스는 설명한다.[21]

만일 세상의 물질이나 일시적인 것에 탐닉하여 돈과 재물을 목적으로 삼아 즐거워하고 향유하며 안주한다면 이는 창조주의 위치와 위상을 피조물로 대체하는 '우상숭배'가 된다. 목적으로 사랑해야 할 하나님의 자리와 수단으로 이용해야 할 사물의 자리를 치환함으로 인간이 마땅히 가져야 할 하나님을 향한 사랑의 의지와 방법은 왜곡될 수밖에 없다. 돈과 재물을 하나님처럼 목적으로 삼아 향유하는 사랑과 하나님을 목적이 아닌 도구로 이용하는 도구적 사랑은 궁극적으로 피조물과 창조주의 위치를 뒤바꾸는 왜곡된 사랑의 질서를 생성하게 된다. 즉 피조물이 인간을 지배하고 인간은 하나님을 이용하고 저버린다. 성서에서 재물에 탐닉하여 영생을 저버리고 재물을 선택한 부자 청년 이야기, 창고의 재물에 안주해 자신의 죽음을 예측하지 못한 어리석은 부자의 이야기, 재물의 호사스러움에 갇혀 대문 밖의 이웃을 저버린 나사로와 부자 이야기의 공통점은 물질의 호화로움과 풍요함을 즐기며 향유하고 안주하며 돈과 재물이 만든 허상의 세계를 좇아 살아가는 현대인들의 공통적인 신학적 근거가 된다.

창조주와 피조물의 위치를 치환하고 하나님을 사랑하듯 돈과 재물

---

21 Ibid., 9.

을 동경하고 추구하는 에로스 사랑은 물질을 하나님으로 삼아 향유하며 맘몬의 세계에 안주한다. 맘몬이 만든 허상의 세계에 갇혀버린 에로스의 사랑은 인간을 구원하시려 성육신의 사랑으로 하강하는 하나님의 아가페의 사랑과 접점하지 못한 채 궤도를 이탈하게 된다. 일시적이고 도구적이며 물질적인 존재가 영원하시며 불멸하신 하나님을 대체해버린 시간적 세계에 갇혀 안주하는 인간들에게 영생은 불가능하다. 돈과 재물을 우상으로 삼아 향유하며 누리고 안주하는 부자들에게 하나님 나라의 입성은 논리적으로 불가하다. 창조주를 동경하고 그와 연합하기를 갈망하듯 돈과 재물을 추구하고 동경하며, 이를 위해 하나님을 도구로 이용하려는 가난한 자들 역시 하나님 나라와 무관할 것이다.

인간을 위해 자신을 비워 하강하시는 하나님의 성육신의 사랑과 창조주 하나님만을 목적으로 향유하는 상승의 사랑, 두 사랑의 만남과 연합이 바로 예수 그리스도를 통해서만 가능한 구원의 사랑이다. 돈과 재물을 목적으로 하는 사랑은 성서가 금하는 우상숭배가 되며, 맘몬을 중심으로 형성되는 물질 중심, 생명 경시, 관계의 단절 속에서 하나님 나라에 이르는 영생은 차단된다. 때문에 예수께서는 말씀하신다. "부자가 하나님의 나라에 들어가는 것보다 낙타가 바늘귀로 통과하는 것이 더 쉽다", "집 하인이 두 주인을 섬길 수 없나니… 너희는 하나님과 재물을 겸하여 섬길 수 없느니라."

최고의 이윤과 최대의 자본을 축적하는 것이 목적인 21세기 신자유주의 자본주의 사회에는 모든 것을 창조하신 창조주의 자리는 없다. 돈과 재물을 최우선적으로 사랑하고 목적으로 삼는 부자들에게 목적으로 사랑하고 향유해야 할 하나님은 존재하지 않는다. 더 많은 재물과 부를 얻기 위한 목적을 이루기 위해 하나님을 수단으로 이용하는 낙타들이 통과할 수 있는 하나님 나라 역시 존재하지 않는다. 낙타가 바늘구멍을 통과하는 것이 불가능하듯 맘몬이 만드는 허상의 세계에 사로잡힌 부자들에게 혹은 부자가 되고 싶은 가난한 사람들에게 영생과 하나님 나라는 불가능의 영역임에 틀림없다. 그러나 하나님의 사랑의 질서 속에 올바른 사랑의 의지로 올바른 사랑의 방법을 실천하며 살아가는 가난한 부자들은 하나님 나라 문전에서 모두 조우하지 않겠는가. 그러나 그 역시 하나님 나라 문을 통과하기 전 부자나 가난한 자나 하나같이 모든 것을 내려놓고 모두 빈손과 빈 몸으로 들어가지 않겠는가. "지금은 거울로 보는 것처럼 희미하나 그때는 얼굴과 얼굴을 대하여 볼 것이요 지금은 내가 부분적으로 아나 그때에는 주께서 나를 아신 것 같이 내가 온전히 알리라."

IV. 글을 마무리하며: 우리는 여전히 하나님의 경제 (Divine Economy)를 꿈꾼다

1. 영화 〈기생충〉에 대한 단상

봉준호 감독의 영화 〈기생충〉이 칸 영화제의 황금종려상을 시작으로 여러 국제영화제의 상을 휩쓸더니 급기야 미국 최고의 영화제인 아카데미 시상식에서 각본상과 국제장편영화상 그리고 감독상과 최고작품상에 이르기까지 중요한 4개 부문의 상을 받았다. 한국을 배경으로 한국 배우들이 한국말로 제작된 영화 〈기생충〉이 대체 어떤 영화이기에 전 세계 영화계를 석권했는지 세계인들은 의아해한다.

영화 〈기생충〉이 다루는 내용은 본 글의 주제와 같은 '자본주의 사회에서 일상적인 삶인 빈부의 양극화' 문제다. 봉준호 감독은 〈기생충〉을 통해 현 21세기 자본주의 사회에서 살아가는 부자와 가난한 자의 극단적인 삶의 '실상'을 '수직적인 공간' 묘사와 함께 대조적인 시각적 요소와 자극적인 후각적인 묘사를 통해 적나라하게 그려낸다. 사실 봉준호의 〈기생충〉은 낭만적이거나 아름다운 영화가 아닐뿐더러 더욱이 모두가 편안하게 즐길 수 있는 유형의 영화가 아니다. 마치 기생충이라는 생물이 대면하고 싶지 않은 우리 몸속의 찝찝한 실상을 드러내는 것처럼, 영화 〈기생충〉은 '신자유주의 자유시장 경제'가 주도하는 현 자본주의 사회가 은폐하고 싶은 불편한 삶의 '실상'을 적나라하게 노출시켜 우리로 대면하게 만드는 매우 불편한 영화다. 자본주의가 가공한 '환상'을 누리고 향유하는 부자들뿐만 아니라, 그 '허상'을 좇는 가난한 자들 모두가 영화 〈기생충〉이 적나라하게 까발린 실상에 당혹스럽기만 하다. 벙커와 같은 부잣집의 지하실, 지상과 지하에 반쯤 걸쳐진 반지하방 그리고 넓은 정원과 전망 좋은 테라스까지 갖춘 대저택, 이렇게 수직으로 내리꽂힌 지하, 반지하, 지상의 주거 공간에는 모두 다른 계층의 사람들이 산다. 사채업자를 피해 부잣집 지하실에 숨어 지내는 부잣집 가정부 문광의 남편 근세, 햇볕이 잘 안 들어 축축한 곰팡이 냄새가 온몸에 배어있는 모두가 백수인 기태네 가족 그리고 대저택에 사는 박 사장 가족, 이들은 자신들이 거주하는 수직적인 공간 구조에 따라 현대판 계급구조로 나뉜다.

그런데 만약 예수께서 21세기 현 자본주의 시대에 다시 오신다면, 그리고 믿음이라는 기본적 상수를 전제한다면 예수께서는 지하층의 근세네, 반지하층의 기태네 그리고 이층집 저택 박 사장네를 향해 무슨 말씀을 어떻게 하실까 궁금하다. 걸인 나사로가 죽은 후 아브라함의 품에 안겨 영생을 누리는 반면 부자는 죽어 지옥의 뜨거운 불 가운데서 영벌을 받는 것처럼, 지하와 반지하의 사람들은 천국에 좀 더 가까우며 반면 온갖 좋은 것을 먹고 입고 누리며 살아온 대저택의 부자 박 사장네는 지옥으로 직행할지, 혹여 만일 그렇다면 그 가능성은 얼마나 더 높을지 호기심이 발동한다. 과연 예수님의 판단에 누가 왼편의 염소이며 누가 오른편의 양일지, 참으로 그것이 문제 아니겠는가.

그런데, 감독 봉준호는 영화 〈기생충〉에서 부자와 가난한 자를 수직적 공간으로 분리하고 나누듯 같은 맥락에서 선과 악을 나누지 않는다. 영화 〈기생충〉에 등장하는 인물 중 상식선에서 이해할 수 있는 선한 사람은 찾아보기 힘들다. 모든 것을 다 가진 것으로 보이는 박 사장네 가족은 가족 이기주의자이며, 가정부 부부는 가택 침입자요 절도자이며, 주인공인 기태 가족은 가족사기단으로 등장한다. 봉준호가 각본을 쓰고 감독한 영화 〈기생충〉에서 부자는 악하며, 가난한 자는 선하다는 기존 공식은 통용되지 않는다. 영화 〈기생충〉은 모두가 그저 부자가 되고 싶고, 더 큰 부자가 되고 싶어 돈을 좇는 속물들뿐이며, 단지 어떤 식으로든 운이 좋은 금수저와 운이 나쁜 흙수저로서 모두가 수단과 방법을 가리지 않고 부자가 되고 싶은 사람들뿐이다. 돈과 부가 만들어내는 풍요와 화려함이 주는 환상과 허상의 세계 그 이면의 감춰진 실상에는 인간의 존엄성은 사라지고, 맘몬이 만든 올가미에 갇혀 모두가 모두에게 숙주로서 기생하는 한낱 기생충들로 생존할 뿐이다. 세계인이 이토록 불편한 영화 〈기생충〉에 관심을 갖는 것은 기생충의 불편한 진실이 현실 세계의 실상을 적나라하게 반추하고 있다고 보기 때문일 것이다. 맘몬이 지배하는 돈으로 시작해서 돈으로 귀결되는 물질 만능의 폐쇄된 세계에서는 단지 부자만이 아니라 가난한 사람 역시 영생이나 하나님 나라와는 무관할 수 있다는 억울하고도 슬픈 진실을 어렴풋이나마 느끼게 한다.

2. 하나님의 경제: 이윤의 원리와 복음의 원리

예수께서 베다니 나병 환자 시몬의 집에 계실 때에 한 여자가 매우 귀한 향유 한 옥합을 가지고 나아와서 식사하시는 예수의 머리에 부으니 제자들이 보고 분개하여 이르되 무슨 의도로 이것을 허비하느냐 이것을 비싼 값에 팔아 가난한 자들에게 줄 수 있었겠도다 하거늘 예수께서 아시고 그들에게 이르시되 너희가 어찌하여 이 여자를 괴롭게 하느냐 그가 내게 좋은 일을 하였느니라 가난한 자들은 항상 너희와 함께 있거니와 나는 항상 함께 있지 아니하리라 이 여자가 내 몸에 이 향유를 부은 것은 내 장례를 위하여 함이니라 내가 진실로 너희에게 이르노니 온 천하에 어디서든지 이 복음이 전파되는 곳에서는 이 여자가 행한 일도 말하여 그를 기억하리라 하시니라(마 26:6-13).

현대인에 입에 가장 자주 오르내리는 주제는 주지하다시피 '경제' 다. 정치 · 사회 · 문화 · 외교 모든 것을 공통으로 엮어내며 전 세계적 관심을 대변하는 핵심 용어 역시 '경제'다. 경제란 쉬운 말로 먹고사는 문제를 해결하기 위한 생산 분배 등의 활동이라고 인식되지만, 본래 경제 economy란 '집' 혹은 '가정'을 의미하는 그리스어 원어 *oikos*에서 비롯되었다. 여기서 파생된 '오이코노미아oikonomia'는 '집'을 뜻하는 '오이코스'와 관리한다는 뜻의 '노메오'가 결합된 표현으로 '가정관리'를 뜻한다. '오이코노미아'는 마치 가장이 집을 관리하고 살림을 하듯이 하나님께서 당신이 창조하신 세계를 그냥 방치하지 않고 관리하신다는 '경륜'의 신학적 의미를 갖는다.[22] 이는 이 세계에서 인간이 더불어 살아가는 문제, 생산과 공정한 분배, 소비의 문제가 단순히 인간의 문제로 제약된 영역이 아니며, 하나님께서 관여하시고 관리하시는 문제가 된다는 것을 알 수 있다. 이는 세계에 존재하는 모든 것이 하나님으로부터 비롯되었으며, 따라서 소유권 역시 인간이 아닌 하나님의 것임을 인정하는 창조신앙이 근본이라는 것을 확증한다. 이에 더해 인간에게 부여된 재물, 돈, 부 등 역시 근본적인 소유권은 하나님의 것이며, 인간에게는 임시로 위탁된 것으로 목적 자체이신 하나님의 뜻대로 사용하여야 하는 청지기 신앙이 요구된다는 것 또한 알 수 있다. 따라서 현 자본주의 시대가 따라야 할 경제논리는 시장원리, 이윤원리가 지배하는 자유시장경제가 아니라 복음의 원리가 지배하는 '하나님의 경제divine economy'이어야 한다. 마태복음 26장 6-13절은 '하나님의 경제'에 대한 좋은 예시를 제시하고 있다.

마태복음 26장 6절부터 13절, "옥합을 깬 여인"의 이야기에서는 한 여인이 값비싼 향유가 든 옥합을 예수의 머리에 붓는 장면이 나온다. 그 장면을 보던 제자들은 그 여인을 향해 왜 값비싼 향유를 '낭비'하느냐고 꾸짖는다. 그 여인의 행동을 꾸짖는 제자들에 따르면, 그 비싼 향유를 팔았더라면 많은 돈을 얻을 수 있었을 것이며, 그러면 그 돈으로

---

22 "경륜," 「교회용어사전」, https://terms.naver.com/entry.nhn?docId=2374896&cid=50762&categoryId=51365. (2020년 2월 20 최종접속.)

가난한 자들을 도울 수 있지 않았겠냐고 하는 철저히 시장경제의 이윤 논리에 근거한 주장이다. 비싸게 팔아 최대 이윤을 얻는 것이 시장경제의 논리라면 제자들의 주장은 틀린 말이 아니겠거늘 예수께서는 제자들을 향해 "여인을 괴롭게 하지 말라"고 하시며, 그 여인이 예수 자신께 귀한 일을 하였다고 여인의 행위를 옹호하신다. 예수께서는 덧붙여 말씀하시기를, 가난한 사람은 항상 있으니 늘 가난한 사람들을 도와야 할 것이나 여인이 행한 행위는 예수 자신의 장례를 준비하는 것이라고 설명하며, 복음이 전파되는 어느 곳에서나 여인이 행한 일도 기억될 것이라고 의미심장한 말씀을 하신다.

예수께서 제자들에게 하신 말씀은 엄밀한 의미에서 제자들이 주장한 시장경제의 논리, 즉 단순한 교환가치와 이윤가치에 부합되지 않는다. 제자들은 여인이 값비싼 향유를 '낭비'했다고 판단했지만, 예수께서는 여인이 좋은 일을 했다고 판단하셨다. 제자들의 판단은 오로지 '값비싼 향유'라고 하는 재물에만 '목적'을 두고 여인의 행위를 평가했지만, 예수께서는 제자들과는 달리 값비싼 향유라는 재물에 목적을 두고 주목한 것이 아니라, 여인이 그 향유를 도구로 삼아 어떻게 이용했는가 하는 여인의 행위에 관심을 두셨다는 것을 알 수 있다. 귀한 향유라는 재물을 이용해 누구에게 무엇을 하였는가에 주목하셨다는 의미다. 시장의 논리에서는 돈과 재물이 목적이 되지만 하나님 경제에 근거한 복음의 논리는 돈과 재물이 어떤 목적을 이루기 위한 수단으로 이용되는가가 더 중요하다는 것을 알 수 있다.

더욱이 예수께서 여인의 행위를 칭찬하며 복음이 전파되는 곳마다 여인이 행한 일이 기억될 것이라 하신 말씀의 의미는 기실 여인의 행위가 하나님의 경제, 복음의 논리에 근거해 향유를 거룩한 성물로 만들었다는 것을 인정하신 것이다. 곧 값비싼 귀한 향유를 포함한 모든 물질, 돈과 재물은 하나님의 소유로서 하나님의 선물이며, 하나님의 목적을 이루기 위한 적재적소에 도구로서 사용되어야 하는 귀한 성물인 것이다. 하나님으로부터 나오고 하나님에게 속한 것이기에 거룩한 가치를 갖는 모든 사물은 위탁 주인 하나님의 뜻에 합당하게 사용될 때 사물의 올바른 사용 가치가 결정된다. 창조주를 창조주로서 사랑하고 피조물을 피조물로 사랑해야 하는 당연한 이치는 창조주 하나님을 영화롭게 하는 목적을 위해 피조물이 도구로서 사용되어야 함을 알려준다. 하나님의 경제는 바로 올바른 사랑의 질서 속에 창조주 하나님을 향한 올바른 사랑이 이웃과 자연을 향한 올바른 사랑으로 이어질 수 있다.

많은 무리를 먹인 기적 이야기에 나타난 평등 지향
― 요한복음 6:1-15를 중심으로*

정복희**

Ⅰ. 들어가는 말

'자본주의'라는 말은 어디에서 시작되었을까? 김민주는 '자본주의'라는 용어는 자본주의를 배척하던 마르크스주의자들이 당시 사회 경제체제를 묘사하기 위해 사용했다고 말한다.[1] 하지만 '자본주의'라는 말이 널리 사용되기 이전에도 '자본'이라는 말은 오래전부터 사용되었다.[2] 김민주는 12세기를 거쳐 18세기가 되면서 '자본'이라는 용어는

---

* 본 논문은 정복희, "요한의 식사공동체: 기독론, 정체성, 계층성을 중심으로(요한복음 6:1-71)" (연세대학교 대학원 박사학위논문, 2017) 가운데 제4장의 일부를 '자본주의 시대에서 성서를 읽다'라는 주제에 맞추어 새롭게 수정하고 보완하였다.
** 루터대학교 강사 / 신약학
1 김민주, 『50개의 키워드로 읽는 자본주의 이야기』 (서울: 미래의 창, 2000), 11.
2 앞의 책, 11.

생산 자본의 의미로 사용되었으며, 그것은 부, 펀드, 재화, 자산, 재산과 혼용되었다고 말한다. 다시 말하면 자본이 자산, 재산, 부와 비슷한 개념으로 사용되었다는 것이다.[3]

김민주는 자본주의의 핵심 요소는 사유재산제도라고 말한다. 과거에는 사유재산이 법적으로 보장되지 않았기 때문에 국가 권력에 의해 자신의 재산을 빼앗기거나 수탈당하기도 하였다. 하지만 17, 18세기에 들어 사유재산 제도에 대한 공감대가 확산되면서 부르주아들이 급증하였고, 자본주의는 궤도에 올랐다는 것이다.[4] 자본주의가 발달하면서 자본가들에게 재산이 몰리는 소득 불평등이 발생했다. 구인회는 우리나라의 소득 불평등이 점차 심해지고 있다고 주장한다.[5]

최근 한국 사회에서 회자되고 있는 용어들 가운데 '흙수저', '금수저'라는 말은 이런 소득 불평등의 심화를 꼬집고 있다. 이 '수저계급론'에서 계급을 결정하는 것은 자신의 노력으로 획득한 자산이 아니라 부모로부터 상속 또는 증여받는 자산이다. 이 용어는 소득 불평등이 대물림되면서 아무리 노력해도 상위계급으로 올라갈 수 없다는 사회적 절망이 표현되어 있다. 또한 이 용어에는 우리 사회의 낮은 계층이동성과 소득 불평등으로 인한 사회적 불안의 심화를 보여준다. 자본에 의한 이러한 불평등은 오늘날만의 현상은 아니다.

1세기 그레코-로만 사회 세계를 오늘날과 같은 형태의 '자본주의'로 규정하기는 어려운 면이 있다. 왜냐하면 오늘날의 자본주의가 경제

---

3 앞의 책, 11.

4 앞의 책, 14.

5 구인회, "한국의 소득분배 악화 요인과 정책과제,"「한국 사회보장학회 정기학술발표논문집」(2017), 25-56.

체제를 일컫는다면, 고대의 사회 세계는 경제, 정치, 종교가 뚜렷이 구분된 사회가 아니었기 때문이다. 이런 이유로 인해 그레코-로만 사회 세계의 자본을 현대의 관점에서 재정과 부로 제한하기는 어렵다.6 하지만 홍기빈의 말처럼 자본주의를 "자본이 지배하는 사회 체제"로 규정한다면7 그레코-로만 사회 역시 자본주의 범주에 속할 수 있을 것이다. 그리고 이 사회 역시 자본의 접근에 대한 제한으로 야기되는 불평등과 불평등의 대물림에서 예외는 아니었다.

이 글은 하나의 사회적 제도institution로서 1세기의 식사에서 행해지는 '사회 계층social stratification'8의 불평등에 관심을 둔다. 1세기 그레코-로만 사회 세계에서 식사가 중요한 것은 그것은 단순히 음식을 먹고 마시는 것이 아니라 식사를 통해 사회적이고 종교적인 교제에 참여함으로써 식사에 참여하는 사람들의 계층 형성과 관련이 있기 때문이다. 이 글은 그레코-로만 식사와 유대교 식사에서 행해지는 불평등에 주목하면서 요한복음 6장 1-15절의 많은 무리를 먹인 기적 이야기에 나타난 평등 지향을 통해 사회적 불평등에 대한 저자 요한의 성서적 대안

---

6 임성욱은 고린도전서 8장에 관한 연구에서 고전 8:1에 언급된 지식 있는 자들을 고린도 교회의 상류계층으로 보고 그들은 문화적, 종교적 그리고 상징적 자본을 소유한 사회경제적으로 우위에 있는 자들이었을 것이라고 주장한다. Sung Uk Lim, "The Political Economy of Eating Idol Meat: Practice, Structure, and Subversion in 1 Corthians 8 through the Sociological Lens of Pierre Bourdieu," *Horizons in Biblical Theology* 34 (2012), 166-168.

7 홍기빈은 자본주의를 "자본이 지배하는 사회 체제"로 표현할 수 있다고 말한다. 홍기빈, 『자본주의』(서울: 책세상, 2011), 31.

8 사회계층(social stratification)은 구조적 사회 불평등을 의미한다. 구조적 불평등은 지속성을 가지며, 제도화되고 정당화된 불평등이다. 사회 계층 현상은 사회에서 희소한 자원들이 불평등하게 분배되는 데서 생겨난다. 희소자원은 물적 자원, 명예, 권력이다. 홍두승, 구해근, 『사회계층·계급론』(서울: 다산, 2001), 15-19.

을 찾아보고자 한다.

이 글은 요한복음 6장 1-15절의 많은 무리를 먹인 예수의 식사에 나타난 유대교 식사와 그레코-로만 식사의 계층성 무효화를 살펴봄으로써 예수의 식사에 참여하는 것은 예수를 구심점으로 하는 새로운 질서에 참여하는 것임을 주장한다. 이 연구를 통해 자본주의 사회를 살아가는 우리의 식사의 자리가 "자본이 지배하는 사회 체제"[9]에 순응하는 자리가 아니라 예수가 새로운 질서의 구심점이 되는 하나님 나라의 평등 지향의 사회적 실험의 자리에 참여하기를 제안한다.

II. 유대교 식사의 불평등

이스라엘은 하나님의 '거룩한' 백성으로서 성결을 유지하도록 요구받았다(레 19:2). 이스라엘에 대한 성결의 요구는 외형상 '경계의 설정'과 '성결 상태의 유지'로 구체화되었다.[10] 그것은 모든 부정한 것으로부터의 '분리'를 의미했다. 성결이 갖는 '분리'의 성격은 모든 것을 성결과 부정으로 나누는 것이 아니라 성결과 부정의 정도에 따라 등급화하고 계급화하는 양상을 보였다.[11] 장소places, 시간times, 사람persons, 사회계급에 대한 성결의 등급화와 계급화는 고스란히 유대인의 '사회 세계'(so-

---

9 홍기빈은 자본주의라는 용어를 "자본이 지배하는 사회 체제"라는 말로 표현한다. 홍기빈, 『자본주의』, 31.

10 조태연/출판위원회 편, "성결의 이념과 예수의 하나님 나라," 『성결과 하나님나라: 강근환 교수 은퇴 논문집』 (서울: 한들, 2000), 385.

11 앞의 논문, 385-386.

cial world 또는 symbolic universe)를 구성하였다.[12] 이런 성결 계층화
는 이스라엘 성전을 둘러싼 독특한 규칙을 통해서 성서 시대 이후 유대
교에 정착되었다. 이 차별화에는 제물로 드려질 수 있는 동물들, 제물을
드릴 수 있는 사람들, 희생에 참여할 수 있는 사람들, 제물을 드리도록
만들어진 장소, 제물을 드리는 때(시간) 그리고 제물로 드리기에 적합
한 것과 그렇지 못한 것이 구별되었다.[13] 제사장만이 성결의 독특한 규
정을 따를 필요가 있었음에도 불구하고 예수 시대의 유대교는 이스라
엘 사람들에게로 그것을 확대하였다. 모든 사람들과 장소, 시간, 물건,
행동들은 이런 성결 계층화에 의해 구체적으로 정렬되고 구분되었다.[14]

성결지도purity map는 유대인들의 사회적 계층이 그대로 반영되었다.
장소에 대한 성결지도는 성전 체제를 그대로 반영한 것이었다. 가장
거룩한 곳은 지성소이며, 다음으로 성소, 현관과 제단 사이, 이스라엘
인의 뜰, 담 안, 성전 산, (예루살렘의) 성 안, (이스라엘 땅의) 성을 가진
도시, 이스라엘 순이다. 이스라엘 땅 밖은 이방인의 땅으로 부정하였
다.[15]

시간에 대한 성결지도에서 가장 거룩한 것은 안식일이다. 미쉬나의
절기 분류는 안식일 다음으로, 유월절, 대속죄일, 초막절, 축제의 날들,
신년 축제, 금식의 날들, 부림절, 중간-축제의 날들의 순이었다.[16] 사
람의 계층구조는 장소와 시간의 성결 계층구조를 그대로 반영한 것이

---

12 앞의 논문.
13 Jerome H. Neyrey, "The Idea of Purity in Mark's Gospel," *Semeia* 35 (1986),
   93-94.
14 앞의 논문, 94.
15 앞의 논문, 95.
16 앞의 논문, 99.

었다. 사람의 계층구조에서 첫 번째 고려되는 것은 온전성wholeness이었다. 그래서 손상된 몸을 가진 사람들은 가장 낮은 등급이었다. 두 번째는 성전과의 관계였다.17 네이레이Jerome H. Neyrey는 사람에 대한 계층 구조는 제사장, 레위인, 이스라엘 사람, 개종자, 해방노예, 결함이 있는 사제들, 성전노예들, 사생아, 고환이 상처받은 자, 성기가 없는 순으로 형성되었다고 주장한다.18 이방인 노예들과 사마리아 사람들과 여성은 유대인의 계층분화 밖에 있는 사람들로, 유대인 공동체와 밀접한 생활 공동체를 이루고 있었지만 유대인 공동체의 구성원으로 간주되지 않았다.19

사람, 장소, 시간의 계층은 음식물의 등급과도 일치한다. 라이트David P. Wright는 음식물과 관련된 사람과 장소의 관계에 대해 다음과 같은 도표로 설명한다.20

<표 1> 거주 영역과 음식의 상관관계에 의한 신-인간 범위

하나님	희생물들	성전
이스라엘인	정한 동물들과 먹이	이스라엘 땅
이방인들	모든 동물들	이스라엘 밖의 땅

---

17 앞의 논문, 96-97.

18 앞의 논문, 95-96. 예레미아스(Joachim Jeremias)는 혈통에 따라 사람들이 계급화되었다고 주장한다. 그는 사람에 대한 계급을 합법적인 혈통가문들(사제, 레위인, 완전한 이스라엘 사람들), 비합법적인 혈통이긴 하지만 혈통상의 결함이 가벼운 가문들, 비합법적인 이스라엘인 동시에 혈통상의 결함이 큰 가문들로 나눈다. 요아킴 예레미아스/한국신학연구소 번역실 옮김, 『예수시대의 예루살렘: 신약성서시대의 사회경제사 연구』(서울: 한국신학연구소, 1988), 342-346.

19 앞의 책, 432-470 참조.

20 David P. Wright, "Unclean and Clean(OT)," *ABD* vol. 6, ed. David Noel Freedman (New York: Doubleday, 1992), 740.

<표 2> 희생제물의 구분에 따른 성결의 구분

	희생제물들
하나님	제단에 놓인 부분
제사장들	가장 거룩한 부분과 셸라밈(화목제물)의 부분들
이스라엘인	셸라밈의 다른 부분

<표 3> 성전의 구분에 따른 성결의 구분

	성전
대제사장	지성소
대제사장, 제사장	성소
제사장 이스라엘인	성전 뜰

<표 4> 인간 몸과 부정에 대한 상징적 관계(좌)와 종교적 공동체와
부정한 몸에 대한 상징적 관계(우)

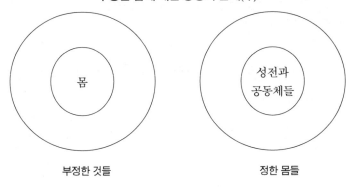

위 표 1, 2, 3, 4는 P자료에 나타난 성결 상징주의를 보여주는 것이다. 성전에 가장 가까운 사람은 대제사장과 제사장으로, 이들은 성전에 들어갈 수 있는 사람이었고, 거룩한 부분을 먹을 수 있었다. 다음으로 이스라엘인은 화목제물의 다른 부분을 먹을 수 있었다. 반면 '암하아레츠am ha-arez'(땅의 사람들)는 도시와 성전으로부터 떨어져 사는 사람들로 시골과 마을에 사는 사람들이었다. 이들은 하나님의 빵에 접근할 수 없는 사람들이었다. 이처럼 유대교의 성결 계층화는 경계를 받아들이기보다는 경계를 세우고, 유대인들 내부의 불평등을 심화하는 경향이 있었다. 표 1, 2, 3에서 보여주는 것처럼 사람, 장소에 대한 성결 계층화는 성전을 중심으로 형성되었고, 음식물의 등급화도 그에 따라 결정되었다. 왜냐하면 표 4가 보여주는 것처럼 부정한 것들은 몸을 더럽히고, 부정한 몸들은 성전과 공동체를 위협하기 때문이다.

표 4는 몸과 부정에 대한 상징적 관계를 통해 부정에 대한 사회적 관심과 경계를 나타낸다. 왼쪽에서 보여주는 것처럼 몸은 부정에 의해 영향을 받는다. 부정한 것들, 예를 들면 부정한 음식과 특정한 분비물과 병들은 몸을 오염시킨다. 거시적 단계에서 인간의 몸은 위에 언급한 더 큰 공간적 모델에서 자신의 위치를 가진다. 부정한 인간의 몸은 더 큰 공동체와 종교적 몸을 위협한다. 부정한 음식을 섭취해서는 안 되는 것처럼 부정한 몸은 부정의 강도에 따라 공동체 거주지의 자유로운 영역에 머물거나 들어와서는 안 되며, 거룩한 장소 안으로 들어와서도 안 된다.[21] 성결지도에 의한 이런 성결 계층화는 성전을 중심으로 한 내부의 불평등에 대한 강화였다.

바리새인들은 이런 성전을 중심으로 한 계층화에 반대한 자들이다. 그들은 율법 준수를 강조함으로써 제사장에게 집중되었던 권력을 분산시키고 제사장의 권한이었던 것을 모든 백성에게로 확대함으로써 성전을 중심으로 한 계급화에 반대하였다.[22] 바리새인들의 거룩의 기

---

21 앞의 논문.
22 김호경, "누가공동체의 식탁교제와 성결법의 확장," 「신학논단」 26/2 (1999), 395.

본적인 취지는 이스라엘의 거룩을 일상화시키고 보편화시키는 것이었다. 하지만 바리새인들의 거룩의 일상화 및 보편화는 암하아레츠에 대한 불평등의 심화를 가져왔다. 왜냐하면 바리새인들은 성전의 외부에서, 개인의 가정에서, 그들이 참여하는 상황에서 제의적 성결의 율법을 지켜야 한다고 주장했는데, 그런 주장은 율법을 지키지 못하는 암하아레츠에 대한 분리를 의미했기 때문이다.

바리새인들의 성결에 대한 주장은 성전을 중심으로 한 성결 계급화에 대한 반대였음에도 불구하고 오히려 그들의 주장은 성결지도에 의한 계층화를 "성결 대 부정"으로 이원화시키는 결과를 가져왔다. 왜냐하면 바리새인들의 거룩은 그들을 다수의 민중들과 구분하는 데 적용되었기 때문이다. 일반인들이 바리새인들의 특성에 맞춰 그들의 삶을 변화시키는 것은 쉬운 일이 아니었다. 때문에 성전 밖의 일상생활에서 바리새인들의 거룩을 준수할 수 없었던 암하아레츠는 오히려 죄인으로 규정되는 모순을 가져왔다.[23]

예수 시대의 바리새인들에게 그들의 거룩을 유지하기 위한 가장 큰 관심은 식사의 성결, 즉 매일 행해지는 일상의 식사에서 성결을 유지하는 것이었다.[24] 십일조 율법과 농업과 관련된 금기는 바리새인들에게 우선적으로 지켜졌다. 왜냐하면 농업적 율법과 성결 규례는 식사와 관련된 것이기 때문이다. 그것은 '음식규례들'이었다.[25] 개인적인

---

23 앞의 논문, 396.

24 James D. G. Dunn, *Jesus, Paul and the Law: Studies in Mark and Galatians* (London: SPCK, 1990), 65, 72, 79.

25 Jacob Neusner, *From Politics to Piety: The Emergence of Pharisaic Judaism* (New York: KTAV, 1979), 83. 미쉬나 데마이에는 십일조와 관련하여 하베림의 식사에 관한 규칙들을 포함한다(4:2; 6:6; 7:1). 이들 예에서는 하베림이 식사에서 십일조 규정

가정 율법 조항들 341개 가운데 229개보다 많은 구절이 직접 혹은 간접으로 음식규례와 관련이 있었다. 바리새인들의 율법은 안식일과 축제들, 음식을 위한 준비와 보존의 큰 범위를 포함했다.[26]

바리새인들의 음식 성결법에 대한 강조는 성전의 거룩을 일상생활에 적용한 것이었기 때문에 일상 식사에서 특별한 분리가 필요했다. '분리'는 거룩함의 근본적인 특징이었다. 성결법은 부정한 것과 성결한 것을 분리하는 것을 통해, 이스라엘이 거룩함을 유지할 수 있게 하는 것이었다. 그러므로 성결법은 다른 그룹에 대한 배타적인 성격을 강조한다.[27] 그것은 구체적으로 '무엇을', '누구와' 먹는가와 관련된 문제였고, 그것을 통해 '분리'를 구체화하였다. '무엇을' 먹는가의 문제는 구약성경에 규정된 것이었다(레 11:1-47; 신 14:3-21 참조). 하지만 '누구와' 먹는가의 문제는 다니엘서를 제외하면 구약에서 분명하게 규정된 것은 아니었다. 그럼에도 불구하고 헬레니즘과 함께 유대 문헌에는 이방인과의 '분리된 식탁'에 대한 언급이 등장한다. 이것은 유대인들이 이방인들과 식탁을 공유하지 않았다는 것을 의미한다기보다는 이방인이 행하는 모든 부정한 것으로부터의 분리와 헬라화에 대한 동화를 반대하여 이스라엘을 보호하고 분리시키기 위한 것이었다.[28]

성전의 멸망 이후, 성결과 부정의 은유는 랍비들에 의해 사용되었

을 얼마나 중요하게 여겼는지를 보여준다. Esther Kobel, *Dining with John: Communal Meals and Identity Formation in the Fourth Gospel and Its Historical and Cultural Context* (Leiden & Boston: Brill, 2011), 134-135.

26 Jacob Neusner, *From Politics to Piety*, 86.

27 김호경, "누가공동체의 식탁교제와 성결법의 확장," 379.

28 Marcus J. Borg, *Conflict, Holiness & Politics in the Teaching Jesus* (New York: E. Mellen Press, 1984), 58-59.

다. 부정을 죄의 선행先行으로 주장한 랍비적 경향은 두 가지 동기가 있었다. 첫째는 특별한 상황에서 신정론을 일반화로 확대하기 위한 것이었고, 둘째는 랍비 공동체를 위해 성전 이미지를 활용하기 위한 것이었다.29

성결에 관한 해석의 중요한 변화의 하나는 알렉산드리아 유대교에서 나타났고, 다른 하나는 랍비 유대교에서 나타났다. 하지만 이들 모두에서 성결과 부정은 제의적 상황 밖에서 해석되었다. 그들은 부정과 관련된 은유들과 알레고리들을 성전과 관련되지 않은 것들과 비교하기 위해 사용했다. 성결에 관한 제의적 초점은 무시된 반면 이전에 명확하게 제한되었던 우상숭배, 성적이고 부도덕적인 것에 대한 은유로서 부정의 사용은 확대되었다. 그들은 사라진 성전의 대체를 위해 성전 상징들을 일반적인 체제로 사용하고 그것에 호소했다.30 성결의 초점은 가정과 거리로 변했다. 이스라엘 공동체는 성전으로 간주되었고, 랍비는 새로운 제사장이었으며, 토라의 연구는 새로운 제의였고, 예전 성전이 제의적 부정을 방어했던 것처럼 사랑의 친절한 행위는 사회적 부정으로부터 그들을 보호하는 것이었다.31

성전 시대에 음식규례에 대한 위반은 곧바로 율법에 대한 위반은 아니었다. 그러나 랍비 유대교에서 음식규례에 대한 위반은 율법을 준수하지 않는 것이었으므로 율법을 준수하지 않는 암하아레츠와는 분리되어야 했다.32 율법을 지키는 않는 자는 그들의 동료로 받아들일

---

29 Jerome H. Neyrey, "The Idea of Purity in Ancient Judaism," *JAAR* 43/1 (1975), 23-24.
30 앞의 논문, 24-25.
31 앞의 논문, 23

수 없었기 때문이다. 이런 랍비 유대교의 '분리'에 대한 사상은 식사에서의 수용보다는 배타성에 강조점이 있었고, 경계 설정을 강화하여 유대교 내부의 불평등을 심화하는 결과를 가져왔다.

III. 그레코-로만 식사의 불평등

그레코-로만 사회 세계의 식사는 표면적으로는 참여하는 사람들 사이의 연대를 창조하는 것이었다. 이런 상징주의는 동일한 식탁, 동일한 음식 그리고 그릇의 형태를 공유하는 것과 같은 다양한 요소들에 의해 이루어졌다.[33] 식사에 참가한 사람들 사이에서 공동체 의식을 창조하는 것은 온전한 참가와 함께 동질성을 공유함으로써 하나가 된다는 의미였다.[34] 이런 식사의 상호 관계성을 위한 이상들 가운데 가장 중요한 것은 코이노니아κοινωνία, 공동체의 교제였다. 식당의 ㄷ(디귿)자의 공간 배열, 삼면을 따라 배치된 의자들, 네 번째 면은 비워둔 공간 배치는

---

32 뉴스너는 미쉬나 데마이에 언급된 하베림의 세 단계 가입 절차에 대해서 이야기한다. 이 가입 절차에는 십일조 규정과 암하아레츠로부터의 분리를 포함한다. 회원이 되기 위해서는 암하아레츠의 환대를 받아들여서도 안 되고, 손님으로 암하아레츠를 받아들여서도 안 된다(미쉬나 데마이 2.3). Jacob Neusner, "The Fellowship (חרודה) in the Second Jewish Commonwealth," *HTR* 53/2 (1960), 129-130. 로젠블럼 (Jordan D. Rosenblum)은 하베림과 암하아레츠 사이의 교제가 불가능한 것은 아니었지만 그것은 어디까지나 '평화를 위한' 관용이었지 협상은 아니었다고 주장한다. Jordan D. Rosenblum, *Food and Identity in Early Rabbinnic Judaism* (Cambridge: Cambridge University Press, 2010), 150-151.

33 Dennis E. Smith, *From Symposium to Eucharist: The Banquet in the Early Christian World* (Minneapolis: Fortress Press, 2003), 9.

34 앞의 책, 11.

코이노니아를 목적으로 한 것이었다.[35] 이런 배치들은 참여자들이 각자 완전하게 볼 수 있고, 대화할 수 있도록 한 것이었다.[36]

　코이노니아를 위한 가장 기본적인 이상은 모든 참여자가 같은 음식을 먹고, 같은 포도주를 마시고, 같은 크라테르(술과 물을 섞는 그릇)와 같은 제창 그리고 함께 찬가에 참여하는 것이었다.[37] 식사의 첫 번째 단계인 데이프논에 이어 두 번째 단계인 심포지움에서 행해지는 식탁 대화table-talk 역시 이런 교제를 고려한 것이었다. 그러므로 식사의 모든 행위들은 모든 사람이 식사의 기쁨을 공유하는 방법으로 진행되어야 했다.[38] 때문에 심포지움에서 코이노니아를 보장하는 가장 쉬운 방

---

35 로마의 식당은 식탁을 중심으로 침상 세 개가 배열되었기 때문에 횡와식탁(triclinium)이라고 불렸다. 오른쪽 침상은 '가장 높은 자리'이고 중간 침상은 '중간자리'로 불려졌다. 왼쪽 침상은 '가장 낮은 자리'였다. 이런 지정은 예외가 있긴 하지만 일반적으로 식탁을 둘러싼 지위를 나타낸다. 관습의 진화에 따라 가장 높은 자리는 중간자리의 3이 되었고, 이 자리는 '콘솔의 자리'(locus consularis)로 지정되었다. 주인은 오른쪽 침상의 3, 또는 중간자리와 인접한 왼쪽침상의 1번 자리에 위치했다. Haul Taussig, *In the Beginning was the Meal: Social Experimentation and Early Christian Identity* (Minneapolis: Fortress Press, 2009), 17; Dennis E. Smith, *From Symposium to Eucharist*, 17 참조.

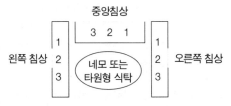

36 Matthias Klinghardt, "A Typology of the Communal Meal," in *Meals in the Early Christian World: Social Formation, Experimentation, and Conflict at the Table*, ed. Dennis E. Smith and Hal E. Taussig (New York: Palgrave Macmillan, 2012), 14.

37 앞의 논문, 14.

38 Dennis E. Smith, *From Symposium to Eucharist*, 55.

법은 참여하는 사람들에게 평등을 제공하는 것이었다. 하지만 그레코-로만 식사의 평등에 대한 이상과 목적에도 불구하고 실제 식사의 양상과 진행은 그 반대였다. 로마인들은 힘을 가시성과 연결시켰고, 식사는 그런 힘을 가시화하는 자리였다. 식사의 기대는 자세와 자리 배치는 참여하는 사람들의 사회적 지위를 가시화하고, 참가자들을 서열화하는 것이었다.

식사의 코이노니아를 위한 식탁의 배열과 기대는 자세는 그 자체로 코이노니아를 역행하는 것이었다. 식당의 구조는 한 번에 많은 사람을 초대하는 것이 불가능했기 때문에 식탁의 명예로운 자리를 위한 경쟁은 치열했다. 왜냐하면 특별히 명예로운 자리는 자기 과시를 위한 것이었기 때문이다.[39] 한 번의 식사에 수용할 수 있는 사람은 가장 작게는 3명에서 많게는 12명 정도였다. 많은 수를 초대한다는 것은 유쾌하지 못한 것이고, 무질서하게 되고, 둘 또는 그 이상의 이야기로 나뉘게 되기 때문이다. 그것은 공동체를 파괴하는 것이었다. 만약, 더 큰 그룹이 더 많은 자리가 필요하면 식당의 자리를 증가시키는 것 아니라 식당의 수를 증가시켰다.[40] 하지만 그렇지 못한 경우라면, 불평등한 대우는 피할 수 없었다. 식탁에 기댈 수 없는 나머지 사람들은 중앙홀에 앉

---

39 앞의 책, 57.

40 고고학적인 자료들은 이런 형태로 100명 이상을 수용할 수 있었던 협회의 홀 또는 연회를 위한 설비의 증거들을 보여준다. Matthias Klinghardt, "A Typology of the Communal Meal," 14; Dennis E. Smith, *From Symposium to Eucharist*, 24; Richard S. Ascough, "Social and Political Characteristic of Greco-Roman Association Meals," in *Melas in the Early Christian World: Social Formation, Experimentation and Conflict at the Table*, ed. Dennis E. Smith and Hal Taussig (New York: Palgrave Macmillan: 2012), 63-64 참조.

아서 식사를 했을 가능성이 있다. 즉, 식탁에 있는 사람들은 관습에 따라 비스듬히 기대어 식사를 하는 한편, 중앙홀에 있는 사람들은 앉아서 식사를 함으로써 차별대우를 받았던 것이다.

식사의 자리와 함께 음식의 질과 양은 식사에서 행해지는 불평등과 관련되었다. 식사에서 낮은 지위로 고려된 사람들에게는 낮은 질의 음식과 포도주가 제공되었다. 젊은 플리니Pliny는 그가 참석한 식사에서 행해진 음식의 차별에 대해 언급한다. 가장 좋은 요리는 주인과 선택된 소수에게 제공되었고, 값싼 음식은 나머지 동료들에게 주어졌다. 음식은 심지어 세 부류로 나누어졌고, 포도주도 작은 병에 넣어졌는데, 하나는 주인과 함께한 자들을 위한 것이었고, 다른 하나는 주인과 덜 친한 친구들을 위한 것이었고, 세 번째는 참석한 자유민을 위한 것이었다. 플리니에 의하면 음식을 세 부류로 나눈 것은 손님에게 선택의 기회를 주려는 것이 아니라 주어진 것을 거절하지 못하도록 한 것이었다(Pliny the Younger, Ep. 2.6).[41] 식사에서 이런 음식의 불평등은 일반적인 것이었다. 이처럼 그레코-로만의 기대는 식사는 기대는 위치와 제공된 음식의 종류와 양 그리고 식사의 장소에 의해 갈등과 불평등이 빈번하게 일어나는 자리였다. 때문에 사실상 그레코-로만 식사의 이상으로서 공동체의 교제를 위한 평등은 빈번하게 위협받았으며, 식사는 참여한 자들의 계층을 가시화하는 불평등을 심화시키는 자리로 기능하였다.

---

41 Jerome Murphy-O'connor, *St. Paul's Corinth: Text and Archaeology* (collegeville, Minnesota: The Liturgical Press, 2002), 167 참조.

IV. 많은 무리를 먹인 기적에 나타난 계층성 무효화

1. 유대교 식사의 계층성에 대한 무효화

요한복음 6장 1-15절에서 저자 요한은 떡과 물고기로 많은 무리를 먹인 예수의 기적을 보도한다. 요한이 전하는 이 기적 이야기 속에서 예수는 많은 무리에게 충분한 양의 빵과 물고기를 '그들의 원대로' 제공한다(6:11). 이 기적 이야기에서 예수가 '충분한' 음식을 제공한다는 것은 이 식사가 유대교의 메시아 연회에 나타나는 풍부한 음식의 주제를 반영하고 있음을 보여준다. 또한 예수가 제공한 음식인 빵과 물고기 역시 메시아 연회에 등장하는 음식의 주제들과 관련된다. 신비한 음식으로서 빵은 하늘로부터 내려온 기적의 빵, 또는 만나와 관련된다(출 16:1-36; 민 11:7-9). 신비한 음식으로서 빵은 천사들이 먹은 신적인 음식으로 천사의 빵(시 78:25; 지혜서 16:20; 4에스 1:19)과 그것을 먹은 사람들에게 영생을 수여하는 생명의 빵(요셉과 아세네트서 16:8, 14-16; 요 6:25-29)으로 언급된다. 예수가 제공한 물고기는 메시아 연회에 제공되는 괴물 리워야단과 연결되며, 바다의 힘을 나타내는 원시의 바다 괴물 리워야단을 파멸하는 하나님의 힘에 대한 상징이다. 리워야단은 베헤못과 함께 천상적 축제에서 이스라엘의 남은 자들, 신실한 이스라엘 사람들에게 나누어진다(2바룩 29:4). 리워야단이 파멸되고 음식으로 제공된다는 사상은 새로운 시대의 의인을 위한 신적인 음식을 위한 상징이었다.[42] 그러므로 많은 무리를 먹인 기적 이야기에서

---

42 앞의 책, 168; 2바룩 29:1-4; 1에녹 60:7-10; 4에스 6:49-52. 유대교와 기독교의 예

예수가 빵과 물고기를 제공한 것은 많은 무리를 위한 음식 이상의 의미를 가진다. 저자 요한은 예수가 제공한 빵과 물고기, '그들의 원대로' 제공된 풍부한 식사를 통해 예수가 베푼 식사는 메시아 연회이며, 예수는 그 식사의 주인으로서 하나님임을 나타낸다.

요한은 많은 무리를 먹인 예수의 기적을 메시아 연회로 나타내면서 그 식사가 갈릴리에서 행해졌다고 말한다(6:1). 갈릴리 지역은 유대인에게 '이방의 땅'이었다.[43] 만약 많은 무리를 먹인 기적이 일어난 장소가 벳새다였다면[44] 그곳은 예수 당시 이방 지역으로, 빌립이 통치했던 가울라니티스(골란)에 속했던 곳이었다. 그곳이 가버나움이라 하더라도 그곳은 갈릴리에 속한 지역이었다. 이 지역들은 예루살렘으로부터 멀리 떨어진 곳이었으며, 성전을 중심으로 한 성결지도의 '장소'의 계층질서에서 가장 낮은 계층에 속한 곳이었다. 바리새인들의 기준을 따른다 하더라도 이 지역의 사람들은 정결에 속하지 못한 사람들이었다. 왜냐하면 이 지역 사람들이 십일조를 준수하고 유대교의 음식규례를 철저히 준수했을 것이라고 기대하기 어렵기 때문이다. 성결지도와 바

술에서 나타나는 물고기 상징 또는 종말론적 음식으로 물고기는 이런 사상을 나타내는 것으로 해석되어 왔다.

43 갈릴리는 북이스라엘에 속한 지역으로 아시리아가 북왕국을 정복하고 이스라엘 주민들 가운데 지도층들을 아시아로 추방했을 때, 메소포타미아로부터 이주민들이 들어와 남은 자들과 섞였다. 그 이후 갈릴리는 '이방인들의 지역'이 된다. 갈릴리는 "이스라엘 사람들, 메디아 사람들, 아람 사람들, 아랍 사람들, 페티키아 사람들, 그리스 사람들로 된 다양한 집단들"이 있었다. 뷜리발트 뵈젠/황현숙 옮김, 『예수시대의 갈릴래아: 예수의 생활공간과 활동 영역으로서의 갈릴래아에 대한 시대사적·신학적 연구』(서울: 한국신학연구소, 2006), 244-245.

44 브라운은 요한이 기적이 일어난 장소를 누가복음의 벳새다와 일치시키려고 했을 가능성에 대해 말한다. 레이몬드 E. 브라운(R. E. Brown)/최흥진 옮김, 『요한복음 I: 표적의 책』, AB 29a (서울: 기독교문서선교회, 2013), 582.

리새인들의 성결의 기준에 의하면 그들은 부정한 자들로 예루살렘 밖에 위치하는 자들로서 성결에 속하지 못한 자들이었다. 그런데 요한의 예수는 의인들만 참석할 수 있는 메시아 연회에 이들 갈릴리의 무리를 초대한다.

더욱이 저자 요한은 많은 무리를 먹인 기적이 "유대인의 명절인 유월절이 가까운 시기"(6:4)에 행해졌다고 설명한다. 데이지Michael A. Daise는 요한복음에서 '가까운'이라는 표현은 '최근'이라는 의미보다는 '임박한'이라는 의미라고 말하면서 6장 4절의 '유월절'은 니산월에 행해진 유월절이 아니라 아빕월에 행해진 유월절이라고 주장한다.[45] 데이지의 주장대로라면 갈릴리에서 많은 무리는 예수가 베푼 유대인의 유월절 식사에 참여한 것이다.

유대교에서 유월절 식사는 음식에 관한 환유어로서 '우리들'만 먹을 수 있는 식사였다. 그러므로 유월절 식사에 참여하는 것은 이스라엘에 포함되는 것을 의미했다. 이방인들은 유대교의 유월절 식사에 참여하지 못한다(출 12:43). 만약 이방인들이 유월절 식사에 참여하기를 원한다면 할례를 받아야 했다(출 12:44, 48).

바우어W. Baue는 "그 당시에 게네사렛 호수나 갈릴리의 어떤 다른 곳에서도 바깥에서 발언하는 자는 이방인 청중을 배제할 수 없었다"[46]고

---

45 데이지는 '가까운'은 요한복음에서 절기가 임박했다는 것을 나타내는 데 사용되었다고 주장한다(요 2:13; 7:2; 11:55 참고). Michael A. Daise, *Feasts in John: Jewish Festivals and Jesus' 'Hour' in the Fourth Gospel* (Tübingen: Mohr Siebeck, 2007), 137-138.

46 W. Bauer, "Jesus der Galiläer," In *Aufsätze und kleine Schriften*, ed. G. Strecker (Tübingen: J.C.B. Mohr, 1967), 102; 뵐리발트 뵈젠, 『예수시대의 갈릴래아』, 116에서 재인용.

주장한다. 바우어의 주장대로라면 예수의 식사에 이방인이 참석했을 가능성을 배제하기 어렵다. 예루살렘 안에 있는 자들이 예루살렘성전과 관련되었고 성결과 관련된 것으로 인식되었다면, 갈릴리에 위치한 사람들은 도시와 성전으로부터 떨어져 사는 사람들이었고, 시골과 마을에 사는 사람들이었다.[47]

뵈젠Willibald Bösen은 갈릴리 지역의 인구는 이방인들보다는 유대인이 다수였을 것이라고 주장한다.[48] 뵈젠과 달리 맥Burton L. Mack은 갈릴리에 유대인이 존재했었다 하더라도 갈릴리에서 유대 문화가 지속되었다고 보는 것에는 세심한 주의가 필요하다고 주장한다. 왜냐하면 헬레니즘 도시들의 건설과 함께 갈릴리는 먼 지역으로부터 이민자들이 들어와 살았기 때문이다.[49] 이처럼 뵈젠과 맥의 주장은 갈릴리 지역의 인구 구성이나 문화에 대해 서로 일치하지 않는 부분이 있다. 그럼에도 불구하고 두 사람은 이 지역이 유대인과 이방인들의 혼합지역이었다는 것에는 동의한다. 성결지도의 장소에 의한 분류 기준에 의하면 이 지역은 가장 낮은 계층에 속한 지역이었다. 후대의 랍비 문학은 갈릴리인들을 이스라엘의 유산을 물려받은 사람들이지만 유대인과는 다른 관습과 법, 관행을 지닌 사람들로 간주했다.[50] 그런데 요한의 예수는 '우리들만' 먹을 수 있는 유월절 식사에 갈릴리의 많은 무리를 초대한다(6:1-15).

---

47 Jerome H. Neyrey, "The Idea of Purity in Mark's Gospel," 97.

48 뷜리발트 뵈젠, 『예수시대의 갈릴래아』, 104-105, 246.

49 버튼 맥/김덕순 옮김, 『잃어버린 복음서』 (서울: 한국 기독교연구소, 1999), 87-93.

50 리차드 A. 홀슬리/김준우 옮김, 『예수와 제국: 하느님 나라와 신세계 무질서』 (서울: 한국기독교연구소, 2004), 106.

요한복음 6장 1-15절에서 예수는 성결지도에 따른 장소의 분류에서 가장 낮은 계층에 속한 갈릴리에서, 사람의 분류에서 가장 낮은 계층에 속한 사람들을, 시간의 분류에서 높은 계층에 해당하는 유월절 식사에 초대한다. 요한의 예수의 이런 행위는 성결지도에 따른 성결 계층화뿐만 아니라 바리새인들의 성결 사상에 대한 도전이었다. 왜냐하면 요한복음에 나타난 예수는 '우리'에 속하지 않는 자들을 '우리'로 받아들임으로써 성결지도에 의한 성결 계층화뿐만 아니라 구분과 분리를 통한 바리새인들의 성결 사상을 무효화하고 있기 때문이다(표 1, 2 참조). 요한의 예수는 갈릴리의 부정한 몸들을 의인들만 참석할 수 있는 메시아 연회에 초대함으로써 부정한 음식이 몸을 오염시키고, 부정한 몸들이 성전과 공동체들을 위협한다는 성결 상징주의를 무효화한다(표 4 참조). 이를 통해 요한의 예수는 유대교의 계층 간 불평등 및 계층 내부의 불평등을 폐기하고 수용과 포용으로 전환한다.

2. 그레코-로만 식사의 계층성에 대한 무효화

많은 무리를 먹인 기적 이야기에서 무리는 식사를 위해 기댄다(6:10). 개역개정은 6장 10절의 '기대다ἀναπίτω: 아나핍토'를 '앉다'로 번역하지만 이 용어는 6장 3절의 '앉다κάθημαι: 카데마이'와 다른 의미이다. 6장 3절의 '앉다'가 '주저 앉다', '앉다'라는 의미라면, 6장 10, 11절의 '기대다'는 '뒤로 눕다' 또는 '(식사하기 위해) 앉다'라는 의미로, 그레코-로만 사회 세계에서 행해졌던 공적인 식사를 위한 자세를 묘사한 것이다. 그레코-로만의 공적인 연회에 모인 사람들은 오십 명씩 혹은 백 명씩 집단으로 편성되었으며, 식사를 위해 기대었다.[51]

그레코-로만 사회 세계에서 기대는 식사는 사회적 지위와 서열을 가시화하고 강화하는 것이었다. 식사를 위해 기대는 것은 여자와 노예들에게는 허락되지 않았고, 자유민에게 허락된 것이었다.[52] ㄷ자 모양의 식탁은 식사에 참여하는 자들의 평등을 위한 것임에도 불구하고 가장 높은 자리를 위한 경쟁은 치열했다. 따라서 식사에서 기대는 위치는 사회적 지위를 가시화하는 것이었다. 하지만 요한은 식사를 위해 무리는 다함께 풀밭에 기대었다고 말한다(6:10). 여기서는 그레코-로만의 식사에서 일반적으로 나타나는 식사의 자리에 의한 서열화는 나타나지 않는다.

요한에 따르면 이 식사에서 예수는 감사를 드리고 직접 무리에게 빵과 물고기를 나누어 준다(6:11). '나누어주다(dia)divdwmi: (디아)디도미'는 시민을 위한 분배에 사용된 용어이다. 예수가 베푼 식사에서 무리는 동일한 예수의 기도와 분배에 참여하고, 동일한 음식에 참여한다. 이를 통해 무리는 식사의 이상인 식사의 코이노니아에 참여한다.

저자 요한은 예수의 식사에서 무리는 '원하는 만큼'의 풍부한 양을 제공받았다고 말한다(6:11). "물고기도 그렇게 그들의 원대로 주시니라"(6:11). '즐거워할 만큼'의 풍부한 식사는 식사의 이상을 나타내는 것이었다. 풍부한 음식의 제공은 '적절한' 식사로서 연회의 근본적인 요소인 축제의 기쁨을 제공하기 위한 것이었다. 그리고 식사의 기쁨은 연회의 사회적 의무로, 개인적인 경험이 아니라 연회의 공동의 기능에 따라 공유하는 사회적 경험이었다.[53] 그러므로 무리가 예수로부터 만

---

51 마가복음 6:40과 누가복음 9:14는 각각 무리가 백 명씩 또는 오십 명씩 앉았다고 보도한다.

52 Dennis E. Smith, *From Symposium to Eucharist*, 11.

족할 만큼의 풍부한 음식을 제공받았다는 것은 식사에 참여한 자들이 동일한 식사의 기쁨에 참여하였음을 나타내는 것이다.

그레코-로만 식사가 일반적으로 음식의 종류와 양, 자리의 배치에 의해 사회적 계층을 가시화하고, 식사에 참여하는 사람들을 사회적 지위에 따라 서열화시켰던 것과 달리, 요한복음 6장 1-15절에서 예수는 식사에 참여한 자들에게 동일한 음식과 만족할 만큼의 풍부한 식사를 제공함으로 식사에 참여한 자들에게 동일한 교제와 동일한 식사의 기쁨을 제공한다. 이런 점에서 요한복음 6장 1-15절의 예수가 베푼 식사는 그레코-로만의 식사와 분명히 차별화된다.

요한복음 6장 1-15절의 기적 이야기에서 예수의 식사의 차별화는 식사에 참여한 제자들의 역할에서도 나타난다. 요한복음의 많은 무리를 먹인 기적에서는 공관복음의 설명과 달리 예수가 직접 무리에게 빵을 나누어준다(6:11).[54] 이것은 공관복음에서 예수가 제자들에게 빵을 나누어주고 제자들이 무리에게 빵을 나누어주는 것과 차이가 있다. 공관복음에서는 제자들이 예수와 무리 사이를 연결한다. 공관복음에서는 예수가 제자들에게 빵을 주고 제자들이 무리에게 빵을 나누어 줌으로써 제자들은 예수의 기적에 직접 참여하는 것으로 묘사된다. 하지만 요한복음에서는 제자들이 아니라 예수가 직접 무리에게 떡을 나누어주기 때문에 제자들은 예수의 기적에 직접 참여하지 않는 것처럼 그려진다. 이런 점을 고려한다면 많은 무리를 먹인 기적 이야기에서 제자들의 역할은 공관복음과 비교할 때 현저히 축소되고 있음을 알 수 있다.

---

53 Dennis E. Smith, *From Symposium to Eucharist*, 12.
54 공관복음에서는 예수가 제자들에게 빵을 주고 제자들이 무리에게 빵을 나누어 준다(마 14:19; 막 6:41; 눅 9:16).

많은 무리를 먹인 기적 이야기에서 제자들의 역할의 축소는 또 다른 서술에서도 나타난다. 요한복음에서는 무리의 배고픔을 걱정하는 제자들의 모습은 생략된다.[55] 또한 공관복음에서는 제자들이 떡을 가지고 있는 것으로 묘사되는 것과 달리(마 14:17; 막 6:38; 눅 9:13) 요한복음에서는 한 아이가 떡과 물고기를 가지고 있었던 것으로 그려진다 (6:9). 그러므로 예수가 행한 기적에서 '한 아이'는 상대적으로 제자들보다 더 큰 역할을 한 것으로 그려진다.

요한복음의 많은 무리를 먹인 기적 이야기에는 공관복음에 등장하지 않는 빌립과 안드레에 대한 언급이 나타난다. 하지만 이 기적 이야기에서 빌립과 안드레는 예수의 의도를 이해하지 못한 자들로 그려진다. 요한은 "이렇게 말씀하심은 친히 어떻게 하실지 아시고 빌립을 시험하고자 하심이라"(6:6)고 말한다. 하지만 빌립에 대한 예수의 시험 결과에 대해 요한은 직접 언급하지 않는다. 그리고 요한은 보리떡 다섯 개와 물고기 두 마리를 가진 한 아이를 발견한 안드레가 "그러나 이 많은 사람에게 얼마나 되겠사옵나이까"(6:9)라고 말하여 안드레 역시 예수의 기적에 아무런 기여를 하지 못했다는 것을 간접적으로 표현한다.

이처럼 요한복음의 많은 무리를 먹인 기적 이야기 속 제자들의 모습을 공관복음의 이야기 속 제자들과 비교해볼 때 그 역할이 축소되고, 그들의 지위 역시 약화된 것을 볼 수 있다. 공관복음에서 제자들은 예수의 기적에 직접 참여하고 예수와 무리를 연결하는 자들로, 예수와

---

55 공관복음에서는 제자들이 무리의 배고픔을 걱정해서 무리를 보내어 먹을 것을 사 먹게 하도록 예수에게 요청한다(마 14:15; 막 6:35-36; 눅 9:12 참고).

무리를 연결하는 중간 계층을 형성하는 것처럼 그려진다. 하지만 공관복음에서와 달리 요한복음에서 제자들은 오히려 식사를 위해 손님을 앉히고 식사가 마쳤을 때 남은 음식을 거두는 역할을 한다(6:12-13).

식사를 준비하고 남은 음식을 거두는 것은 그레코-로만 사회 세계에서 종의 역할에 해당하는 것이었다. 종들은 식사를 위해 손님들을 맞이하고 손님들을 식당으로 인도하거나 손님의 신발을 벗기고 그들의 발을 씻었다. 종들은 식사에서 음식을 나르고 포도주를 제공하고, 식사의 남은 음식에 참여하였다.[56]

많은 무리를 먹인 기적 이야기에서 제자들은 식사의 주인host과 주Lord인 예수의 제자들임에도 불구하고 예수의 기적에 직접 참여하지 못함으로 명예를 누리지 못하고, 그레코-로만 사회의 종처럼 섬기는 역할을 한다. 이처럼 요한은 6장 1-15절에서 예수의 제자들을 예수의 명예를 이어가는 특별한 자들로 설명하지 않는다. 오히려 요한은 제자들을 무리를 섬기는 자들로 묘사한다. 이를 통해 저자 요한은 예수의 식사는 그레코-로만의 식사와 달리 자신의 권위와 명예를 가시화함으로서 식사에 참여하는 자들을 서열화하는 불평등한 자리가 아니라고 말한다. 저자 요한은 예수의 제자들조차 예수의 식사에서 섬기는 자로 역할하였다는 것을 이야기함으로 예수의 식사는 동일한 식사의 기쁨과 코이노니아에 참여하는 식사였다고 말한다. 그러므로 예수의 식사에서 그레코-로만 식사의 계층성은 무효화된다.

---

56 Dennis E. Smith, *From Symposium to Eucharist*, 27.

V. 많은 무리를 먹인 이야기에 나타난 평등 지향

많은 무리를 먹인 기적 이야기에서 저자 요한은 기적이 '산'에서 행해졌다고 보도한다(6:4). 이것은 공관복음에서 동일한 사건이 '들판'에서 행해졌다고 말하는 것과 분명히 차이가 있다.[57] 그렇다면 기적이 행해진 장소에 대한 요한의 언급은 요한의 특별한 의도를 내포한 것이라 할 수 있다.

출애굽기에 의하면 '산'은 하나님의 임재 장소였다. 시내산에서 여호와는 구름과 우레와 번개, 나팔 소리로 백성들이 볼 수 있게 현현했다(출 19:16-17; 20:18; 24:18 참고). 출애굽기 40장 34-35절은 모세가 성막에 들어갈 수 없었던 것은 구름이 성막 위를 덮고, 여호와의 영광이 성막에 충만하였기 때문이라고 설명한다. 여기서 구름과 여호와의 영광에 대한 표현은 시내산에 볼 수 있게 임재했던 하나님이 성막에 임재했음을 나타내는 것이었다. 이후 성막은 하나님의 임재 장소가 되었다(민 14:10; 16:19, 42; 20:6). 솔로몬이 성전을 건축하고 봉헌했을 때에도 구름이 여호와의 성전에 가득했는데(왕상 8:10-11), 이것 역시 시내산에 임재하셨던 하나님이 성전에 임재했음을 나타내는 것이었다. 이로 인해 성전은 이스라엘 사람들에게 '하나님이 택하신' 배타적 예배 장소로 기능하였다.[58]

제2성전 시대의 성전은 제1성전과 달리 심각한 도전에 직면하였다.

---

57 마태, 마가, 누가는 많은 무리를 먹인 기적이 일어난 장소는 '빈 들'이었다고 보도한다(마 14:15; 막 6:35; 눅 9:12).

58 N. T. 라이트/박문재 옮김, 『신약성서와 하나님의 백성』(서울: 크리스찬다이제스트, 2003), 374.

제2성전 시대에 성전에 대한 지위는 제1성전과 달랐다. 대제사장직의 세습적 성격과 영속성은 정치적 통치자들에 의해 무시되었고, 임의적인 폐위와 임명이 이어졌다.[59] 에세네파들은 마카베오왕조 이후의 성전 체제를 이론상으로 불법적이고, 실제상으로 부패한 것으로 규정하고 거부하였으며, 적절한 시방서에 따라 건축되어 적법하게 임명된 대제사장이 주재하는 새로운 성전이 탄생할 그 날만을 고대하였다.[60] 하지만 그들이 성전이나 성전 예배, 제사장 제도 자체에 대한 폐지를 주장한 것은 아니었다. 그들의 성전에 대한 비난과 거부는 성결한 제사장 가문과 적절한 성전 예배 그리고 거룩한 성전에 대한 갈망에서 비롯된 것이었다.[61] 바리새인들 역시 하스몬왕가의 제사장들과 그 후계자들을 원칙적으로는 반대했음에도 불구하고 계속해서 성전 제의에 참여했다.[62] 요세푸스는 예루살렘성전이 멸망하기 6개월 전, 예루살렘의 내분이 극에 달한 상황에서도 예루살렘성전으로 제사 드리러 오는 사람들이 많았으며, 그 가운데는 유대인뿐만 아니라 이방인들도 있었다고 전한다.[63] 이처럼 제2성전 시대에도 성전은 예배의 유일한 장소

---

59 G. Schrenk, "ἀρχιερύς," *TDNT* vol. 3, ed. Gerhard Kittel and Gerhard Friedrich, trans. G. W. Bromiley (Grand Rapids: WM. B. Eerdmans, 1974), 268. 헤롯의 통치 시기부터 예루살렘성전이 멸망할 때까지 28명의 대제사장들이 재임했으며, 이들 가운데 25명이 비-합법적인 제사장 혈통이었다.

60 N. T. 라이트, 『신약성서와 하나님의 백성』, 375.

61 호스킨스(Paul M. Hoskins)는 에세네파의 성전의 대체는 일시적이라고 주장한다. 왜냐하면 그들은 예루살렘이 그들에게 넘어올 날을 예기했고, 자신들의 제사장이 예루살렘성전에서 임무를 하게 될 것이고 그곳에서 희생제사를 드릴 것이었기 때문이다. Paul M. Hoskins, *Jesus as the Fulfillment of the Temple in the Gospel of John* (Eugene: Wipf&Stock, 2006), 95.

62 N. T. 라이트, 『신약성서와 하나님의 백성』, 375.

63 Flavius Josephus, *J.W.*, 5.98-99

와 하나님이 임재하시는 배타적인 장소로 여겨졌다.

요세푸스는 헤롯의 성전이 세워진 장소는 솔로몬이 하나님께 지혜를 받은 곳이었으며,[64] 헤롯이 성전을 건축한 이유는 솔로몬이 건축한 성전의 규모대로 성전을 복구하기 위한 것이었다고 말한다.[65] 또한 요세푸스는 헤롯 성전이 건축되는 동안 밤에만 비가 내렸다고 말한다.[66] 이것은 솔로몬 성전이 건축되는 동안 하나님이 솔로몬에게 평안을 약속하였다는 것을 상기시키는 것으로(대상 22:9), 헤롯 성전에 대한 정당성을 부여하기 위한 것으로 볼 수 있다. 그러나 제2 성전의 정당성에 대한 요세푸스의 주장에도 불구하고 헤롯의 성전은 적법한 후계자에 의해 세워진 성전은 아니었다. 성전은 솔로몬의 적법한 후계자, 진정한 왕만이 지을 권리가 있었다. 정경의 마지막 네 권의 예언서들(스바냐서, 학개서, 스가랴서, 말라기서)과 역대기는 모두 왕적인(다윗의 가문의) 또는 제사장 인물의 영도 하에 성전이 회복될 것을 예언한다. 이 일이 완성된 후에야 비로소 새로운 시대가 도래할 것이다. 그러므로 새로운 시대가 아직 임하지 않은 상황에서 그 어떤 건물이 성전 산에 세워진다고 해도 그 건물은 종말론적인 성전이 될 수 없었다.[67] 그런데 저자 요한은 많은 무리를 먹인 예수의 식사가 '산'에서 행해졌다고 말하여 예수의 식사를 '산'에서 하나님을 뵙고 먹고 마신 이스라엘의 식사와 유비시키고(출 24:1-11 참고), 예수를 '산'에 임한 하나님으로 나타낸다.

---

64 Flavius Josephus, *Ant.*, 15.398.
65 앞의 책, 15.366.
66 앞의 책, 15.380-425 참조.
67 N. T. 라이트, 『신약성서와 하나님의 백성』, 376.

요세푸스에 의하면 유월절에 성전에서 무교병을 나누어 주는 것은 유대교의 관습이었다.[68] 그런데 요한의 예수는 유월절에 '산'에서 무리를 향해 빵을 나누어준다. 그러므로 유월절에 산에서 떡을 나누어준 예수의 행위는 저자 요한에 따르면 배타적으로 하나님의 임재 장소인 예루살렘성전에서 지켜져야 했던 것을 대신한 것이다. 이를 통해 저자 요한은 떡을 나누어준 예수를 식사의 주인host과 주Lord로서 예루살렘성전을 대신하는 무형의 성전으로 나타낸다. 이를 통해 저자 요한은 예수를 성결지도와 성전의 거룩을 일상생활에 적용한 바리새인들의 성결 사상을 대체하는 새로운 질서의 중심으로 나타낸다.

하지만 요한에 따르면 예수가 제공한 식사에 참여하였음에도 불구하고 무리는 떡을 나누어준 예수가 누구인지 알지 못하였다. 그들은 오히려 그들의 필요를 위해 예수를 억지로 왕으로 삼고자 하였다(6:15). 때문에 요한의 예수는 무리를 피해 산으로 향하였다(6:15). 하지만 예수가 그들을 피해 산으로 간 것은 그가 왕이 아니라는 것을 의미하는 것은 아니다. 예수가 무리를 피한 것은 무리의 행위가 썩을 양식을 위해 일하는 행위와 다르지 않았기 때문이다(6:27). 예수는 '억지로' 왕을 삼으려는 무리를 피해 산으로 향함으로 자신은 그들의 필요를 채워주는 왕이 아니라는 것을 분명히 드러낸다(6:26-27). 그럼에도 불구하고 요한복음에서 예수는 분명히 왕으로 나타난다.

요한복음에서 예수는 다윗의 계열이 아님에도 불구하고 '왕'으로 설명된다. 요한복음에서 예수는 나사렛 출신도 아니고 '다윗의 자손'으로 설명되지도 않는다. 요한복음 7장 41-42절에서 어떤 사람은 예수가

---

68 Flavisu Josephus, *Ant.*, 17.213-214.

다윗의 씨도 아니고 베들레헴 출신도 아니라는 것을 문제 삼아 예수는 그리스도가 될 수 없다고 주장한다. 하지만 요한복음 19장 1-3절에서 예수는 군인들의 조롱에도 불구하고 그의 왕관과 옷에 의한 함의에서 '유대인의 왕'으로 인식된다.[69] 이어지는 19장 4-12절에서도 예수는 빌라도가 지상적 통치권을 가진 것과 대조적으로 천상적 통치권을 가진 '왕'으로 서술된다.[70] 예수가 '왕'이라는 것은 그가 성전을 지을 적법한 후계자라는 것을 의미한다. 그는 다윗의 자손으로 언급되지 않음에도 불구하고 진정한 왕으로서 예루살렘성전을 대체할 종말론적인 성전을 지을 왕이다. 저자 요한은 많은 무리를 먹인 기적에서 예수를 종말의 메시아 연회를 베푸는 하나님으로, 진정한 왕과 무형의 성전으로 나타냄으로써 예수가 새로운 질서의 구심점임을 이야기한다.

저자 요한은 예수를 하나님과 예루살렘성전을 대체하는 무형의 성전으로 나타냄으로써 예수는 유대교의 성결 계층 사상을 무효화하고 새로운 계층 질서를 형성하는 구심점이라고 말한다. 따라서 유대교의 성결지도에 의한 사람, 장소, 시간에 따른 계층화와 성전의 거룩을 일상생활에 적용한 바리새인들의 성결 사상은 예수를 구심점으로 하는 새로운 계층 질서로서 평등 지향으로 대체된다. 또한 저자 요한은 예수를 하나님과 왕으로 나타냄으로써 그레코-로만 사회의 폐계층성을 예수를 중심으로 하는 새로운 계층성으로서 평등 지향으로 대체한다.

성결 계층화와 바리새인들의 성결 사상으로 유대교 식사가 불평등을 심화시키는 자리가 되고, 폐쇄적 계층성으로 인해 그레코-로만 식

---

69 Sung Uk Lim, "Biopolitics in the Trial of Jesus(John 18:28-19:16a)," *ExpTim* 127 (2016), 213.
70 앞의 논문, 214.

사가 불평등을 가시화하는 자리가 되었다면, 예수의 식사는 그런 불평등을 평등 지향으로 전환하는 자리이다. 저자 요한은 예수를 하나님과 왕 그리고 새로운 무형의 성전으로 나타내어 식사의 새로운 질서를 위한 구심점으로 나타낸다. 또 예수가 베푸는 식사에 참여하는 자들을 예수의 질서에 참여하는 자들로 규정한다. 그러므로 예수가 제공하는 식사에 참여하는 것은 예수가 말하는 평등 지향의 사회적 실험에 참여하는 것이다.

VI. 나가면서

자본주의가 발달하면서 자본가들에게 재산이 몰려들고 소득 불평등, 재산 불평등이 일어나면서 소득 불평등을 해소할 다양한 방법이 제안되었다. 최근에는 자산에 대한 자유로운 접근과 공유를 제공하는 공유 경제[71]가 사유재산 제도의 빈틈을 채우며 많은 사람에게 공감을 얻고 있다.[72] 공유 경제가 자본에 대한 자유로운 접근과 자본에 대한 개방을 기반으로 한다는 점을 고려한다면, 요한복음 6장 1-15절의 예수의 식사에 나타난 개방성과 유사한 면이 있는 듯하다. 하지만 공유 경제는 사유재산 제도 아래에서 이루어지기 때문에 동일한 계층 혹은

---

71 '공유 경제'란 "거래되는 물품이나 서비스를 여럿이 공유해 쓰는 협업소비를 기본으로 한 경제"를 의미한다. 공유 경제는 본래 개인이 소유한 자산을 공유하는 것이었는데, 점차 이 개념이 확장되어 공유 전동킥보드 등과 같이 개인이 소유하지 않은 자산이라도 '한 번 생산된 제품을 공유'한다면 공유 경제에 속하게 되었다. 편집부, "공유경제," 「마케팅」 53/10 (2019, 한국마케팅연구원), 62.
72 김민주, 『50개의 키워드로 읽는 자본주의 이야기』, 18.

계급 내에서 이루어진다는 범위 안에서 자산에 대한 자유로운 접근이 이루어진다. 반면 요한복음 6장 1-15절에서 요한의 예수는 유대교의 성결지도에 의한 성결 구조와 바리새인들의 성결 사상 그리고 그레코-로만 사회 세계의 폐쇄적 계층성을 무효화시킴으로써 계층 질서에 대한 전복을 시도한다.

저자 요한은 예수를 하나님과 왕 그리고 예루살렘성전을 대체하는 새로운 무형의 성전으로 나타냄으로써 예수를 새로운 질서의 구심점으로 나타낸다. 이를 통해 저자 요한은 자본주의의 핵심인 사유재산에 대한 집착으로 발생하는 계층과 계급을 무효화시키고 새로운 삶의 질서로서 예수의 평등 지향을 제시한다. 요한복음 6장 1-15절에서 저자 요한이 말하고자 하는 것은 단순히 식사의 개방성과 계층에 대한 개방적 태도 이상이다. 그는 세상이 설정한 가치를 무효화하고 예수를 구심점으로 하는 새로운 질서로 무리를 초대한다. 그러므로 우리의 식사의 자리의 불평등이 평등 지향으로 전환되는 것은 단순히 자본에 대한 자유로운 접근 혹은 기존 질서 안에서의 자본의 공유 이상을 의미한다.

최형묵은 자본주의의 문제를 "자본주의의 종교화"라고 말한다. 자본주의 사회에서 부는 그 자체가 목적이 되어 종교 자체로 승격하였다는 것이다.[73] 그러므로 그리스도인은 '자본-교'[74]에 속한 자들이 아니라 그리스도에 속한 자로 하나님과 왕, 무형의 성전인 예수의 질서에 참여하는 것이 필요하다.

---

73 최형묵은 종교적 뿌리를 상실한 자본주의에서 부 자체가 목적이 되면서 부는 그 자체로 목적이 되고 마침내 종교 자체로 승격되었다고 말한다. 최형묵, "그리스도교와 자본주의: 인간의 삶을 위한 교회의 선택," 「신학과 철학」 29 (2016), 138.
74 '자본-교'는 최형묵이 "그리스도교와 자본주의"에서 사용한 용어이다. 최형묵, 앞의 논문.

요한복음 6장 1-15절에서 저자 요한은 예수의 평등 지향은 단순히 사회적 윤리로서 실천하는 것이 아니라 새로운 질서로서 예수를 구심점으로 하는 새로운 질서를 따르는 것이라고 말한다. 그러므로 예수가 제공하는 식사에 참여한다는 것은 "자본이 지배하는 체제"에 순응하는 것이 아니라 "예수가 지배하는 체제", 다시 말하면 하나님 나라의 질서에 대한 순응으로써 요한의 예수가 제시하는 평등 지향의 사회적 실험에 참여하는 것이다. 이제 우리에게 주어진 과제는 '자본-교'를 따르는 것이 아니라 '지금', '여기서' 요한의 예수가 제시한 평등 지향의 사회적 실험에 참여하는 것이다.

경제적 위기 속의 한부모 가족 이야기
— 열왕기하 4장을 중심으로

최은영*

I. 들어가는 말

인간의 삶에서 가장 중요한 것은 무엇일까? 사랑, 행복, 건강 등 여러 가지가 있겠지만, 현대를 살아가는 이들에게 돈(자본)은 빼놓을 수 없는 것이 되었다. 다른 것과 마찬가지로 돈 역시 그 자체로는 가치 중립적이지만, 이것을 사용하는 사람을 탐욕적으로 만들고 수단과 목적이 되어 현금의 물질 중심적인 사회에 이르게 했다. 세계적으로 신자유주의 물결은 갈수록 거세져서 이것을 돌이킬 수 있는 기미는 보이지 않는다.

최근 돈으로 인한 채무 관계를 잔혹하게 보여줌으로써 자본주의 사회의 어두운 단면을 드러내는 한국 영화들이 줄을 이었다.[1] 빚을 갚지

---

* 한국여신학자협의회 사무총장 / 구약학

못하고 점점 더 어려운 상태로 치닫는 실업자들, 청년실업자들, 노인들, 사별이나 이혼 등으로 혼자가 된 사람들, 가난한 신학생과 목회자까지. 그 가운데 여성이 가장일 경우엔 더 큰 어려움을 겪는다. 최근 한겨레 신문기사에 따르면, 일하는 한부모 가족2 절반 이상의 한 달 근로·사업 소득이 200만 원 미만이고, 9.8%는 100만 원에도 달하지 못했다.3 부자녀父子女 가구의 소득(247만 4천 원)에 비해 모자녀母子女 가구의 소득(169만 4천 원)이 훨씬 적으며, 생활고 등을 이유로 가족이 함께 생을 마감하는 비극적인 사건도 아버지보다는 어머니와 자식 사이에 더 많이 일어난다고 한다.

2014년 2월 26일 '송파 세 모녀'의 죽음이 처음으로 언론에 보도된 뒤 사회적 파장이 커지자, '송파 세 모녀법'이라는 이름으로 기초생활보장법 및 긴급복지지원법이 개정되고 '사회보장급여의 이용 및 수급권자 발굴에 관한 법률'이 신설되었다. 그렇지만 빈곤으로 인한 죽음은 계속해서 일어났다. 2019년 1월에는 서울 중랑구 모녀의 죽음, 7월에는 관악구 모자의 아사, 9월에는 강서구에서 부양의무자 기준 때문에 일어난 일가족 살해 및 자살 사건, 11월에는 성북구 네 모녀의 죽음 등이 연이어 일어났다. 주목할 것은 이 일들이 모두 모자녀 가정에서 발생했다는 점이다. 여성 가장이 홀로 경제적 부양과 자녀 양육을 감당해야 하는 복지 사각지대의 비율이 남성 가장의 경우보다 높다는 것을 보여준다.4

---

1 〈화차〉(2012), 〈피에타〉(2012), 〈독전〉(2018), 〈돈〉(2019) 등.
2 '한부모 가족'은 배우자와의 이혼이나 사별 등으로 생겨난 가족 형태이다. '편부모'라는 용어도 있지만 이 글에서는 '편부모'라는 정상/비정상의 기준에 따른 부족함을 드러내는 '편부모' 대신 '한부모'라는 말을 사용할 것이다.
3 "사별·이혼으로 나락… 한부모 가족 못 건져 올린 복지망", 「한겨레」 2020년 1월 8일자.

고대 이스라엘 사회도 예외가 아니었다. 특히 과부는 성서 곳곳에서 나그네(외국인), 고아와 같이 사회적 약자로 분류되고, 돌보고 선을 베풀 대상으로 묘사된다.5 남편 없이 살면서 자녀들을 부양해야 하는 과부의 삶이 그만큼 녹록지 않다는 것을 전 사회가 인식한 결과라고 할 수 있다. 하지만 과부라고 해서 피해자, 약자로만 살아갈 수는 없다. 자칫 피해자다움은 경제 행위의 주체자나 경제 해결자로 서지 못하게 하고, 특히 여성의 역할을 한정 지어 남성에게 종속시킬 수도 있다. 반면에 한 개인의 채무 문제를 공동체가 무시하고, 그에 따른 어려움을 외면한다면 어떻게 될까?

필자는 이러한 질문을 가지고 성서에 나오는 한부모 가장, 여성 가장에게 주목하려고 한다. 시대적, 문화적으로 큰 간극 속에 있는 고대의 한 이스라엘 여성의 이야기를 오늘날 상황과 연결하고 소통해보고자 한다. 탈식민주의적 성서 해석에 따르면, 성서는 과거 서구 유럽의 백인 중상류층 남성 학자들에 의해 주도적이고 편향적으로 해석되어 왔다. 특히 예언자의 도움을 입은 이들이 주로 여성으로 소개되고 여성의 위치를 고정화하고 편향적으로 해석한 것을 여성신학의 시각에서 새롭게 읽고 해석함으로써 더 많은 자유를 경험할 수 있을 것이다.

열왕기하 4장에는 두 여성이 등장한다. 열왕기하 4장 1-7절에 나오는 여성은 남편을 일찍 잃고, 두 아들의 어머니로 살아가지만 감당할 수 없는 빚을 진 과부이다. 당시 이스라엘에서 과부는 늘 도움을 받아야 하는 소외된 존재일 뿐이었다. 그러나 성서 본문에서 그 여성은

---

4 통계에 의하면 여성이 가장인 모자녀 가족이 부자녀 가족보다 4.5배 많다고 한다. http:// hanbumo.org/info/read.asp?id=881&number=395.

5 홀리넷(http://www.holybible.or.kr)의 새번역성경 본문에서 '과부'는 85회 검색된다.

이를 넘어서 주변 인물들(엘리사, 두 아들, 이웃, 채권자)과 함께 기적을 체험하고, 하나님의 구원 사역에 동참하는 데 큰 역할을 감당했다. 열왕기하 4장 8-37절에 등장하는 여성은 수넴의 귀한 여성, 훌륭한 여성으로 지칭된다. 그녀는 하나님의 사람인 엘리사를 알아보고, 먼저 음식을 대접하고, 자기 집에 그가 머물 처소를 마련한다. 엘리사는 이러한 대접에 보답하려 하고, 이를 거절하던 여성은 결국 아들을 얻었다. 그러나 시간이 흘러 그 아들이 죽게 되었다. 이후 여성은 엘리사를 찾아가 다시 아들을 살리는 기적을 요구하고, 마침내 아들은 살아나게 되었다. 두 여성 모두 여성의 위치와 역할을 새롭게 조명해줄 수 있다.

여기서는 열왕기하 4장 1-7절에 등장하는 예언자 생도의 아내에게 집중할 것이다. 엘리사 예언자의 기적의 수혜자로 소개된 주변 인물에 속한 한 여성의 이야기를 통해 그녀가 당면한 현실 속에서 어떻게 대처하는지, 이에 예언자는 어떻게 응답하는지 그리고 그 결과에 대해 논할 것이다. 예언자 생도의 아내였던 여성이 남편이 죽고 빚까지 있는 상태에서 지도력을 발휘해 어려움을 극복해가는 과정을 살펴봄으로서 오늘 이 시대 여성의 역할과 이웃의 공동체 의식 또한 재인식할 수 있을 것이다.

II. 빚의 고통 속에서 해결을 경험한 여성 가장(열왕기하 4:1-7)

1. 본문의 위치 및 배경

엘리사의 기적설화로 잘 알려진 이 이야기는 지금까지 엘리사에게 초점을 맞춰 해석되고 이야기됨으로서, 이야기 속 여성은 기적을 체험한 존재일 뿐 더 이상의 의미를 얻지 못했다. 엘리야-엘리사 기적 중에서 수혜자가 여성인 경우는 남성에 비해 월등히 많다. 그동안 설교자들은 여성의 위치를 주로 수혜자, 도움을 받는 자로 한정함으로 여성의 주변화되고 종속적인 역할을 강화해왔다. 하지만 최근 몇몇 학자들(W. J. Bergen, M. Roncace, M. Shields)이 하나님의 사람인 예언자로서는 찾아보기 어려운 엘리사의 모호한 역할에 대해 의문을 제기하면서, 일부 성서 해석은 예언자보다 그 수혜를 입은 여성에게 더 주목하는 경향을 보인다.[6]

사뭇 유명한 예언자로 알려진 엘리야-엘리사 이야기가 역대기에는 없다. 역대기는 바벨론 포로기 후기 이후 남유다의 재건이 필요하였고, 이를 위해 불필요한 부분을 삭제하고 기록했다. 윌슨Robert R. Wilson

---

6 Wesley J. Bergen, *Elisha and the End of Prophetism*, JSOTSup. 286 (Sheffield: Sheffield Academic Press, 1999); Mark Roncace, *Elisha and the Woman of Shunem: 2 Kings 4:8-37 and 8:1-6 Read in Conjunction*, JSOT 91 (2000), 109-127; M. Shields, "Subverting a Man of God, Elevating a Woman: Role and Power Reversals in 2 Kings 4," *JSOT* 58 (1993), 59-69; Athalya Brenner, *A Feminist Companion to Samuel and Kings*, The Feminist Companion to the Bible 5 (Sheffield: Sheffield Academic Press, 1994).

은 열왕기에서의 엘리야-엘리사 이야기는 신명기적 편집의 흔적이 적다고 주장한다.[7] 이것은 신명기 역사가가 아합과 그의 후계자들의 통치 기간(849-786년경)에 북이스라엘에 존재하던 예언에 관한 초기 전승을 취한 것으로 보았다. 그러므로 엘리야-엘리사 이야기는 예언의 성격과 기능을 전형적인 신명기적 언어로 표현하고 있지 않다.[8] 하지만 이 예언자들의 위치와 성격이 신명기 사관을 반영하는 데 이바지함으로 북이스라엘 전통이나 그 주변의 인물들은 도구적으로 사용되었다고 할 수 있다. 본문에서 엘리사가 중심인물로 등장하는 배경이기도 하다.

렌텐리아Tamis H. Rentenria는 엘리야-엘리사 이야기가 북이스라엘 오므리왕에 의해 크게 억압받던 도시 계층의 상황을 묘사한다고 보았다.[9] 주전 9세기에 당시 잘 알려져 있던 예언자에 비해 예언자 생도들이 더 열악한 현실에 처해 있음을 알 수 있다. 당시 이스라엘 사회에서 가난에 시달리고 압제를 당하는 사람들은 주로 여성들과 예언자를 추종하던 무리였고, 통치자들이 선전하는 이야기에 대항하여 민간인들 사이에 유포되던 이야기는 그들의 희망과 염원이 투영된 반대편 이야기라고 할 수 있다.[10] 빚으로 인한 가난이나 가뭄 상황은 당시 부의 양극화를 조장하는 주된 이유였다. 이때 남편 없이 빚을 갚지 못한 여성

---

7 Robert R. Wilson/최종진 옮김, 『고대 이스라엘의 예언과 사회』 (예찬사, 1991), 134.

8 C. F. Burney, *Notes on the Hebrew Texts of Kings* (Oxford: At the Clarendon Press, 1903), 207-209.

9 Tamis H. Rentenria, "The Elijah/Elisha Stories: A Socio-cultural Analysis of Prophets and Peoples in Ninth Century B.C.E. Israel," in *Elijah and Elisha in Socioliterary Perspective*, ed. Robert B. Coote (Atlanta: Scholars Press, 1992), 75-126.

10 우택주, 『새로운 예언서개론』 (침례신학대학교출판부, 2009), 172.

이 감당해야 할 삶의 몫을 미루어 짐작할 수 있다.

열왕기하 4장에 등장하는 두 개의 기적 이야기에는 하나님의 사람인 예언자 엘리사가 등장하지만 하나님은 등장하지 않는다. 하나님의 말씀도 없다. 엘리사 예언자의 말은 결국 기적을 불러왔지만, 하나님은 빠져 있으나 이를 누구도 나서서 확인하지 않는다. 엘리사에 의해 수동적으로 기적을 경험한 사람들만이 등장한다. 그들은 경제적 차이가 크고 여러 면에서 간극을 보이지만 모두 여성이다. 즉 기적의 수혜를 입은 이들은 여성들로 한정된다. 기적 이야기는 성서에서 당연한 것으로 간주된다. 그러한 이야기는 사람들 사이에 회자됨으로서 스스로 힘을 갖게 되기 때문이다. 그 이야기는 단순히 놀랍거나 자연법을 어긴 것으로 기억되는 것이 아니라 주변 사람들에게 힘을 보여주는 행위가 되기에 기적이다. 그것은 역사적으로 신앙의 강화를 가져왔다.

지금까지 기적을 베푼 엘리사에게 주목했다면, 그 기적이 일어나게 된 원인 제공자에 대해서 다시 생각해볼 수 있다. 두 여성(예언자 생도의 아내와 수넴에 사는 여성)은 앞장서고, 때로는 지도력을 발휘하여 기적에 동참한다. 그들을 단순히 수혜자로만 볼 수 없다. 따라서 이 이야기는 엘리사 예언자의 기적이나 영웅담으로 끝나지 않는다. 그 여성들을 통해 그 시대적 상황을 살펴보고, 그것이 오늘날 상황에서 어떤 의미를 지닐 수 있는지 밝혀보자.

2. 본문 분석 및 이해

1) 감당할 수 없는 빚

빚에 대해 성서는 어떻게 말하는가? 대체로 빚을 지는 것은 부정적인 것으로 인식된다. 그것은 빚을 지게 되는 상황이 자연스럽지 않다는 것을 전제로 한다. 하지만 성서의 몇몇 구절(출 22:25; 레 25:35-37)에서 알 수 있듯이, 이스라엘 사람에게 이자를 받지 말라는 말은 가난한 자들이 이자에 허덕이는 현실을 반영해준다. 본문은 '물어뜯다'는 의미를 지닌 '네쉐크ךשֶׁנ'를 이자를 가리키는 말로 사용하는데, 이 말은 가난한 사람들에게 더 큰 해를 가하는 부정적인 의미를 담고 있다.

본문은 빚을 받으러 온 채권자의 이야기를 여성의 목소리로 예언자 엘리사에게 전하는 것으로 시작된다. 아이들을 종으로 빼앗기게 된 한 과부의 '부르짖음짜아카ֽ הקָעָצ'이 하나님의 구원 역사의 시발점이 되었다.[11] 히브리어 '짜아카הקָעָצ'는 권리 주장에 사용되는 법률 용어이다.[12] 따라서 엘리사는 여성을 법적 문제까지 해결할 수 있는 존재로 인식했다고 할 수 있다.

채권자는 악덕한 빚쟁이로 묘사된다. 그가 예언자 생도가 살아있을 때 그 무리한 빚을 감당할 수 있을 것으로 여기고 돈을 빌려준 것인지, 또한 이자가 많이 불어나는 동안 지속적으로 재촉을 한 것인지 알 수 없으나, 그는 결국 두 아들을 빚 대신 노예로 삼겠다고 통보한다. 당시

---

11 정중호, 『열왕기하』(대한기독교서회, 1995), 121.
12 가령, 열왕기하 8:3에서 왕 앞에 나가 호소(리쯔오크, קעֹצ다)한 여성은 권리 주장을 통해 자신의 땅을 되돌려 받을 수 있었다.

경제적 빈곤 때문에 도둑질한 경우 노예가 될 수도 있었다(출 22:3). 이처럼 강력한 소유권 보호는 오히려 그 사회에서 빈곤층이 늘어가는 배경에 비추어 이해해야 한다. 다른 사람의 어려움과 파산을 이용해 돈을 버는 것은 그릇된 일이었고, 더욱이 채권자는 예언자가 될 준비 중인 생도의 죽음과 그로 인한 딱한 사정을 잘 알고 있었을 것이다. 사회적 약자의 편에서 생각하고 행동하라는 것은 성서의 주된 가르침이었다(출 22:25-26; 레 25:36-37; 신 15:1-3, 23:19-20; 겔 18:7-18, 22:12; 느 5:6-13; 잠 28:8). 그런데도 채권자가 여성 가장에게 보여준 언행은 비난받아 마땅하다.

당시에는 빚을 못 갚을 시에 그 대신 사람을 노예로 삼는 풍습이 있었다. 또한 이에 상반해서 희년제도를 통해 이미 노예가 된 사람을 해방하라는 말도 율법서에 기록되어 있다. '보상하다여살렘'는 뜻에서 연원하는 여살렘 법Laws about restitution(출 21:33-22:14)은 대체로 가난한 자, 약자들을 위한 법이라기보다는 기득권층의 소유권을 침해받지 않도록 지키는 데 관심이 있었다. 이러한 내용을 예언자 생도의 아내는 알고 있었을까? 언급은 없지만, 그녀가 남편과 마찬가지로 율법에 대해 어느 정도의 지식을 가졌다고 볼 수도 있다. 그래서 그녀는 우선 엘리사 예언자를 찾아간 것이다. 그녀의 실제적인 부르짖음에서 본다면, 그녀가 아무것도 모르고 절박함으로만 예언자를 찾아갔다고 보기는 어렵다. 그녀가 보여준 말과 행동을 통해서만 그녀의 지적 수준이나 신앙의 정도를 가늠할 수 있다. 스스로 그 문제를 해결할 수 없었던 그녀는 엘리사를 찾아가서 남편에 대해 말하면서, 예언자 아내로서 적극적인 자세로 자신이 과부이며, 두 아들이 빚 대신 노예로 끌려갈 처지에 있음을 알린다. 여성은 엘리사에게 자신을 소개하고, 끝까지 그를 하나

님의 사람으로 인정하고 따름으로서 예언자 생도에 버금가는 신앙과
권리를 찾고자 하는 의지를 보여준 것이다.

2) 죽은 예언자 생도의 아내로서의 행동

이야기에서 여성에 대해 몇 가지를 알 수 있다. 첫째, 그녀는 한때
예언자 엘리사의 생도였던 한 남자의 아내이다. 둘째, 그녀는 어떤 이
유인지 알 수 없으나 남편이 죽어 '과부'13가 되었고, 두 아들과 살아가
는 어머니이다. 셋째, 그녀는 경제적으로 빈궁하여 결국 엘리사를 찾
아가 도움을 요청하는 힘없고 가난한 사람이다. "예언자의 생도의 아
내 중에 한 여성"은 예언자 생도들 중 한 여성(아내), 혹은 예언자의 제
자들 중 한 사람의 아내로 볼 수 있다.14 예언자 생도(예언자의 아들들:
the sons of prophet)란 사회로부터 분리되어 예언자적 인물에게 헌신
할 사람으로 지명된 후 수련 중인 사람을 말한다.15 예언자는 부정할
수 없이 주로 남성이었다. 실제로 예언서 책명으로 남은 예언자들은
모두 남성이다.
　여기서 여성 예언자 생도가 존재했을 가능성도 추정해볼 만하다.

---

13 과부에 대한 성서의 언급들에서(신 14:29; 24:17, 19-21; 26:12) 당시 과부는 사회적
　약자이고, 대표적인 소외계층이었음을 알 수 있다. 구약성서 시대에는 과부가 되는 것
　을 수치스러운 재앙으로 여겼지만(룻 1:20-21; 사 54:4), 하나님은 과부를 특별히 돌
　아보셨다(시 68:5; 146:9; 잠 15:25).

14 Alice Ogden Bellis, *Helpmates, Harlots, and Heroes* (Louisville, Ky.: Westminster/
　John Knox Press, 1994), 172.

15 James G. Williams, "The Prophetic Father," *JBL* 85 (1966), 344; Bergen, *Elisha
　and the End of Prophetism,* 60에서 재인용. 엘리사와 엘리야의 관계를 통해 알 수 있다.

보스Van Wijk-Bos와 조에나W. H. Johanna는 구약성서에서 미리암(출 15:20), 드보라(사 4:4-16), 훌다(왕하 22:14-20), 노아댜(느 6:14) 등 네 명의 여성 예언자가 언급된다는 점에서 예언자 엘리사의 생도(제자) 중에 여성도 있었을 것이라고 주장한다.[16] 성서에는 구체적인 집단생활이나 수련 중인 여성에 대한 언급이 없으므로 그 가능성만 추정해볼 뿐이다.

오늘날 일부 교단에서는 여성 목사 안수를 둘러싸고 여전히 논란 중이다. 여성이 목사가 될 수 없는 주요 요건 중 하나는 '성별'이다. 남성이 아니기에 목사의 역할을 감당할 수 없다는 것이다. 하지만 성서에 여성 예언자가 없었던 것도 아닐뿐더러, 그 시대적 배경이나 지리적 위치, 인종, 피부색, 나이, 경제력 등 여타 요건들은 목사 안수를 가름하는 기준으로 보지 않는 것은 이상한 일이 아닌가?

예언자 생도가 가정을 이루고 본격적인 예언자가 되고자 수련하는 동안 그의 아내가 주로 어떤 역할을 했는지는 정확히 알기 어렵다. 하지만 남편이 죽고 아이들이 노예로 끌려가게 된 가장 절박한 순간에 그 아내는 죽음이나 또 다른 극단적인 생각을 하는 대신 예언자의 대표격인 엘리사를 찾아갔다. 그녀는 예언자가 되려는 남편의 수련을 지지하며 그 사명을 공유했을 것이다. 따라서 그녀가 예언자 생도의 동역자로서 책임적인 역할을 수행하고 있다고 볼 수 있다.

---

16 Van Wijk-Bos and W. H. Johanna, *Reformed and Feminist: A Challenge to the Church* (Louisville, Ky.: Westminster/John Knox Press, 1991), 79; Susan Ackerman, "Why is Miriam also Among the Prophets? (And is Zipporah Among the Priests?)," *JBL* 121 (2002), 47-80를 참고.

3) 기름과 이웃의 그릇을 활용한 기적

경제적 측면을 담당했을 예언자 생도인 남편의 죽음으로 여성이 극심한 생활고에 시달렸으리라는 것을 어렵지 않게 짐작할 수 있다. 결국 그녀가 자신의 힘으로 해결하지 못할 상황에 처해 엘리사를 찾아가자 엘리사는 "내가 너에게 어떻게 하면 도움이 되겠는지 알려 달라"고 말한다. 이것은 그가 예언자로서 그러한 상황을 알지 못했음을 나타낸다. 이 반응은 이삭이 에서와 야곱에게(창 27:37), 다윗이 기브온 사람에게(삼하 21:3) 했던 질문과 같다.[17] 차이가 있다면, 본문에서 곧이어 엘리사는 "집에 무엇이 있느냐"라고 물었고, 여성은 "기름 한 병이 있다"고 솔직히 대답했다는 것이다(2절). 그 당시 기름의 가치는 큰 것이었고, 여성이 가지고 있는 기름은 그리 많은 양이 아니었을 것이다.

엘리사가 그 기름으로 당장 어떤 기적을 행한 것은 아니다. 오히려 그는 먼저 이웃의 그릇을 최대한 많이 빌려오라고 말했다(3절). 그릇의 크기나 수량을 정해주지 않았지만, 여성은 곧장 집으로 가서 두 아들과 함께 행동으로 옮긴다. 이웃 역시 채권자와는 판이하다. 오늘날처럼 물품이 풍족하지 않았을 텐데도 그들은 자기 집에 있는 그릇을 빌려주었다. 적지 않은 양의 기름을 얻을 수 있었던 것은 자기 집에 있는 몇 안 되는 그릇 일부를 빌려준 이웃의 배려와 환대 덕분이었다.

아들들에게 기름을 따르라고 하자, 집에 남은 소량의 기름이 이웃의 그릇들을 충분히 채우고도 남을 정도가 되었다. 여성은 엘리사를 대신하여 기적을 일으킨 것이다. 이러한 기적을 함께 체험한 이웃들도

---

17 Wesley J. Bergen, *Elisha and the End of Prophetism*, 85.

자신의 것을 나누는 것의 중요성을 알게 되고, 하나님의 사람, 예언자 생도의 아내를 통해 신앙의 성숙을 맛보았을 것이다. 그것은 단순히 기적만이 아니다. 여성이 갖고 있던 소량의 기름에서, 이웃이 기꺼이 빌려준 그릇에서 기적이 일어난 것이다. 이를 순종하고 따른 아들들도 있다. 어머니의 얼토당토않은 지시를 거절하거나 무시했을 수도 있겠지만 그들은 그러지 않았다. 기적이 일어난 후 여성은 그냥 있지 않고 '하나님의 사람'을 찾아가 기적이 일어났음을 알린다(7절). 엘리사는 여성에게 기름으로 빚을 갚고 경제활동을 하여 아들들과 살아가라고 주문한다. 엘리야와 사르밧 과부에게 일어난 기적이 기름과 밀가루가 끊어지지 않는 완전한 해결책이었다면(왕상 17:16), 이것은 부분적인 해결책으로서의 기적이었다. 하지만 여성의 행위는 두 아들과 이웃, 심지어 채권자에게 기적을 확인하게 했다고 할 수 있다.[18]

III. 경제적 위기 속에서 한부모 가장의 노력과 이웃의 관심

캠프Claudia V. Camp는 빚진 상태의 이 여성을 역사적 인물이 아닌 총칭적 인물로 보는 것이 더 타당하다고 말한다. 사르밧 과부(왕상 17장)나 이 여성은 소농을 대표하는 인물로, 당시 주전 9세기 중반 이스라엘의 정치적 분쟁과 어려운 농경 상황 한복판에서 생존을 위해 싸우던 집단을 대표한다는 것이다.[19] 또한 사무엘하 14-20장에 나오는 드고아와

---

18 최은영, "엘리사설화에 나타난 여성에 관한 연구,"「한국여성신학」 55 (2003), 52.
19 캐롤 A. 뉴섬 · 샤론 H. 린지 편/이화여성신학연구소 옮김, 『여성들을 위한 성서주석 - 구약편』(대한기독교서회, 2015), 267.

아벨에 살았던 지혜로운 여성에 대한 연구에서 이스라엘 왕권이 정착되기 전에는 여성의 정치적 역할이 있었다고 보았다.[20] 이처럼 빚을 진 여성은, 역사적 인물이든 아니든지, 사람과 사람, 하나님과 공동체 간의 관계를 이해하는 데 도움을 준다.

열왕기하 4장의 본문을 여성 신학적 시각에서 읽을 때 여성의 적극적이고 긍정적인 모습에 주목하고 힘을 강화할 수 있다. 두 가지로 요약한다면, 과부는 어려움을 자신의 탓으로 돌리지 않고 적극적으로 도움을 요청했고, 그 해결책을 강구하는 데서도 먼저 나섰다. 그 당시 과부, 고아, 나그네가 대표적인 사회적 약자층이었으므로 남편과 사별한 과부가 두 아들과 살아가는 것은 결코 쉽지 않았을 것이다. 성서는 과부에 대한 관심과 돌봄을 다방면으로 언급하고 있지만 그들은 대체로 그러한 처우를 받지 못했을 것이다:

당신들이 사는 성안에, 유산도 없고 차지할 몫도 없는 레위 사람이나 떠돌이나 고아나 **과부**들이 와서 배불리 먹게 하십시오. 그러면 주 당신들의 하나님은 당신들이 경영하는 모든 일에 복을 내려 주실 것입니다(신 14:29).

그 거룩한 곳에 계신 하나님은 고아들의 아버지, **과부들**을 돕는 재판관이시다(시 68:5).

---

20 Claudia V. Camp, "The Wise Women of 2 Samuel: A Role Model for Women in Early Israel," *CBQ* 43 (1981) 14-29.

주님은 거만한 사람의 집을 헐어 버리시지만, **과부**가 사는 곳의 경계선은 튼튼히 세워주신다(잠 15:25).

위의 성서 구절들은 과부의 실상을 고정화하고, 과부를 일방적인 시혜 대상으로, 무력하게 도움을 받아야 하는 존재로 보이게 한다. 그렇지만 본문에 나오는 과부이자 두 아들의 어머니였던 여성은 달랐다. 그녀가 보여준 지도력과 이웃과의 연대에 주목해야 할 것이다. 엘리사를 찾아갔으나 그의 지시를 실행에 옮기는 것은 오롯이 그녀의 몫이었다. 그녀는 이웃을 찾아가고 이웃의 집에 있는 그릇을 빌려왔다. 지금처럼 그릇이 풍족하지 않았을 상황에서 이웃들이 기꺼이 그릇을 내어준 것도 눈길을 끈다. 성서에서 언급되지는 않지만, 그들은 자신의 그릇을 빌려줌으로써 기적을 경험했고, 작은 도움과 돌봄의 중요성을 깨달았을지도 모른다.

여성은 두 아들과 함께 실행에 옮기면서 기름이 그릇마다 채워지는 기적을 경험했다. 그러나 여기서 그치지 않고 여성은 엘리사를 다시 찾아가 확인시킨다. 엘리사는 여성에게 기름으로 빚을 갚고 경제활동을 하라고 지시한다. 두 번의 지시를 하는 이는 하나님의 사람 엘리사지만, 여성은 그보다 더 적극적으로 문제 해결을 위해 알리고 노력한 흔적을 보여준다. 따라서 이 여성을 통해 여성의 역할을 세 가지로 제시하면서 이를 현대 상황과 연결해보고자 한다.

첫째, 여성 가장은 빚진 상태에 머물지 않은 경제 문제의 해결자이다. 성서의 배경에는 가부장제가 자리 잡고 있었고, 여성은 주체적인 존재가 아니라 태어나서는 아버지에게, 결혼해서는 남편에게, 남편의 사망 시엔 아들에게 의존하고 종속되기 십상이었다. 본문은 남편의 사망 원인이나 두 아들의 나이를 언급하지 않지만 그녀는 아들들에게 의존하지 않았다. 채권자가 찾아와 빚 대신 아들 둘을 데려가겠다고 했을 때 그대로 주저앉거나 극단적인 방법을 선택하지 않았다. 그녀는 우선 예언자 생도의 아내로서 이력과 믿음을 가지고 엘리사를 찾아갔다. 엘리사는 놀라운 말을 하지만 나중에 그것을 확인하지도 않는다. 이야기는 수동적인 차원에서 끝날 수도 있었다. 여성이 앞장서고 이것을 확인시키지 않았다면, 엘리사의 기적은 사람들 입에 회자되지 못했을 것이다. 엘리사는 자신의 스승(엘리야)의 계승자로서, 예언자 집단의 지도자로서 특권을 얻기를 요청한다.[21] 그러나 적어도 이 본문에서는 그러한 예언자적 역할을 행하지 않는다. 오히려 이야기의 주도권은 여성에게 있으며 그녀의 행동을 따라 이야기가 전개되었다. 그녀는 자신에게 있는 기름과 관련해서 엘리사가 지시한 내용을 아들들에게 전하고 협조를 구했다. 이웃에게도 자신의 경제 상황을 솔직히 알리고 그릇을 빌림으로써 기적을 이룰 수 있었다.

둘째, 여성 가장은 경제활동의 주체자이다. 그녀는 기름 기적이 일어난 후에도 엘리사가 명한 대로 기름으로 경제활동을 이어간다. 다른 가족이나 친족 내 어떤 남성도 가장 노릇을 대신해주지 않았다. 대개는 남성이 가정을 대표하기 마련이지만, 남편이 죽고 경제적 빈곤에 처했을 때 여성은 주체적으로 행동했으며 엘리사 역시 이것을 독려한다. 엘리야가 사르밧 여성에게 행한 기적(왕상 17장)과는 달리, 엘리사는 여성 가장에게 경제활동을 지속하게 한다. 엘리사 예언자에게서는

---

21 R. P. Carroll, "The Elijah-Elisha Sagas: Some Remarks on Prophetic Succession in Ancient Israel," *VT* 19 (1969), 400.

이스라엘 예언자들이 선포한 4단계 메시지(이스라엘의 범죄 / 이에 따른 하나님의 징벌 / 이스라엘의 회개 / 하나님의 용서와 새 출발)와 같은 것을 발견할 수 없다. 또한 본문에서 엘리사는 하나님의 말씀을 전하거나 대언하지 않는다.[22] 엘리사는 하나님 없이, 하나님 역할을 하고 있는 것이다. 물론 이것은 그것을 존중하고 지지하는 여성이 있었기에 가능했다. 현실은 훨씬 어려웠을 것이다. 그러나 하갈에게 들려온 것과 같은 하나님의 음성(창 16:8, 10-12; 21:17-18)이 없어도, 사르밧 과부에게 일어난 것처럼 밀가루가 떨어지지 않고 기름이 마르지 않는 완전한 기적(왕상 17:16)이 아닐지라도, 이 여성은 그와 동일한 힘과 의지로 삶을 영위하는 주체적인 사람임에 틀림없다. 여성은 기적이 일어나기 전 그리고 그 후에도 경제활동을 이어가는 가족 부양자로서의 사명이 있음을 알게 된다. 그녀는 오히려 기름 기적의 주체자로서 예언자적 역할을 했다고 할 수 있다. 이야기는 거기서 멈추지만, 그 임무를 거부하지 않은 여성을 통해 가정 경제는 안정을 되찾았을 것이다.

셋째, 이웃과 연대하는 경제 의식이다. 이것은 남편을 잃고 시어머니와 함께 베들레헴에 와서 이삭줍기를 하며 경제활동을 했던 룻 이야기와도 연결된다. 어느 누구도 가난한 이방인 출신 과부인 룻을 배척하지 않았다. 나중에 보아스와의 관계에서 낳은 아이의 이름을 지어줄 정도로 이웃 여성들은 관심을 보여주었다(룻 4:17). 본문에서도 이웃 여성들은 기름을 채워주지는 못하지만 선뜻 그릇을 빌려줌으로써 도움을 베풀었다. 그 이웃 여성들은 그릇이라는 도구를 통해 하나님의

---

22 열왕기하 다른 곳에서는 하나님의 말씀이 선포된다(왕하 2:21, 24; 3:16; 4:43; 7:1; 8:1, 10, 13; 9:3).

기적을 경험한 것이다. 그들이 빌려준 모든 그릇에서 기적이 일어났고, 그 그릇들은 기적의 그릇이 되어 돌아왔다. 그 일을 통해 하나님에 대한 그들의 믿음이 한껏 더 성장하고 이웃으로 함께 살아가는 것의 중요성도 깨달았을 것이라고 필자는 본다. 경제적인 어려움이 가중되는 이 시대에 오히려 약자들의 기부나 봉사활동이 늘어나는 것은 그러한 아픔을 경험해 보았기 때문에 가능한 연대가 아닐까? 이를 통해 알 수 있듯이, 이름 없이 기적의 수혜자라는 주변인의 위치에 있었던 여성은 예언자의 역할을 수행하는 데까지 나아갔다. 그렇다면 그녀를 당시 하나님의 일을 이웃과 함께 수행한 예언자로도 볼 수 있지 않을까.

IV. 한국의 한부모 가족 상황과 타자를 위한 공동체로서의 교회

여성가족부에서 실행하는 '한부모 가족 실태조사'는 〈한부모 가족 지원법〉 제6조에 의거하여 3년마다 실시하는 국가 승인 통계이다. 2012년과 2015년에 이어 2018년에 세 번째로 실시되었다. 한부모 가족에 대한 지원 정책 수립 및 기초자료도 활용되는 이 조사에서 우리의 논점과 관련된 것을 찾아보고자 한다.

한부모 가족 조사 대상 중 80% 이상이 '양육비·교육비 부담'의 어려움을 겪는다고 응답한 데서 알 수 있듯이 경제적 고충이 가장 크다고 할 수 있다. 그들 중 78.8%가 양육비 채무자로부터 양육비를 받지 못한다는 하는데 이혼과 사별을 한 여성들 간의 입장도 다를 수 있다. 기초생활 보장제도 개편 및 교육 급여 대상 확대 영향으로 정부 지원 비율은 계속 높아지는 추세이다('12년 30.4% → '15년 41.5% → '18년 46.0%). 한부모 가족의 경제 상황은 생각보다 훨씬 더 열악하다. 한부모 가장들이 원하는 정책적 지원 1순위 역시 생계비·양육비 등 현금 지원이 66%로 가장 높았다. 이외에 주거 지원(10.3%), 의료 지원(6.6%), 아이 돌봄 지원(5.7%), 직업훈련 지원(3.4%) 등 경제 문제와 관련성이 높은 분야에 대한 재정지원의 선호도가 높았다.[23] 지역사회 내 다양한 자원을 활용한 연계 서비스를 강조하면서 공공기관(지방자치단체, 보건소 등), 취업전문기관(여성새로일하기센터, 고용안정지원센터 등), 성폭력·가정폭력 상담소, 자살예방센터, 교육기관(학교, 교육청 등), 의료기관, 청소년지원기관 등 지역사회 유관 기관들과 네트워크 협의체를 구성하여 운영하는 것이 그 방안이 될 수 있다.

이러한 상황 속에서 교회 역시 주어진 과제와 역할을 찾아야 할 것이다. 지금까지 교회나 신학교에서는 경제적인 측면을 금기시하며 현실적인 이야기에 귀를 기울이지 않았다. 특히 대형 교회의 자본 증식에 대한 비판의 목소리가 들려오지만, 그 이면에는 대형 교회를 향한 목회자 자신의 욕망도 도사리고 있다.

박득훈은 한국교회 안에 자본주의가 깊이 침투하게 된 이유를 세 가지로 밝힌다.[24] 첫째는 일제의 억압과 분단 시대에 확산된 냉전적 사고를 기반으로 교회가 성장했기 때문이고, 둘째는 기독교인이 한국 사회의 중산층으로 자리잡고 교회가 사회적 신분 상승의 수단이 된 까닭이며, 셋째로 현실 사회주의의 붕괴와 신자유주의의 승승장구를 꼽

---

23 "열악해지는 한부모가정 재정…'생계비·취업지원 절실,'" 「서울경제신문」, https://www.sedaily.com/NewsView/1VJAIS03VQ. (2019. 6. 2. 접속.)
24 박득훈, 『돈에서 해방된 교회』 (포이에마, 2014), 81-86.

는다. 고대 이스라엘 사회의 부의 기준은 오늘날 똑같이 적용되지 않는다. 화폐가 등장하고 주식, 채권, 부동산, 펀드 등 그 사용 용도나 실물 자산가치가 상당히 다양해졌다. 이에 따라 교회의 양극화 역시 심화되었다. 돈이 제일인 사회에서는 빚 역시 자산의 개념이므로 대출을 권장하고 빚을 내어 교회를 건축하는 모습을 쉽게 볼 수 있다.

빚을 남기고 죽은 예언자 생도를 통해 부목사, 전도사의 현실을 본다. 사역자의 사망 후 홀로 된 아내, 여성 사역자, 여성 가장 등 생각보다 다양한 입지의 여성들을 볼 수 있다. 여성만이 아니라 미자립교회 목회자도 이에 포함될 것이다. 그러나 특히 여성 사역자의 경우 그 어려움은 이루 말할 수 없다. 현 시대라면 두 아이를 부양하는 한부모 가장이 남편이 남기고 간 채무까지 떠안게 되고, 아이들을 노예로 데려가겠다는 채권자의 협박 앞에서 어떻게 대응할 수 있을까? 이미 대출을 한 상태라 이자가 불어나고 도저히 감당하지 못하는 상황이 되었다면? 영화에서 하듯이 신체 포기각서를 쓰고 손과 발을 잘라내야 할까?

하나님이 먼저 관심을 보이고 돌봄을 강조하셨듯이 교회의 관심 또한 필요하다. 세상에서 그렇듯이 교회 안에서도 빈부격차와 가난은 여전히 존재한다. 교회 안에서 위로를 받아야 할 가난한 사람들이 생업 때문에, 교회의 문턱이 높아서, 혹은 여타의 다양한 이유로 교회를 찾지 못하고 경제적으로 안정된 신도들이 교회의 주류를 차지한다. 이른바 신앙이 자신의 이해와 관심에만 갇힌 채 더 이상 타자들에게 관심하지 않으면 가난한 사람들이 들어오지 못한다. 우선, 그들을 도움의 대상으로 여기는 의식부터 바뀌어야 한다. 경제 소득과 가족 형태 등으로 그들을 편견으로 대하고 도움을 베풀어야 하는 대상으로 보는 시선부터 고칠 필요가 있다. 두 번째로, 다양한 가족 중심의 교회 행사보다는 그 경계를 넘고 허무는 행사를 기획해보길 바란다. 세 번째는 교회 안의 위계적인 문화를 개선하려면 하나님의 형상으로 창조된 모든 사람이 소중하다는 인식을 고양하고, 직분, 성, 나이, 경제력 등을 넘어서는 것이 중요하다는 것이다. 그렇게 된다면, 사별한 예언자 생도의 아내가 그랬듯이, 오늘날 비슷한 상황에 처한 한부모 가장의 위상 또한 새롭게 조명될 수 있을 것이다.

V. 나가는 말

여태까지 본문을 엘리사 예언자가 불쌍한 형편에 처한 과부를 구제하는 것으로 이해해온 것과 달리, 필자는 이 글에서 여성의 행위와 지도력, 이웃의 관심과 연대가 얼마나 중요한지를 밝히고자 하였다. 늘 고정적인 사고로 타자를 나보다 못한 사람이라고 판단할 때 행동 또한 고정화될 수밖에 없다. 여성, 그것도 남편이 죽음으로 빚에 시달리게 된 여성을 우리는 어떤 시선으로 바라보는가? 그러한 현실은 생각보다 우리 가까이에 있다. 그 문제는 개인의 힘으로는 해결하기 어렵다. 공동체와 이웃의 자발적인 연대와 도움이 필요하다. 지금은 기적이 일어나지 않는 시대인가? 필자는 그렇지 않다고 생각한다. 엘리사가 행한 것과 같은 초현실적인 기적은 아닐지라도 여전히 기적은 일어나고 있다. 그 기적은 이웃에게도 분명히 큰 경험이 될 수 있다. 보고 듣는 것 이상의 현장 체험의 장이 펼쳐질 수 있도록 각자가 자기 자리에서 최선의 노력을 해야 한다. 엘리사는 예언자로서의 일반적 역할을 포기하고 드러나지 않는 방식으로 상대 여성의 예언자성을 일깨워주고 있지는 않은가? 지금 우리에게 경제 문제의 해결자로, 경제활동의 주체자로, 이웃과 연대하는 자로 나서라고 촉구하고 있지 않은가?

교회가 가난한 사람들에 대한 기존의 구제사업에 그치지 않고 가난으로부터의 구조적 변화를 위해 노력하는 것이 중요하다. 최근 사회 소득의 불평등 못지않게 사회적 배제와 인권 문제도 사회적 이목을 끄는데 교회도 이 문제에 관심해야 한다. 열왕기하 4장에 등장하는 한 여성 가장의 이야기는 우리의 신앙을 강화하는 데서 그치지 않고 이웃과 연대하고 지도자와 소통하며 책임을 다해야 함을 가르쳐준다. 그와 같은 기름 기적은 일어나지 않을지라도 끊임없이 각자의 현장에서 이웃과 더불어 기적을 만들어가는 것이 우리의 몫이다.

기적을 경험한 과부를 본 이웃의 목소리*

엘리사가 말하였다. 나가서 이웃 사람들에게 빈 그릇들을 빌려 오시오. … 여인은 하나님의 사람에게로 가서 이 사실을 알렸다. 하나님의 사람이 그에게 말하였다. "가서 그 기름을 팔아 빚을 갚고, 그 나머지는 모자의 생활비로 쓰도록 하시오"(열왕기하 4장 3, 7절).

등장인물: 예언자 생도의 아내(과부), 아들1(주슈아), 아들2(주샤이), 엘리사, 이웃 여성

여러분, 안녕하세요? 저는 최근 우리 동네에 일어난 놀라운 일에 대해 알려드리고 싶어요. 무슨 사고가 났냐고요? 글쎄요. 그건 아니고요. 우리 집에서 사용한 그릇과 관련된 이야기예요. 도저히 믿을 수 없는 그러나, 하나님이 살아 계시다는 것을 확실하게 경험한 사건이죠. 자. 이제 제 말을 잘 들어보시길 바래요.

제가 살고 있는 동네에는 그리 크지도 않고, 부유하지도 않은 평범한 중산층이 많이 살고 있어요. 대부분 농사를 짓기도 하고 가축을 기르면서 하루하루 먹을 것을 채워가죠. 단 한 가정을 제외하고는요. 그

---

* 성서의 인물을 통해 당시 이야기를 듣는 방식으로 공저한 『성서에서 만나는 다문화이야기』(대전: 대장간, 2013) 중 '독백' 부분을 착안하여 지은 것이다.

들은 예언자 생도의 가정으로 아저씨가 예언자가 되기 위해 수련을 하는 중이었대요. 형편도 넉넉하지 않았죠. 아들도 둘이나 있었는데, 부인은 힘겹게 남의 집 일을 도와주며 때론 빚도 얻어 생계를 이어갔어요. 그러던 중 갑자기 예언자 교육을 받고 있던 아저씨가 죽음을 맞게된 것이에요. 사실 그동안 가장으로 밥벌이를 잘하지 못했다 하더라도 남편이 있고 없고는 큰 차이였죠. 남편, 아버지가 없는 집은 곧 여러 사회적 울타리를 벗어나는 것과 다름없는 것이거든요. 그렇게나 남성이 중심인 사회에서 살다 보니 과부가 된 주슈아 엄마가 너무 불쌍한 거예요. 변변하게 자기 일을 가진 것도 아니고, 가진 재산이 있는 것도 아니고, 든든한 도움을 줄 사람도 없는 상황에서 빚쟁이까지 찾아왔대나 봐요. 엎친 데 덮친 격이죠.

그 빚쟁이는 과부의 형편을 보니 도저히 자기 돈을 받을 수 없었겠는지 아들 둘을 데려가 노예로 삼겠다고 했다지 뭐예요. 아이들이 물건도 아니고 어떻게 그럴 생각을 했는지… 정말 빚은 무서운 거예요. 부당하게 빚을 져서도 안 되지만 빚 때문에 당하는 고통은 예나 지금이나 마찬가지인 것 같아요. 그대로 당할 수는 없다고 생각했는지 주슈아 엄마는 가장 먼저 예언자 엘리사를 찾아갔어요. 그리고는 자신의 상황을 엘리사 예언자님께 다 말씀드렸다고 해요. 하나님을 섬기며 예언자가 되기 위해 교육을 받고 있던 남편이 하루아침에 죽고 난 후 그 빚까지 고스란히 남아 두 아들 모두 빚쟁이가 자신의 종으로 데려가게 되었다는 것을요. 너무 하죠? 그만큼 절박한 상황이 느껴지시나요? 그런데 엘리사 예언자님은 바로 그 빚쟁이를 불러다가 혼내거나 그 빚을 갚아 주거나 하지 않으셨어요. 오히려 집에 무엇이 남아있는가를 물으셨대요. 처음에는 무엇이 있는 것조차도 잘 생각이 나지 않았는데, 집

안에 기름 한 병이 있는 것을 기억해 냈대요. 엘리사 예언자님은 당장 집으로 가서 이웃 사람들에게 그릇을 있는 대로 빌려오라고 했다지 뭐예요.

그래서 저도 이 사건을 알게 되었던 거예요. 사실 옆집에서 빚을 지든, 사람이 죽든 크게 상관할 일이 아니잖아요. 그럴 필요도 없고…. 그런데 주슈아 엄마는 달랐어요. 남편이 곧 예언자님이 될 상황이어서 그랬는지 이웃에게 참 친절하고 어려운 일이 있으면 어떻게든 도와주려 했지요. 그래서일까요? 그가 정작 어려움에 처하자 너도나도 그가 필요하다는 그릇을 내놓기 시작했어요. 집에 그릇들이 그리 넉넉하지도 않았는데 말이죠. 저도 크기나 모양이 상관없다고 하기에 우리 집에서 가장 큰 그릇을 빌려주었어요. 그것을 가지고 무슨 일을 하는지 처음에는 몰랐어요. 나중에 알게 되었죠. 그 그릇을 통해 기적이 일어났다는 것을요.

예언자님이 시키는 대로 있는 대로 그릇을 빌려와 자신이 갖고 있던 기름을 다른 그릇에 붓기 시작했어요. 역시 혼자 힘으로는 어려웠을 거예요. 두 아들들의 도움이 필요했고, 그들 역시 엄마가 하는 이상한 행동들에 대해 의심하거나 거부하지 않고 순종했대요. 참 기특하죠? 그들의 도움으로 그 많은 그릇에다 기름을 다 부을 수 있었대요. 그런데 신기하게도 기름이 떨어지지 않고 마지막 그릇에까지 계속 계속 부어도 나왔다는 거예요. 하나님의 능력이 아니고는 도저히 믿을 수 없는 사건이죠. 주슈아 엄마는 그대로 있을 수가 없었다고 해요. 다시 엘리사 예언자님을 찾아 갔대요. 예언자님은 이미 알고 있었던 것처럼 그 기름을 팔아서 빚을 갚고 나머지는 생활비로 쓰라고 했다지 뭐예요.

사실 하나님은 우리의 문제를 완벽하게 해결해 주시는 분 같지만,

그 방법이나 과정은 다양하며 특히 우리가 그 기회를 놓치지 않도록 배려하시는 것 같아요. 쉽게 얻는 것은 그 소중함을 금방 잊어버리거나 내가 잘해서 그리된 것 같은 착각을 하게 되죠. 돈도, 공부도, 사업도, 사람 관계까지도 그런 것 같아요.

아까 말씀드렸죠? 제가 빌려준 그릇은 우리 집에서 가장 큰 것이었다고요. 그 속에 그 비싼 기름이 가득 찼다니… 동네에 소문이 다 났죠. 주슈아네 집에 기름 기적이 일어났다고…. 그릇을 빌려준 이웃들에 의해 확인되었고 살아계신 하나님을 경험하게 된 일이 되었답니다. 참 하나님은 놀라운 분이세요. 주슈아네만 도와주셨다면 우리 이웃들은 아무것도 모른 채 지나갔을 텐데요. 그렇지가 않게 되었으니 말이죠.

너도나도 그 기름들을 사게 되었고, 주슈아네에 도움을 주었죠. 그리고 빈 그릇으로 돌려받았을 때의 그 감격은 느껴보지 못한 사람은 절대 모를 거예요. 주슈아네가 어떻게 지내는지 좋은 이웃이 되어 지켜볼 거예요. 이 기적을 경험한 다른 이웃들도 아마 나와 비슷한 생각을 할 것 같아요. 하나님은 이것을 통해 한 가정만 살리신 게 아니라 우리 동네, 우리 공동체가 더 건강해질 것을 알려 주셨다고 생각해요.

2부

신자유주의적 삶 속으로
— 시선과 성찰

신자유주의적 자본주의 시대, 이주 여성 노동자와 한국교회의 과제

박진경*

I. 들어가는 말

이 글의 목적은 신자유주의적 자본주의 시대 이주 여성 노동자의 차별을 분석하고, 이를 극복하기 위한 한국교회 과제를 모색하는 것이다. 글로벌 자본순환 시스템 속에서 무한경쟁, 물질만능주의, 사회 갈등, 불평등 등 전 지구적 자본주의가 양산하는 부정적 결과들 중 하나는 이주 여성 노동자에 대한 차별이다. 한국의 인구학적인 요구와 맞물려 증가된 이주 여성 노동자는 한국의 가부장제와 결합된 신자유주의 체제 속에서 자본가 계층이 아닌 최하층 노동자 계층에 머물며 성(젠더) 차별, 인종 차별, 계층 차별에 노출된다. 이주 여성 노동자의 차별은 초국가적인 자본주의로 인한 인구 이동의 결과이기도 하지만, 그

---

* 감리교신학대학교 강사 / 기독교교육학

이면에는 한국교회의 침묵과 방조의 결과이기도 하다. 그러므로 여성 신학적 관점에서 이주 여성 노동자의 차별을 방지하고, 이를 극복하기 위한 한국교회의 다양한 접근이 필요하다.

신자유주의적 자본의 세계화로 인해 국가 간의 경계가 무너지고 전 세계적인 경제 상호의존성이 증가하면서, 전 지구적 인구의 이동이 확대되고 있다. 이러한 이주의 과정 중에 두드러지는 현상은 '이주의 여성화feminization of migration'이다. 이러한 형태의 자본주의 물결은 이주의 여성화를 가속화했고, 그 속에서 이주 여성 노동자에 대한 차별 또한 심화시켰다. 이주 여성 노동자는 선주민 노동자가 꺼려하는 3D업종 일을 담당하는 열악한 노동시장 상황에서 남성(선주민 남성 노동자와 이주 남성 노동자)과 다른 임금 차별, 성희롱이나 성 차별, 선주민과 다른 피부색과 외모로 인한 인종 차별, 경제적 후진국 출신이라는 계층 차별 등 다중적 차별들을 경험한다.

급속한 이주의 여성화로 인해 발생하는 차별에 대한 고려 대상은 결혼 이주 여성에만 주로 초점이 맞추어져 있다. 한시적으로 머물다 갈 것이라는 노동 이주 특성상, 한국 사회를 비롯하여 한국교회에 미치는 사회적, 교육적 영향이 적다는 이유로 이주 여성 노동자는 고려 대상에서 제외됐다. 이러한 관심에 대한 불균형과 단기적 시야로 이주 여성 노동자에 대한 차별의 문제는 극히 제한적인 수준에서 논해지고 있다. 그런 의미에서 신자유주의적 세계화의 대표적인 희생자이자 피해자인 이주 여성 노동자에 대한 차별 문제에 대해 적극적으로 대처해야 한다.

오늘날 한국교회에도 신자유주의적 자본주의와 더불어 코리안 드림을 안고 찾아오는 이주 여성 노동자들이 지속적으로 증가하고 있다.

이러한 시점에 한국교회는 단순히 이주 여성 노동자를 선교의 대상으로서만 보는 것이 아니라, 한국 사회 내 차별받지 않는 사회구성원으로 또는 신앙 공동체 구성원으로 보는 새로운 공동체적인 접근이 필요하다. 신자유주의 무한경쟁 시대에 한국교회가 본질적으로 회복하고 강화해야 할 것은 공동체성이다. 경제적 효율성과 이윤을 앞세워 한국교회마저도 공동체성이 약화되어 가고 있는 가운데, 한국교회는 성 차별, 인종 차별, 계층 차별을 통해 신앙 공동체로서의 어떤 역할을 해야 하는지에 대한 깊은 성찰과 이 시대를 살고 있는 그리스도인(선주민)들에게 어떤 방향으로 변화되어야 하는지 이정표를 제시해야 한다. 즉, 한국교회가 차별을 지양하고, 신앙 공동체로서 지향하는 진정한 공동체의 모형을 제시할 수 있어야 한다.

이 글에서 필자는 신자유주의적 세계화 시대 한국 사회 내 이주 여성 노동자에 대한 차별 인식 개선과 더불어 차별 방지를 위한 한국교회의 다각적 과제를 다음과 같은 순서로 논하고자 한다. 첫째, 신자유주의 체제 속에서 한국 사회 속에 나타나는 이주의 여성화에 대한 사회학적 이해와 그에 대한 문제점을 살펴볼 것이다. 둘째, 세 명의 이주 여성 노동자들의 인터뷰를 중심으로 성(젠더), 인종, 계층 간 위계적 관계성 속에서 남성(선주민 남성 노동자와 이주 남성 노동자), 선주민 여성, 결혼 이주 여성 사이에서 경험하는 차별을 분석할 것이다. 셋째, 이주 여성 노동자에 대한 차별을 방지하면서 한국 사회의 변화를 위한 한국교회의 주된 과제들을 여성신학적 관점에서 제시할 것이다. 마지막으로, 온정주의적 접근에서 벗어나, 앞으로 한국교회가 이주 여성 노동자의 차별 극복을 위해 지속적으로 수행해야 할 실천적 방향을 모색할 것이다.

II. 신자유주의적 자본주의와 한국 사회 내 이주의 여성화

신자유주의적 자본주의는 국가의 강제적 제재나 제한을 받지 않거나 최소한의 개입만 허용하는 무한 자유경제 구조 속에서 시장을 형성하고 그 자본 흐름을 따르는 것이 이상적이라고 보는 체제이다. 시장 경쟁력 강화와 경제적 효율성을 높이기 위해 사회는 무한경쟁과 적자생존의 구조 속에서 자유화, 민영화, 개방화, 탈규제화, 노동시장 유연화 등을 조장한다. 그러나 이러한 체제는 차별을 가속화하기도 한다. 특히, 노동시장에 시장경쟁원리를 도입하여 경제의 변화에 맞추어 변화하는 노동시장 유연화는 노동 생산성이나 경제적 효율성을 높일 수는 있지만, 비정규직 증대, 노조 교섭력 와해, 계층 간 격차 확대, 이주노동자 차별 등을 양산한다.

신자유주의적 자유시장경제 체제에서의 가장 두드러지는 현상 중 하나는 이주의 여성화이다. 이러한 전 지구적 자본주의로 인한 빈곤의 세계화로 빈곤의 여성화는 이주의 여성화를 가속화시켰다. 이러한 자본주의가 이주의 여성화를 유발하는 유일한 원인이라 할 수 없지만, 지난 30~40년 동안 여성의 이주를 촉진해 왔고, 이주의 성격이나 방향을 결정하는 데 주요 역할을 해 왔다.[1] 미시적, 거시적 접근에 따라 다양한 정의가 있지만, 일반적으로 이주의 여성화란 만성적 빈곤이 가속화되는 상황 속에서 여성이 상품과 자본의 흐름에 따라 노동력을 가지고 국가 간 경계를 넘어 이주하는 현상을 의미한다. 양적인 면에서

---

1 임월산, "신자유주의적 자본주의, 인종주의 그리고 한국의 이주 노동자," 「사회운동」 (2011), 94.

는 초국가적 자본주의 시장의 흐름에 따라 국가 간 노동 이동의 50% 이상이 여성 이주라는 것을 의미하고, 질적인 면에서는 여성이 기존의 생계부양자인 남편이나 아버지를 따라 단순히 이동하는 수동적 이주가 아닌, 여성 본인이 노동자로 취업하여 능동적으로 이주하는 것을 뜻한다.[2]

한국의 이주 여성 노동자의 증가는 초국가적인 자본주의로 인한 인구 이동의 결과이기도 하지만 그 이면에는 한국 사회의 인구학적인 사회 변화, 즉 3D(Difficult, Dangerous, Dirty)업종 기피, 고령화, 저출산 등과 맞물려 이주 여성 노동자의 이동을 가속화시켰다. 신자유주의적 세계화 시장에서 국가 간 경제 격차가 커지면서, 경제부국인 한국 노동시장에 경제빈곤국 이주 여성의 노동력이 대체되면서 저임금, 단순 노동, 비정규직, 장시간 노동 영역에 투입되었다. 성(젠더)별, 인종별, 계층별로 구별된 고용 구조 속에서 이주 여성 노동자는 공적 노동 영역보다는 사적 노동 영역으로, 자본가 계층이 아닌 노동자 계층으로, 주체적인 노동자가 아닌 타자적인 노동자로 강요받으며 최하층으로 전락한다. 또한, 이주 여성 노동자의 이동은 단순히 몸만 이동하는 것이 아니라, 성(젠더), 인종, 계층을 가지고 이동하면서, 그에 따른 차별도 함께 유입되었다. 이러한 이주의 여성화는 이주 여성 노동자의 차별성에 대한 문제를 제기한다. 즉, 신자유주의적 자본주의가 여성의 이주를 가속화하면서 이주 여성 노동자에 대한 차별 또한 증가해 왔다. 전 지구적 자본주의 체제 속에서 이주의 여성화는 빈곤의 여성화와 가부

---

2 이혜경 외, "이주의 여성화와 초국가적 가족: 조선족 사례를 중심으로," 「한국 사회학」 40/5 (2006), 259.

장제의 강화로 작동한다.3 이주 여성의 유출국 및 유입국의 남성 중심적 체제는 이주 여성을 전형적으로 여성의 일이라 치부되는 가사노동이나 단순노동, 유흥 서비스업 등으로 노동 영역을 제한하면서 노동 수요의 젠더화를 유발하여 가부장제를 강화시켜왔다.

이주 여성 노동자의 정주화를 방지하기 위해 국내 체류 기간을 제한하고 가족 동반을 금지하는 일시적 정주형 이주 구조 형태는 철저히 노동력만 착취하고 노동자는 타자화시키면서 계속해서 다중적 차별을 재생산한다. 즉, "작업장과 한국 경제에 필요한 노동력만 쓰면 된다는, 노동자는 없고 노동력만을 보는 사고가 이러한 제도 뒤에 숨겨져 있고 그로 인하여 이주(여성)노동자들은 낯선 곳에서 경험하게 되는 사회적·법적 차별의 문제를 개인화하여 감당하며" 산다.4 미등록 노동자의 경우에는 이러한 차별이 더 강하게 작동한다. 한국 사회가 "인종, 성별, 계급 차이로 인한 차별적 관행이나, 다수 시민 중심의 사회통합을 지향하는 동화주의적 태도를 가지고, 이들과의 소통을 거부하고 관계적 단절을 구조적으로 행하고 있는 것을 볼 수 있다."5 신자유주의적 지구화로 인한 관계적 단절은 곧 우리 사회의 공동체성을 와해시키고 있다.

이러한 신자유주의의 맹공은 한국교회도 피해갈 수 없다. 한국 사회에 복음의 사회적 역할과 책임을 져야 하는 한국교회가 이러한 신자유주의적 자본주의 폐해에 대해 외면하고 있다. 한국 사회 내에 급속

---

3 정현주, "이주, 젠더, 스케일: 페미니스트 이주 연구의 새로운 지형과 쟁점," 「대한지리학회지」 43/6 (2008), 897.

4 오현선, "이주민과 다문화주의의 정의로운 공존을 위한 하나의 대안," 한국여성신학회 엮음, 『다문화와 여성신학』 (서울: 대한기독교서회, 2008), 263.

5 앞의 글, 274.

히 퍼지고 있는 이주 여성 노동자의 차별 문제에 침묵하고 있다. 일부 대형 교회들은 교회 양적 성장을 위해 무차별적인 이주민 선교 전략과 시혜성 다문화 사역에 초점을 맞추며, 정작 이주 여성 노동자가 경험하는 다중적 차별에 관해서는 무관심으로 일관한다. 또한, 같은 신앙 공동체 안에서 주류집단인 선주민들과는 관계가 단절된 채 이주 여성 노동자는 공동체 안에서 철저히 배제되어 소외된다. 한국교회는 한국 사회 안에 존재하는 다양한 차별을 분석하고 대처방안을 찾으면서도, 이 시대 또 다른 신앙 공동체 구성원인 이주 여성 노동자의 차별 극복 방안을 제시해야 한다. 그런 의미에서 한국교회의 주된 소명 중의 하나는 공동체성을 회복하는 일이다.

III. 이주 여성 노동자와 차별

본 장에서는 신자유주의적 자본주의 시대의 대표적인 희생자로 볼 수 있는 세 명의 이주 여성 노동자들의 차별 경험을 중심으로, 남성(선주민 남성 노동자와 이주 남성 노동자), 선주민 여성, 결혼 이주 여성 사이의 불평등한 관계 안에서 발생하는 성(젠더) 차별, 인종 차별, 계층 차별을 살펴보고자 한다. 이를 위해 2019년 10~11월 두 교회에서 각각 필리핀, 네팔, 몽골 출신의 이주 여성 노동자 세 명을 인터뷰하였고, '어떤 차별을 경험하였는가?'라는 질문을 기초로, 개방형 질문 위주로 수행하였다.[6]

---

6 인터뷰를 응한 이주 여성 노동자들에게 사전에 개인정보 비밀보장에 대해 사전고지를

1. 이주 여성 노동자와 남성: 성(젠더) 차별

이주 여성 노동자와 남성, 특히 선주민 남성 노동자와 이주 남성 노동자와의 불평등한 관계성은 성(젠더) 차별을 야기한다. 성별 분업이나 성별 직종 분리 체제하에서 선주민 남성 노동자는 공적 영역을, 이주 여성 노동자는 사적 영역으로 분리하여, 선주민 남성의 위치를 일차적 전담자로서 생산 영역으로, 이주 여성 노동자의 위치를 이차적이거나 부수적인 노동자로서 재생산 영역으로 제한시킨다.

필리핀에서 대학을 나와 교사로 일하다 한국에 있는 공장에 취직한 아비게일(가명)은 공장에서 선주민 남성 노동자와 성(젠더) 역할 분리적인 작업 문화로 차별을 경험한다. 아비게일은 말한다. "한국 남자들 일 지시하는 것만 해요. 우리는 김치 씻고, 양념 만들고, 김치 버무려요. 김치 다 만들고, 청소도 우리가 다 해요. 거기 많이 더러워요. 더러운데, 우리만 시켜요. 한국 남자 말로만 일해요. 우리한테 '시키는 것만 하면 돼'라고 해요. 우리가 일 다 해 놓으면, 사장한테 자기가 했다고 해요. … 밥 먹고, 우리보고 설거지하라고 해요. 커피 타 오라고 해요. 우리도 같이 일했어요. 우리도 같이 쉬고 싶어요." 성(젠더) 차별적인 분업을 하면서, 아비게일(이주 여성 노동자)을 사적 영역에서 여성의 역할이라고 여겨지는 일들을 시키며 수동적인 존재로 만든다. 반면에 선

하였으며, 인터뷰 대상자의 익명성과 비밀성 보장하기 위해 가명을 사용한다. 각각 인터뷰 대상자는 아비게일(필리핀 출신, 20대), 카밀라(네팔 출신, 40대), 자야(몽골 출신, 30대)이며, 이들은 각각 한국교회 시설을 함께 공유하며 예배드리는 다문화공동체(필리핀 공동체, 네팔 공동체, 몽골 공동체)에 출석하면서 교회를 다니는 이주 여성 노동자들이다.

주민 남성 노동자는 공적 영역에서 남성의 역할이라고 간주되는 일을 주체적으로 수행하면서, 아비게일(이주 여성 노동자)을 보조적 존재로 치부하며 타자화된 주변인으로 전락시킨다. 주류의 남성 중심적 일터에서 고정된 성별 분업이나 성별 직종 분리는 이주 여성 노동자의 역할을 제한하고, 열악한 작업 환경 속에서 차별을 더 가중시킨다.

일터에서 이주 남성 노동자와의 임금 차별로 성(젠더) 차별은 발생하기도 한다. 아비게일은 공장에서 하루 8시간 이상씩 필리핀 출신 이주 남성 노동자와 비슷하게 일하지만, 여성이라는 이유로 이주 남성 노동자보다 임금을 더 적게 받는다고 한다. 아비게일은 말한다. "필리핀 남자랑 똑같이 공장에서 일해요. 어떤 때는 더 일했어요. 그런데 50만 원 차이가 나요. 나 일 잘해요. 그 남자보다(이주 남성 노동자) 일 더 많이 했어요." 초국적 자본에 의해 값싼 노동력으로 이주 노동자를 고용하였지만, 그 안에서도 성(젠더)에 따라 임금의 남녀 간 격차로 이어진다. 경제적 효율성과 이익을 위해 이주 여성 노동자의 임금 인상은 철저하게 무시된다. 저임금 장시간 노동과 불평등한 노동 착취가 이주 여성 노동자에게 가해지고 있으며, 이는 여성의 빈곤화를 더 가중시킨다. 이주 여성 노동자에 대한 성(젠더) 차별은 선주민 남성 노동자와 이주 남성 노동자의 이중적 굴레 속에서 더욱 고착화된다.

때로는 이주 여성 노동자에 대한 성(젠더) 차별은 성희롱으로 이어지기도 한다. 아비게일은 우연히 들어간 식당에서 유흥업소에서 종사하는 사람으로 오해를 받았다고 한다. 아비게일에 따르면, "친구랑 같이 식당 갔어요. 옆에서 한국 남자들이 어느 술집에서 일하냐고 물었어요. 이쁘다고, 돈 준다고, 술 따르래요." 한국 사회에 뿌리 깊게 박힌 이주 여성에 대한 편견은 차별의 기제로 작동하면서, 은연중에 아비게일 같은 필리핀 출신 이주 여성 노동자를 유흥업소 접대부로 취급한다. 필리핀 출신 이주 여성은 곧 예술흥행비자(E-6)로 한국으로 입국했다가 유흥업소에서 불법행위로 일하는 성매매 노동자라는 획일화된 편견이 아비게일에게 작동하면서, 성(젠더) 차별을 계속해서 조장한다. 즉, 아비게일을 불법으로 입국하여 유흥업소에 유입된 필리핀 이주 여성으로 착각하며 성(젠더) 차별을 정당화한다.

또한, 이주 여성 노동자의 고용 불안을 빌미로 일터 내 성희롱도 행해지고 있다. 아비게일은 전에 함께 공장에서 일했던 친구 얘기를 한다. "내 친구, 돈 더 번다고 농장으로 갔어요. 주인이 자꾸 만나자고 해요. 자꾸 손잡아요. 나가고 싶어도 못 나가요. 그래서 내 친구 힘들어해요." 한국 남성이 "일반적으로 가지고 있는 여성에 대한 보수성과 여성비하적 태도, 여성을 성적 대상물로 여기는 등의 성에 대한 비인간적 태도가 이주 여성들의 자존감에 손상을 주고, 그들이 경험하고 직면하고 있는 성 문제를 더욱 은폐하게 되거나 사적으로 혹은 폐쇄적으로 처리하도록 하게 한다."[7] 한국 사회는 고용허가제를 실시하기 때문에 이주(여성)노동자들은 사업장을 자유롭게 옮길 수 없고, 이동하려면 사업주의 위법적인 행위가 있을 경우나 또는 사업주의 고용변동신고서에 서명이 있어야 가능하다. 고용허가제를 빌미로, 다수의 이주 여성 노동자들이 성희롱에 노출되어도 그 굴레에서 벗어나지 못한다.

---

7 오현선, "한국 사회 여성 이주민의 삶의 자리와 기독교교육적 응답," 「기독교교육논총」 제15집 (2007), 255.

2. 이주 여성 노동자와 선주민 여성: 인종 차별

이주 여성 노동자와 선주민 여성 간의 불평등한 관계성은 인종 차별을 낳는다. 선주민 여성은 가부장제 한국 사회에서 여성으로 살아가면서 경험한 성(젠더) 차별로 이주 여성 노동자들과 공감대를 형성할 수 있지만, 한편으로는 인종의 차이로 차별을 가하는 가해자가 되기도 한다. 이런 상황에서, 여성이라는 차별에, 인종이 다른 이주민이라는 차별까지 더해져 이주 여성 노동자의 고통은 배가된다.

네팔에서 온 카밀라(가명)는 회사 안에서 선주민 여성의 차별을 지적한다. 카밀라는 말한다. "나 네팔 사람이라 얼굴 달라요. 피부 달라요. 그래서 한국 여자(선주민 여성)가 나 싫어해요. 같이 밥 안 먹어요." 이주 여성 노동자에게 가해지는 차별은 성(젠더) 차별주의와 인종 차별주의가 서로 맞물려 '젠더화된 인종 차별'이다. 성별에 따른 고정관념이나 성별화된 노동구조 속에서 선주민 여성과 같은 동질감을 가질수 있지만, 그 이면에는 선주민 여성과 다른 외모와 피부색 때문에 인종주의적 위계성에 따른 차별이 존재한다.

선주민 여성의 이주 여성에 대한 배타주의적 태도는 단일민족이라는 인종적 순혈주의와 경제적 우월주의가 결합하여 선진국의 백인에게는 호의적으로, 아시아 저개발국가나 개발도상국의 유색인종에게는 차별하는 이중적 잣대에서 야기된다. 카밀라는 말한다. "우리 회사에 전에 미국 여자가 왔었어요. 그 여자(선주민 여성)가 그 미국 여자에게 인사하고 친절하게 말하고 그랬어요. 나한테 안 그래요." 생김새와 피부색이 다른 이주 여성 노동자를 타자화하는 것은 인종 차별주의의 표출이다. 단일민족주의와 순혈주의를 지향하면서도 외모와 피부색에 따라 이주 여성 노동자를 타자화하는 강도는 다르게 작동한다.

또한, 이주 여성 노동자는 무조건 미등록undocumented 노동자라는 인식이 있어서, 인종적 차이로 차별받는 문제는 더 심화한다. 카밀라에 따르면,

한국에 좋은 사람들 많아요. 그런데 나쁜 사람들도 많아요. 친구랑 전에 버스를 탔어요. 사람들 많았어요. 우리가 들어가니 쳐다봤어요. 우리가 서 있으니 사람들이 우리 보면서 조금씩 옆으로 가요. 사람들 많았는데 조금이라도 닿을 것 같으면 피했어요. 한참 뒤에 우리 옆에 아무도 없었어요. 그러다 자리가 생겨서 앉았어요. 뒤에서 사람들 말하는 소리 들렸어요. '불체(불법체류자)인가 봐. 왜 자기네 나라 안 가고 여기서 돈을 벌지? 쟤네 때문에 한국 사람들이 일을 못 해. 피부 좀 봐.' 다 들렸어요. 그래도 우리 아무 말도 못 했어요. 우리 불법으로 있는 거 아니에요!

한국 사회의 신자유주의적 지구화에 따른 이주의 여성화 현상 뒤에는 단일민족주의와 순혈주의가 계속해서 작용한다. 강한 애국심과 자긍심을 갖게 해 주는 단일민족주의는 한편으로는 폐쇄적이고 배타적인 혈통민족주의로 작용하여, 자민족 중심적인 사고방식을 작동시키고, 이주 여성 노동자를 무시하는 태도를 정당화시킨다. 또한, 이주 여성 노동자로 인해 선주민이 일자리를 빼앗겼다는 피해의식과 단일민족의식이 결합하여 차별은 더 가중된다. 이러한 단일민족의식에 사로잡힌 선주민에게 있어 이주 여성 노동자는 경제 성장을 가속화하고 효율성을 높이는 도구로만 여겨지며, 다수인 '우리'와 다른 소수의 '이방인'으로만 취급된다.

이주 여성 노동자는 노동력 부족으로 인해 필요 노동자로 이주하면서 환영받았지만, 다른 한편으로는 공동체의 구성원으로서는 환영받지 못하는 모순적인 상황에 놓여 있다. 한국 사회 내 인종 차별 금지법이나 인종 차별 피해자를 구제하는 제도가 없는 가운데, 급속하게 증가하는 이주 여성 노동자 수만큼이나 인종 차별도 가속화되고 있는 실정이다.

3. 이주 여성 노동자와 결혼 이주 여성: 계층 차별

이주 여성 노동자와 결혼 이주 여성 사이에도 계층 차별이 존재한다. 초국적인 신자유주의적 자본주의로 인한 이주의 여성화의 흐름 속에 이주 여성이라는 공통점을 갖고 있지만, 선주민 남성과 국제결혼이라는 매개로 한국 사회 내 영구 정착한 이주 여성과 노동이라는 매개로 한국 사회 내 임시로 거주하는 이주 여성 사이에서도 아이러니컬하지만 계층 차이가 존재한다. 한국 사회 내 결혼 이주 여성은 소위 순수 혈통의 선주민 여성과 다른 타자로 치부되며 차별받는 객체가 되지만, 법적 지위(한국 시민권 취득 여부)에 따라 차별의 주체가 되기도 한다.

몽골 출신 자야(가명)는 같은 공장 내 결혼 이주 여성의 이분법적인 태도를 지적한다. 국제결혼을 매개로 정착형 이민자인 결혼 이주 여성들 중에 한국 국적을 취득한 경우, 자야에게 '나(결혼 이주 여성)는 한국 사람, 너(이주 여성 노동자)는 외국 사람'이라고 구별하면서 차별한다고 말한다. 자야에 따르면, "공장에 몽골에서 온 여자(A) 있어요. 한국 남자랑 결혼해서 여기서 살아요. 한국 온 지 오래 되어 한국 국적이 있어서, 자기는 한국 사람이니깐 우리(몽골 출신 이주 여성 노동자들)랑 다르대요. 자기는 한국 사람이고, 우리는 몽골 사람이래요. 자기는 돈(월급)도 더 받는다고 우리랑 다르대요." 몽골 출신 결혼 이주 여성(A) 역시 한국 사회 안에서 다른 선주민에 비해 차별적 지위에 있지만, 이주 여성 노동자와 다르게 합법적 이주민이라는 신분상 차이로 우월적 위치에 존재함을 부각시킨다. 결혼 이주 여성(A)으로 인해 자야는 한국 사회 내 '타자 속의 또 다른 타자'로 여겨진다.

또한, 상대적으로 경제적 후진국에서부터 선진적으로 이동하는 과정 중에서도 경제적인 계층 위계화가 발생하는데, 결혼 이주 여성은 출신 국가의 경제적 발전 단계에 따라 이주 여성 노동자의 차별을 다르게 적용한다. 자야는 말한다. "우리 공장에 중국에서 일하러 온 여자 있어요. 요즘 중국 잘 살아요. 그 몽골 여자(A), 중국 여자한테 잘해 줘요. 차별 안 해요. 중국에서 온 여자 한국 사람 아니예요. 그런데 중국 여자 잘해 줘요." 몽골에서 온 결혼 이주 여성(A)은 시민권 취득 여부와 상관없이 경제적 계층에 따라 차별의 도구를 다르게 작동시킨다. 중국-몽골 국가 간의 불균형한 경제적 발전 단계는 시민권 취득 기준보다 상위에 존재하며, 차별적인 태도는 보이지 않는다.

한편으로, 결혼 이주 여성은 하향혼 형태로 성립된 국제결혼의 비대칭적 관계 속에서 아직 한국 국적을 취득하지 못한 경우 차별은 작동하지 않는다. 한국 시민권이 없는 "국제결혼 초기의 결혼 이주 여성은 '권리를 가질 권리right to right'를 갖지 못한 존재, 즉 공동체에 소속될 권리를 갖지 못한 존재로서 자신감을 상실하고 있다."[8] 결혼 이주 여성의

---

8 조희원, "한국의 다문화주의와 결혼 이주 여성," 「유라시아연구」 제7권 제3호 (2010),

'불완전한 비한국인 타자'라는 위치는 이주 여성 노동자의 '타자화된 존재'와 같은 위치에 존재한다. 자야와 친하게 지내는 직장 동료 결혼 이주 여성(B)의 경우, 자야를 차별 없이 대한다. 자야의 말이다. "내 친구(B) 베트남에서 결혼해서 한국 온 지 얼마 안 돼요. 한국말 잘하지 못해요. 대학 나왔어요. 그런데 일 찾기 어려워서 우리 공장으로 왔어요. 나랑 말 안 통해도 잘 지내요. 나한테 잘해요. 결혼해서 온 다른 여자들(결혼 이주 여성)과 다르게 차별 안 해요. 내 친구도 차별받아서 나 차별 안 해요." 차별적 시민으로 타자화된 베트남 출신 결혼 이주 여성(B)은 불완전한 존재로서의 이주 여성 노동자와 같은 위치에 선다. 비시민권자인 결혼 이주 여성(B)은 또 다른 비시민권자인 자야를 같은 맥락에서 대한다. 시민권이 없는 결혼 이주 여성이나 이주 여성 노동자는 초국가적인 신자유주의로 인한 인구 이동의 결과로 똑같은 '이주 여성'일 뿐, 여기에는 법적 지위나 경제적 우월주의, 단일민족주의도 존재하지 않는다.

이주 여성 노동자의 차별은 성(젠더), 인종, 계층 차이가 상호 작용하면서 형성된다. 결합하는 방식에 따라 차별화의 정도가 결정된다. 한국 사회 내 이주자에 대한 차별금지법이 법적으로 체계화되지 않은 상황 속에서 이주 여성 노동자에 대한 차별은 '여성, 외국인, 노동자'로서 삼중 구조 안에서 무/의식적으로 일어난다.

267.

IV. 이주 여성 노동자를 위한 한국교회의 과제

한국 사회 내 최하급 노동층으로 주변부에 머물러 있는 이주 여성 노동자가 경험하는 삼중적 차별을 극복하는 방법은 무엇인가? 하나의 대안으로, 신자유주의 무한경쟁 시대에 한국교회가 회복하고 강화해야 하는 것은 바로 공동체성이다. 한국교회는 공동체성을 잃어버린 한국 사회를 회복시키고, 오늘날 한국 사회의 위기를 기독교적 공동체성 회복으로 극복해야 한다. 그런 의미에서 본 장에서는 교회공동체의 목적 다섯 가지9—교육didache, 말씀 선포kerygma, 섬김diakonia, 예배leiturgia, 교제koinonia—를 중심으로, 다문화 목회에서 분리 모델을 가진 한국교회의 핵심 주요 과제들에 대해 여성신학적 관점에서 논할 것이다.

첫째, 한국교회는 기독교적 공동체성을 회복하고 강화하기 위한 삼위일체적 공동체 교육didache을 실천해야 한다. '삼위일체적 공동체 교육'이란 이상적인 공동체의 원형을 보여주는 삼위일체 하나님을 따라 관계적, 평등적, 개방적인 공동체 형성을 지향하는 교육이다. 공동체성은 삼위일체의 핵심 진리이다. 삼위일체적 공동체 교육은 그 근원과 목표에 있어서 공동체적인 교육으로, 본질적으로 '공동체성'을 지향한다. 삼위일체 공동체는 모든 공동체를 위한 모형이 된다. 즉 "서로 다른 위격이심에도 불구하고 서로 내주하시고 서로 연합하여 함께 사역하시는 삼위일체 하나님께서는 우리로 하여금 인간을 구성하는 모든 상이한 조건들, 곧 인종, 민족, 계급, 지위, 소유, 성별 등을 초월하여 모

---

9 노영상, 『미래교회와 미래신학』(서울: 장로회신학대학교출판부, 2009), 173-174; 다문화 목회에서 분리 모델은 대부분이 선주민으로 구성된 한국교회 안에서, 각각의 민족에 따라 구별된 장소에서 예배를 드리며 활동하는 모형을 의미한다.

든 인간을 동등한 가치와 존엄성과 권리를 가진 존재, 자유롭고 평등한 존재로 존중하기를 원하신다."10 삼위일체 하나님의 세 위격들의 공동체 속에서 서로 연합하고 하나됨을 이루는 사역은 이주 여성 노동자 차별 문제가 심화되고 있는 신자유주의 자본주의 시대 상황 속에서 시사하는 바가 크다.

삼위일체적 공동체 공식적 교육과정official curriculum을 통해서, 무한 경쟁으로 인한 공동체성이 약화된 이 시대에 한국교회는 이주 여성 노동자의 특수성과 정체성을 고려한 다양한 교육과정을 의도적으로 개발하고 실천해야 한다. 이러한 공식적 교육과정에서는 이주 여성 노동자가 성(젠더) 차별적, 인종 차별적 상품이나 '가난한 나라 출신'의 최하계층으로 인식되기보다, 하나님의 형상에 따라 창조된 자유롭고 평등한 주체임을 인식하고 사랑으로 포용하는 공동체 구성원임을 강조해야 한다. 공식적 교육과정의 부산물로서 계획하지 않았음에도 학습이 되는 잠재적 교육과정hidden curriculum에서는 교회 생활 중에 은연중에 학습되는 성(젠더), 인종, 계층 차별주의적인 인식이나 태도를 타파하도록 가르치면서, 특히 '차이'를 차별하지 않고, '차별'이 폭력이 되지 않는 내용을 강조해야 한다. 또한, 공식적 교육과정에서 배제된 영 교육과정null curriculum을 통해서, 이주 여성 노동자의 문화에 대한 특수성과 기독교 문화에 대한 보편성을 고려하면서, 선주민으로 구성된 주류 집단이나 주류 문화를 중심으로 행해지는 동화 위주의 적응식 교육이 아닌, '차이'와 '다양성'을 존중하면서 공동체를 추구하는 교육을 가르쳐야 한다. 이러한 교육과정은 배타적인 단일민족중심교육을 정당화

---

10 곽미숙, 『삼위일체론 전통과 실천적 삶』(서울: 대한기독교서회, 2009), 202.

하는 차별에서 벗어나, 이주 여성 노동자를 하나님의 형상으로서의 존재(창 1:26)로 존중하게 한다. 그들을 주변부로 밀어내는 것이 아니라 중심부로 서게 함으로, 같은 신앙 공동체의 구성원으로 정체성을 갖게 한다. 또한, 삼위일체적 공동체 교육은 이주 여성 노동자들에게도 수행되어야 한다. 이주 여성 노동자가 "자신 스스로를 한 사람의 이방인, 이주 노동자라는 사회적 타자로 이해하는 것이 아니라 한 사람의 지구인, 세계인 또한 한국 사회의 구성원으로, 기독교인 혹은 잠재적 기독교인으로서의 자긍심을 가지고 주체적 자기인식을 가지도록" 다양한 교육과정을 실천해야 한다.[11] 그러므로 한국교회는 이러한 교육과정이 전 세대의 교육과정에 적극적으로, 의도적으로 적용되도록 해야 한다. 한국교회는 지속적인 삼위일체적 공동체 교육을 목표로 의무교육 시행 및 정착에 대한 시스템 정비를 시행해야 한다.

둘째, 한국교회는 이주 여성 노동자에 대한 차별성보다 '공동체성'을 강조하는 말씀 선포kerygma를 의도적으로 해야 한다. 말씀 선포는 교회공동체 구성원들의 그리스도인의 삶에 절대적인 영향을 준다. 이런 이유로 "설교를 일방적 하나님의 말씀이 아닌, 신도들의 삶 전 영역에서 일어나고 있는 질문에 대한 하나님의 응답이라고 규정하며 설교자와 신도들 간의 상호성을 강조하고 있다."[12] 지금까지 한국교회 설교자들은 말씀 선포 시, 선주민 기독교인을 대상으로 남성 중심적인 본문 위주로 설교하였다. 설교자들이 여성을 언급할지라도 가부장적인 여성관이나 부정적인 성서 여성상을 심어 주었으며, 이주 여성 노동자

---

11 오현선, "한국 사회 여성 이주민의 삶의 자리와 기독교교육적 응답," 273.
12 김윤옥, "한국교회 설교에 대한 여성신학적 문제제기," 한국여성신학회 엮음, 『교회와 여성신학』 (서울: 대한기독교서회, 1997), 236-237.

와 관련된 내용은 거의 다루고 있지 않았다. 또한, 가난한 사회적 약자인 이주 여성 노동자가 겪는 다중적 차별에 대한 비판적 의식이나 사회 변혁에 대한 설교 내용도 포함시키지 않았다.

그런 의미에서 한국교회의 설교자들은 구약성서의 이주민에 대한 우호적인 보편주의 성향(신 4:19ff; 32:8ff; 렘 10:16; 시 33:12)이나 신약성서의 성적, 인종적, 계층적 차이를 넘어 신앙 공동체 안에서 '하나님의 가족'임을 의도적으로 말씀 선포하면서, 특히 이주 여성이 단순히 수동적인 타자가 아닌 적극적인 주체자임을 재인식(막 7:24-30)시키는 설교 내용을 포함해야 한다.[13] 신자유주의적 자본주의 시대에 단순히 경제적 효율성을 극대화하기 위한 노동의 대상자가 아니라 당당히 능동적으로 선택하고 한국 사회에 들어와서 살아가는 자율적 주체자임을 적극적으로 강조해야 한다. 또한, 기독교적 관점에서 신앙 공동체의 한 구성원으로서 이주 여성 노동자의 멤버십과 파트너십을 세우고, 주기적으로 이주 여성 노동자의 평신도 설교와 간증을 통해 여성주의 다문화(이주민) 시각에서 선주민 기독교인이 신학적으로 성찰할 수 있는 말씀 선포의 기회가 주어져야 한다. 이러한 이주 여성 노동자의 설교와 간증을 통해, 선주민 기독교인은 이주 여성 노동자의 삶의 이야기와 성서의 이야기를 기독교적 시각에서 재해석할 것이며, 신자유주의적인 경제적 가치보다 기독교적 가치를 우선으로 여기는 신앙 공동체의 공동체적 가치관을 배울 기회가 될 것이다. 이렇게 세워진 이주 여성 노동자는 중장기적으로 선교의 징검다리 역할을 수행할 수

---

13 Cf. 박흥순, "이주민 선교를 위한 성서해석," 총회국내선교부 편, 『이주민 선교와 신학』 (서울: 한국장로교출판사, 2011), 45-47.

있는 잠재적 설교자들이다. 이주 여성 노동자가 산업연수 후 자신의 나라로 돌아갔을 때 그곳에서 신앙 공동체 리더가 되어 또 다른 제자들을 세우며 하나님 나라의 지평을 넓히는 복음 전도자가 될 수 있다.

셋째, 한국교회는 이주 여성 노동자에 대한 경제적 도움을 주는 일회적인 시혜성 봉사보다, 신앙 공동체의 구성원으로서 서로 섬김diakonia을 실천해야 한다. 섬김diakonia은 "교회의 본질적인 과제인 동시에 매우 중요한 영적인 활동이요, 예수 그리스도를 따르는 제자도의 중심 요소"이다.[14] 그러므로 신자유주의적 자본주의 시대 디아코니적 사명은 신앙 공동체 구성원으로서 이주 여성 노동자를 섬기는 사역뿐만 아니라 이주 여성 노동자의 섬김 역량을 강화해 다시 공동체에 대한 '섬김'으로 이어져야 한다. 그런 의미에서, 개인적 차원에서는 선주민 기독교인이 먼저 이주 여성 노동자를 신앙 공동체의 같은 일원으로 인식할 수 있게 앞장서면서, 이주 여성 노동자를 신앙 공동체의 한 구성원으로 섬길 수 있게 다문화적 섬김 역량 강화를 강조한다. 공동체적 차원에서 한국교회가 지역교회-이주민교회-이주민선교단체와 협력하여 이주 여성 노동자의 인권 문제를 적극적으로 대처하는 방안을 제시해야 한다. 이주 여성 노동자는 다문화가족지원법 대상에서 제외되기 때문에, 기본적인 사회복지서비스 수혜를 받기 어렵다. 그러므로 한국교회가 관련 기관과의 협력을 통해 법과 복지의 사각지대에 놓인 이주 여성 노동자의 체류 신분과 관계없이 인권 및 생존권 보호 차원에서 법률 제정 및 실행을 도모하고, 특히 사회공동체 내 일터에서 이주 여성 노동자에 대한 모성보호 관련 법률 적용 실태 파악하여 법률적 검토

---

14 곽미숙, 『삼위일체론 전통과 실천적 삶』, 184.

및 지원 방안을 모색해야 한다.

현재 다문화 사역을 하는 분리 모델 한국교회는 이주 여성 노동자 전도를 위한 봉사 프로그램에는 참여하면서 선주민이 이주 여성 노동자에게 주어지는 일방적 봉사에만 초점을 맞추고 있을 뿐, 실질적으로 신앙 공동체 안에서 그리스도인으로서 이주 여성 노동자의 섬김 역량 강화를 위한 디아코니아는 생략하고 있다. 개인적 차원에서는 이주 여성 노동자를 단순한 섬김의 대상으로 여기기보다, 이주 여성 노동자가 평등한 서번트십servantship을 가지고 한국교회와 한국 사회를 적극적으로 봉사할 수 있게 섬김 역량 강화 및 다양한 섬김 영역들을 개척해 나가게 한다. 공동체적 차원에서는 선주민 기독교인들과 연대하여 이주 여성 노동자들이 본인들이 경험하는 삼중적 차별에 대항하고, 섬김 역량을 발휘하여 다양한 섬김의 영역들에 참여하면서 '자율적 주체자'로서 차별금지에 대한 사회적 변혁과 의식화된 행동을 실천하게 한다. 특히 인종 차별금지 법률 제정 및 인종 차별 예방교육 의무화 실시와 더불어, 이주(여성)노동자 권리를 위한 유엔 인권이사회 권고안을 이행할 수 있게 지속적으로 요청한다.

넷째, 한국교회는 이주 여성 노동자가 예배의 주체자로서 적극적으로 예배를 참여하고 이끌어나가는 여성주의적 다문화 예배leiturgia공동체를 형성해야 한다. 신앙 공동체는 "예배를 통해 우리가 삼위일체 하나님 안에 있음을 그리고 삼위일체 하나님께서 우리 안에 계심을 체험함으로써, 모든 지체가 하나님 안에서 하나가 되었음을 확인하게 된다."15 기독교적인 관점에서 한국교회는 여성주의적 다문화 예배 공동

---

15 앞의 글, 235.

체를 통해서 성(젠더), 인종, 계층의 차이에 대한 차별에서 해방되어, 선주민과 이주 여성 노동자의 예전적 텍스트text와 다문화적 삶의 컨텍스트context를 공유하면서 기독교인의 정체성과 공동체성을 의도적으로 강조해야 한다. 이러한 예배 공동체 안에서, 삼위일체 하나님 안에서 타자로 치부되어 소외된 이주 여성 노동자와 선주민 기독교인이 하나 되어 공동체성을 회복하고, 더 나아가 신앙 공동체성을 강화해 나갈 수 있게 다양한 여성주의적 다문화 예전적인 방법과 요소들을 적용해야 한다. 즉, 여성주의적 관점에서 다문화 예배 공동체는 "남성 중심적인 예전 전통을 비판하고 예전적 텍스트, 예전적 언어와 상징, 지도력과 관계성 등 종교적인 의식의 기본 요소에 대해 비판적으로 성찰"하면서, 동시에 "다양한 문화와 종교, 공동체의 특성에 따라 독특한 예전을 창조"해야 한다.16

우선, 기존의 '같은 건물, 분리된 공간'식 예배에서 벗어나, 주기적으로 하나의 예배 공동체로서 선주민 기독교인과 이주 여성 노동자가 함께 예배를 드리는 공동체를 재형성해야 한다. 이를 위해 한국교회는 기존의 배제되었던 선주민 여성 기독교인과 이주 여성 노동자를 예배 준비위원회에 함께 의도적으로 참여시키면서, 여성주의적 관점에서 예배의 텍스트, 언어, 상징, 이미지, 성례전 등을 적극적으로 적용하는 예배 공동체를 재형성한다. 또한, 의도적인 선주민 여성과 이주 여성 노동자의 예전적 리더십을 세우고, 한국교회는 이주 여성 노동자의 다양한 국적과 문화를 고려한 특성화된 예배와 여성주의적 예전 요소들을 포함하면서 '다양성 속의 공동체성'을 지향한다. 여성주의적 다문화

---

16 백은미, 『여성과 기독교교육』 (서울: 이화여자대학교출판부, 2014), 318.

예배 시, 다중언어 예배를 위해 필요에 따라 통역 기계를 비치하여, 예배 기도와 설교 등 예배 순서들마다 선주민이나 이주 여성 노동자에게 통역 봉사를 요청하고, 또한 자막을 통해서 다국어 예배를 진행할 수 있게 한다. 그러므로 여성주의적 다문화 예배를 통해서, 한국교회는 선주민 기독교인과 이주 여성 노동자가 함께 '다양성 속의 일치'를 꿈꾸는 예배 공동체를 형성하면서, 성(젠더), 인종, 계층 차이를 초월한 신앙 공동체를 강화해 나가야 한다.

다섯째, 한국교회의 코이노니아적 사명은 교제koinonia를 통한 공동체를 형성해야 한다. 삼위일체 하나님의 세 위격들은 관계성, 평등성, 개방성으로 특징지어지는 공동체를 이루시며, 모든 인간 공동체가 이러한 특징들을 기반한 공동체가 되기를 바란다. 삼위일체론적 공동체성은 "곧 남성의 여성 지배를 거부하는 것이며, 억압과 성 차별이 사라진 세계 형성을 위해 노력하는 것을 의미한다."[17] 이는 모든 인간 공동체 안에서 공동체성을 파괴하는 성(젠더) 차별과 인종 차별, 계층 차별을 극복하게 만든다. 신앙 공동체는 "그 공동체적 삶이 하나님 사랑의 포용성을 비춰주게 될 때 보이지 않는 하나님의 형상 혹은 성상이 된다."[18] 그런 의미에서 관계적, 평등적, 개방적 교제를 통해 '하나님의 형상'으로서 이주 여성 노동자의 삼중적 차별 문제로 분열되고 와해된 공동체성을 회복하고 강화시켜야 한다.

관계적 공동체로써 한국교회는 이주 여성 노동자를 관계적 · 공동체

---

17 곽미숙, 『삼위일체론 전통과 실천적 삶』, 191; cf. 캐서린 모리 라쿠나/이세형 옮김, 『우리를 위한 하나님: 삼위일체와 그리스도인의 삶』 (서울: 대한기독교서회, 2008).
18 라쿠나, 『우리를 위한 하나님』, 555; Catherine LaCugna, "The Baptismal Formula, Feminist Objections and Trinitarian Theology," *JES* 26 (1989), 249.

적인 하나님의 형상을 따라 창조된 존재임을 강조하면서, 다양한 구성원으로 이루어진 심방사역팀을 조직하여 정기적으로 이주 여성 노동자가 거주하는 거처를 심방해야 한다. 심방은 목회 상담뿐만 아니라 영적으로, 물질적으로 돌보는 사역으로, 이주 여성 노동자의 몸과 마음을 치유하면서 관계적 삶을 살아가도록 인도하는 데 목적이 있다. 한국교회가 섬기는 "하나님이 존재하는-것(TO-BE)은 관계성-속에-존재하는-것(TO-BE in relationship)이며, 우리와-관계성-속에-있는-하나님의 존재(God's being in relationship to us)가 곧 하나님"이다."[19] 하나님의 관계적 존재방식을 본받아, 한국교회는 교회 공동체 안에 한 구성원으로서 이주 여성 노동자를 위한 목회적 돌봄과 친교, 상담을 통한 심방 사역뿐만 아니라, 주기적으로 전화 심방, 카톡 심방, 이메일 심방, 일터 심방, 속회별 심방으로 공동체적 삶을 지향하도록 돕는다. 평등적 공동체로서 한국교회는 다양한 인권단체와 선교단체와 유기적으로 연계하여 이주 여성 노동자들이 일하고 있는 일터공동체를 주기적으로 방문하여, 이주 여성 노동자를 획일화된 잣대로 차별하지 않게 차별 방지에 대한 대책과 일터 현장에서의 차별 금지 의식 개혁에 직간접적으로 나선다. 교회 간, 교단 간, 사회기관 간의 연계를 통해 법과 제도 개선뿐만 아니라 한국교회가 이주 여성 노동자에게 필요한 사회적 공동체성(이주 여성 노동자-남성, 이주 여성 노동자-선주민 여성, 이주 여성 노동자-결혼 이주 여성)을 제시함으로써 그들을 향한 차별적인 인식 개선과 태도, 더 나아가 성역할 체제 변화, 인종 차별금지법 제정, 경제체제 변화 등 사회적 책임 의식과 역할을 수행해야 한다.

---

19 앞의 글, 354.

개방적 공동체로서 한국교회는 성(젠더), 인종, 계층 등 다양한 차이를 배경으로 지닌 이주 여성 노동자를 위한 다양한 형태의 속회 공동체—이주 노동자(이주 여성 노동자-이주 남성 노동자), 여성(이주 여성 노동자-선주민 여성), 이주 여성(이주 여성 노동자-결혼 이주 여성), 기독교인(이주 여성 노동자-선주민)—를 만들어 적극적으로 참여하고 환대해야 한다. 속회 공동체는 교회 안의 작은 교회이다. "서로의 차이가 진정한 연합을 위한 전제조건"[20]이 되는 개방적 속회 유형을 중심으로, 이주 여성 노동자가 속회 공동체의 소속감과 신앙 공동체의 정체성을 확립하면서 타자에게 개방적이며, 타자와 연합하고, 타자와 함께 공동체를 이루어 나가게 한다. 서로 다른 타자와의 공동체성을 전제로 하는 속회 공동체를 통해, 한국교회는 이주 여성 노동자를 신앙 공동체 안으로 구성원으로서 받아들이면서 "자신들의 어려움을 호소하고 경험을 나누고 함께 울고 웃으며 격려하고 격려받을 수 있는 심리적, 영적 안식처를 제공"해야 한다.[21]

요컨대, 한국교회는 위의 다섯 가지 목적을 수행해야 하는 소명이 있다. 그러므로 "교회의 소명은 교회의 가르침, 말씀, 행동에서, 교회적 구조와 예전의 행위에서, 교회의 내적인 관계 유형에서, 교회 구성원들이 세례 속에서 부름 받아 회복해야 할 새로운 본성인 창조자의 형상 곧 세상을 향한 교회의 섬김 속에서 구현되어야 한다."[22]

---

20 앞의 글, 555.

21 오현선, "이주 여성과 기독교교육," 총회국내선교부 편, 『이주민 선교와 신학』(서울: 한국장로교출판사, 2011), 154.

22 라쿠나, 『우리를 위한 하나님』, 555.

V. 나가는 말

이 글은 신자유주의적 자본주의 시대 이주 여성 노동자의 성(젠더) 차별, 인종 차별, 계층 차별에 맞서서 여성신학적 관점에서 이를 방지하기 위한 한국교회의 과제를 탐색하는 것이다. 초국가적 자본주의의 불평등적 경제 구조는 여성의 빈곤화를 유발하여 이주의 여성화를 촉진시켰다. 동남아시아 개발도상국에서의 이주의 여성화는 무한경쟁 신자유주의 시대 불균등한 경제적 발전뿐만 아니라 성(젠더), 인종, 계층을 기반으로 한 삼중적 차별을 양산하며 공동체성을 와해하고 있다. 한국 사회 내 여성의 이주화와 빈곤화가 본격적으로 가시화가 되어 가면서 한국교회의 사회적 책임 또한 가중되고 있다. 그런 의미에서 이 글에서는 이주 여성 노동자의 삼중적 차별 방지와 극복을 위한 한국교회의 과제 다섯 가지—삼위일체적 공동체 교육didache, 공동체성을 강조하는 말씀 선포kerygma, 신앙 공동체의 구성원으로서 서로 섬김diakonia, 여성주의적 다문화 예배leiturgia 공동체 형성, 교제koinonia를 통한 친교 공동체 형성—를 제시하였다. 공동체적 관점에서, 이주 여성 노동자의 삼중적 차별을 극복하기 위한 대안적 방안들로 교회의 주요 목적이자 소명인 다섯 가지 과제들을 제시하면서, 한국교회가 신앙 공동체로써 이주 여성 노동자에 대한 사회적 책임과 역할에 대한 여성신학적 접근 방법을 모색하였다.

본 연구는 신자유주의적 지구화 시대에 나타나고 있는 이주 여성 노동자의 삼중적 차별에 대한 이야기를 한국교회 안 다문화공동체에 참석하는 이주 여성 노동자 세 명의 직접적인 목소리를 통해서 분석하고 파악했다는 점에서 큰 의의가 있다. 이주 여성 노동자의 성(젠더),

인종, 계층의 차이를 차별하는 한국 사회 내 차별 경험을 다각적으로 분석하면서 한국교회의 향후 실천적 과제와 다문화 목회에 대한 방향성을 제시한 중요한 의의가 있다. 그러나 인터뷰 대상자의 언어적 한계에 따른 제한된 표현 방법과 장기간의 심층적 참여 관찰이 생략되어, 연구 결과를 모든 이주 여성 노동자의 사례에 확대 적용하는 데에는 한계점을 가지고 있다. 그러므로 이를 보완하여 후속 연구에서는 질적, 양적 연구 방법을 적극적으로 활용하여 국가별, 계층별, 연령별에 따른 이주 여성 노동자들의 차별의 경험 분석과 방지 대책을 위한 다각적인 연구가 진행되어야 할 것이다.

앞으로 한국교회는 신자유주의적 세계화 시대를 살아가는 (선주민) 기독교인과 이주 여성 노동자들이 신앙 공동체 안에서 교육didache, 말씀 선포kerygma, 섬김diakonia, 예배leiturgia, 교제koinonia를 통해 공동체적인 삶을 살아가도록 사명을 다해야 할 것이다. 또한, 이주의 여성화 시대 상황에 부응할 수 있는 전문적인 목회자와 평신도 지도자(선주민과 이주민)를 양성하여, 성(젠더) 차별, 인종 차별, 계층 차별을 신학적으로 대처하고 기독교의 정체성과 공동체성을 강조하는 새로운 다문화 목회 패러다임을 지속해서 개발해야 할 것이다.

인공 '여성' 지능에 대한 여성주의 현상학적 이해
— 바울서신에 나타난 여성 역할의 모순성을 중심으로*

임현진**

I. 들어가며: 인공 '여성' 지능과 무젠더(genderless) 음성 Q

2019년 3월 4일자 영국 가디언지는 인공지능 음성인식 장치를 위한 무젠더genderless 음성 Q를 개발한 비영리단체 EqualAI를 소개했다.[1] 이 단체의 공동 설립자이자 인공지능 소프트웨어 회사 LivePerson의

---

* 이 글은 「신학과 사회」 34권/1집에 2020년 2월에 발표된 필자의 논문 "인공 '여성' 지능과 기술자본주의에 대한 여성주의 현상학적 연구"를 본 논집의 취지에 맞게 수정 보완한 것이다.
** 이화여자대학교 강사 / 기독교윤리학
1 Alex Hern, "Adios, Alexa: why must our robot assistants be female?," theguar dian.com/technology/shortcuts/2019/mar/04/adios-alexa-why-must-our-ro bot-assistants-be-female.

CEO인 로카시오Robert LoCascio는 음성서비스 인공지능 제품의 목소리로 대부분 여성이 선호되고 있다는 점에 대해 문제를 제기해왔다. 그는 2018년 인터뷰 당시 자신의 두 살배기 딸이 "알렉사"에게 윽박지르며 명령하는 모습을 보고 인공지능 산업에 무의식적으로 스며있는 젠더 편견의 심각성을 인식하게 되었다고 한다.2 그의 말대로 시리, 알렉사, 구글 어시스턴트 그리고 국내 제품인 카카오 미니, 네이버 프렌즈 등은 대체로 여성 목소리이거나 또는 여성 음성으로 디폴트 세팅되어 있는 것이 사실이다. 그리하여 그는 코펜하겐 프라이드라는 인권단체와 다양한 소수자 단체들 그리고 사운드 디자이너 회사들과 협업하여 무젠더 음성 소프트웨어 Q 제작에 참여하게 된다. 이후 EqualAI는 인공지능 산업과 여성과 소수자들의 과학기술 영역에서의 인권을 논의하는 다양한 활동을 벌이고 있다.

언뜻 듣기에 나긋나긋한 여성 목소리를 연상시키는 기계적 합성음성은 많은 사람에게 '젠더 편향'이라는 문제의식이나 불편한 느낌을 주지 않는 듯하다. 게다가 구글 어시스턴트의 경우 상품에 장착된 자연어 음성 기능은 성별, 국적, 인종에 따라 몇 개의 선택 메뉴가 제공되고 있어 언제든지 소비자의 취향에 맞는 음성으로 바꿀 수 있다. 데이터가 쌓여갈수록 인공지능의 음성은 정제된 기계음이 아닌 실제 사람 목소리에 근접하게 될 것이며, 머지않아 훨씬 더 다양한 음색, 악센트, 사투리 같은 세세한 부분까지도 선택할 수 있는 날이 올 것이라는 예측도 가능하다. 그런데 여기서의 문제는 이러한 다양한 옵션이 있음에도

---

2 Robert Locasio, "Thousands of Sexist AI Bots Could Be Coming. Here's How We Can Stop Them," https://fortune.com/2018/05/10/ai-artificial-intelligence-sexism-amazon-alexa-google/.

불구하고 여전히 훨씬 더 많은 사람이 인공지능 비서에 있어서는 여성 음성을 더 편안하게 여긴다는 점에 있다.3 이러한 인공지능 비서 음성의 젠더 편향은 기술자본주의 체제 안에서 소비자들의 취향에 따라 여성 음성으로 디폴트 세팅하는 마케팅 전략으로 이어진다.

그렇다면 인공지능 비서 상품에 관한 한 대부분의 경우 그것은 인공지능이라기보다는 사실 인공 '여성' 지능이 되고 있는 셈이다. EqualAI는 특히 명령조로 그리고 한국어의 경우는 반말로 하는 질문에 공손히 대답하는 인공지능 비서 제품이 그 다양한 선택 가능성에도 불구하고 대체로 인공 '여성' 지능이 되고 있다는 이 '자연스러움'에 제동을 건다. 다양한 언론들이 Q에 주목하였고, 인공지능 시장에서 보이는 젠더 편향에 대한 전문가들의 논의도 나타났다.4 사실 몇몇 학자들이 무젠더 음성이 나오기 전부터 기술적 진보가 젠더 문제를 오히려 강화할 수 있음을 감지하고, 인간과 기계와의 자연어를 통한 관계가 인간과 인간 간의 관계에 영향을 주어 성 편견과 차별을 강화하는 방향으로 이끌 수 있음을 이미 경고하고 있었다.5 EqualAI는 Q를 통해 이들이 제기

---

3 Bret Kinsella, "U.S. Consumers Do Express a Preference for Female Gendered Voice Assistants According to New Research," https://voicebot.ai/2019/11/23/u-s-consumers-do-express-a-preference-for-female-gendered-voice -assistants-according-to-new-research/.

4 2019년 5월 22일자 인텔리전서는 여성의 목소리가 나오는 인공지능이 젠더에 대한 편견을 강화할 수 있다는 유네스코의 경고에 대한 기사를 싣기도 하였다. Brian Feldman, "U.N. Report Concludes That AI Voices Are Sexist," http://nymag.com/intelligencer/2019/05/un-report-ai-voices-are-sexist.html; 인공지능과 젠더 편견에 대한 다른 기사로는 Halley Bondy, "Artificial Intelligence has a gender problem—why it matters for everyone," https://www.nbc news.com/know-your-value/featu re/artificial-intelligence-has-gender-problem-why-it-matters-everyone-n cna1097141.

한 문제에 한 실천적 대안을 제시한 셈이다.

그러나 무젠더 음성 인공지능 Q가 과연 인공 '여성' 지능 문제에 대한 실제적인 대안이 될 수 있는지 그 실효성은 미지수이다. 그것은 '무젠더'라는 대안이 적용되는 이 세계, 다시 말해 우리 자신이 세계-내-존재로서 있는 사태는 대개 무젠더를 통해 젠더 편견을 은폐하기 어려운 실존론적 구조에 처해 있기 때문이다. 이러한 실존론적 구조의 한 예는 갈라디아서 3장 28절과 고린도전서 14장 34절 사이의 딜레마를 보이는 바울서신에 잘 나타나 있다. '그리스도 안'에서 "남자도 없고 여자도 없다"는 타인과의 관계 체험, 젠더 차이가 차별이 되지 않는 삶인 갈라디아서의 무젠더적 이상주의는 고린도전서에서는 그리스도 밖의 세계인 '교회 안에서 여성 젠더 역할 고착의 명령으로 번복되어 있다.

이 글에서 필자는 무젠더 음성 인공지능의 출시가 드러내는 사태, 즉 인공지능이 인공 '여성' 지능이 되는 기술 문화적 흐름을 바울서신에 나타난 여성 역할에 대한 딜레마를 통해 살펴보고자 한다. 이를 위해 여성주의 현상학적6 이해를 하이데거 심려분석론을 도입하여 과학

---

5 다음의 논문 참조: Jennifer Robertson, "Gendering Humanoid Robots: Robo-Sexism in Japan," *Body & Society* 16/2 (2010), 1-36; 이희은, "AI는 왜 여성의 목소리인가?: 음성인식장치 테크놀로지와 젠더화된 목소리," 「한국언론정보학보」 90 (2018), 126-153.

6 이 글의 방법론인 '여성주의 현상학'이란 Linda Fischer 등 서구의 여성 현상학자들이 여성주의와 현상학과의 관계 탐구를 시도한 이래 현재까지 이어지고 있는 다양한 이론적, 간학문적 시도의 일환으로서 필자가 제시하는 방법론으로서 여성신학을 위한 기초 존재론이기도 하다. 그것은 여성주의 현상학을 일종의 '영역존재론'(regional onto-logy)으로 보고 하이데거가 제시한 공동존재의 심려 분석을 통해 젠더 편견의 극복에 대한 윤리적 가치를 존재론적으로 정당화하면서, 이를 통해 젠더화된 삶을 현상학적으로 기술(describe)하는 방법을 의미한다. 여성주의 현상학에 대한 자료는 다음을 참조: Linda Fisher and Lester Embree, ed., *Feminist phenomenology* (Dordrecht;

기술이 주도하는 문화에서 나타나는 젠더 이슈와 관련된 가치 기반을 살펴보고, 더 나아가 과연 무젠더 음성이 그 실천적인 대안일 수 있는 지 묻고자 한다. 이 과정을 통해 일상적 세계는 존재적 차원에서 젠더 화된 세계, 인공지능이 인공 '여성' 지능으로 편향되어 나타나는 존재 론적 차원의 평균적 구조로서 해명되며, 여기서 무젠더적 이상주의는 무젠더의 젠더로 특화되고 여성 젠더 편견에 대한 고유한 저항의 자리 는 모호해지게 됨이 밝혀질 것이다. 이러한 논의를 거쳐 필자는 인공 '여성' 지능이 소비되는 현재의 기술자본주의 안에서 무젠더 인공지능 의 출시가 우리에게 의미하는 바에 대한 결론으로 나아갈 것이다.

II. '그리스도 안'과 '교회 안'
: 갈라디아서와 고린도전서에서의 여성 젠더

인공 '여성' 지능과 무젠더 음성 Q에 대한 논의를 위해 우리는 우선 여성의 역할에 대한 상반된 바울서신의 구절이 나타난 갈라디아서 3장 28절과 고린도전서 14장 34절을 살펴볼 수 있다. 그 내용은 다음과 같다:

Boston: Kluwer Academic Publishers, 2000); Helen A. Fielding and Dorothea E. Olkowski, ed., *Feminist Phenomenology Futures* (Bloomington: Indiana University Press, 2017); Joanna Oksala, *Feminist experiences: Foucauldian and Phenomenological Investigations* (Evan- ston: Northwestern University Press, 2016). 하이데 거가 제시한 기초존재론과 영역존재론의 의미와 양자 간의 차이에 대해서는 다음을 참 조: Michael Wheeler, "Martin Heidegger,"
https://plato.stanford.edu/entries/heidegger/.

너희는 유대인이나 헬라인이나 종이나 자유인이나 남자나 여자나 다 그
리스도 예수 안에서 하나이니라(갈 3:28).

여자는 교회에서 잠잠하라. 그들에게는 말하는 것을 허락함이 없나니 율
법에 이른 것 같이 오직 복종할 것이요(고전 14:34).[7]

이 두 메시지를 함께 놓고 보았을 때 분명 여기서 우리는 여성의 역
할에 대한 바울의 모순된 가르침을 본다. 갈라디아서에는 그리스도 안
의 사태를 이분화된 남녀 젠더 구별이 사라지는 차원으로 보이고 있으
나 고린도전서에는 여성의 침묵을 권고하며 젠더 역할을 뚜렷하게 구
별한다. 두 구절이 동시에 참일 수 없다는 지성의 인식을 따르면, 여기
서 우리는 성서를 종교의 경전으로 받아들이면서 지성을 부정하거나
또는 모순을 인정하는 두 길 간의 양자택일 앞에 놓인 듯한 경험을 한
다. 그래서 성서의 독자는 메시지의 모순을 인식하게 하는 스스로의
지성을 '희생'하거나 아니면 지적 정직함에 충실하면서 경전에 대한 권
위를 포기하는 두 갈림길 앞에서 딜레마를 겪게 된다.

바울이 교회 안에서의 여성 역할을 긍정적으로 언급한 다른 부분[8]
을 감안하면 여성의 역할에 대한 두 메시지가 보여주는 딜레마는 우리
에게 하나의 중요한 탐구의 과제로 다가온다. 그리하여 이성과 신앙
간의 갈등과 긴장을 경험하는 가운데 양자의 모순에 대해 우리는 다음
과 같이 묻게 된다: 만일 여자들이 절대적으로 침묵을 지켜야 한다면

---

7 이 글을 위한 성서는 개역개정판을 인용하였다. http://www.holybible.or.kr/B_GAE/.
8 특히 로마서 16장은 교회의 여성 지도자들에 대한 바울의 깊은 신뢰와 지지가 강하게
　나타나 있다.

어떻게 바울은 여자들이 승인받은 대로 기도하고 예언하는 권리를 실천할 수 있다고 하는 것인가?9 신약 성서학자 배슬러Jouette M. Bassler는 『여성들을 위한 성서주석』에서 이와 같이 물으며 딜레마를 다루기 위해 학자들이 제시하는 여러 설명 방식을 소개한다. 그녀에 따르면, 여성에게 침묵을 명하는 구절들은 원래 난외주, 즉 후대의 독자들이 사본의 여백에 첨가한 주석이었다는 설명이 가장 신뢰할만하다. 바울의 입장과는 상반되지만 이 주석이 후대의 교회의 입장에 적합했다는 것이다. 또한 이것은 디모데전서나 베드로전서 그리고 제2 바울서신에 드러난 명백한 여성 혐오의 영향과 맥을 같이 하며, 또한 바울 자신이 모호한 입장을 보인 부분도 후대의 변화 기조와 연관될 것이기 때문이다.

다양한 논의와 당시의 사회정치적 맥락을 고려한 성서비평에 열려 있으면서, 필자는 인공 '여성' 지능 사태와 무젠더 음성에 대한 탐구와 관련하여 여성의 역할에 대한 두 상반된 진술을 '그리스도 안'에서와 '교회 안 사이의 현상학적 지평 차이로써 파악한다. '그리스도 안'이란 신과 인간의 궁극적 화해가 이루어진 시간을 사는, 특정 시공간을 넘어서서 타인과 함께 카이로스적 시간 안에서 삶이 지속되는 "현사실적 삶의 경험"10의 상태이다. 역사의 끝자락 위에서 선 자신을 예측하면서 자신과 타인들 간의 새로운 관계, 근원적 화해의 가능성이다. 이 경험 안에서 타인과 나의 관계는 각자의 본래적 자기됨을 상호 받아들이는 본래적 심려의 관계로 있다. 나는 본래적인 나로 있으면서 또한 타

---

9 캐롤 뉴섬·샤롤 린지/박인희·장양미·정혜진 옮김, 『여성들을 위한 성서 주석』 (서울: 대한기독교서회, 2012), 244.

10 이에 관한 자세한 설명은 필자의 다음 논문 참조: 임현진, "하이데거 〈종교현상학 입문〉 강의에 나타난 '현사실적 삶의 경험'의 근원적 의미," 「신학연구」 71 (2017), 127-153.

인을 내 실존을 위한 가치 수단으로 규정하지 않는다. 그래서 타인이 나를 위해서가 아닌 타인 자신의 존재 가능성에 열려 있는 존재자라는 점을 받아들인다. 이에 따라 타인의 젠더를 나 자신의 존재 수단으로 대상화하지 않으면서 그 차이를 받아들이는 지평에 머무른다.

이에 반해 '교회 안'은 '그리스도 안'이 아닌 밖의 시·공간에 위치한 곳으로서 젠더 차이가 곧 젠더 간의 힘 서열이 되는 정치적 불균형과 이를 재생산하는 편견이 존재적 가치로 나타나는 세계이다. 여기서 젠더 편견은 크로노스적 흐름과 역사 안에서 문화와 문명을 유지하기 위해 요구되는 정치적 가치 규정을 절대화한 결과의 다양한 부산물 중 하나가 된다. 생물학적 성과 사회적 젠더는 고정관념으로 묶여지고 타인의 성과 젠더는 자신의 일상적 삶을 위한 도구가 된다. 생물학적 성은 우선 대상화되고, 타인의 고유한 존재 실현 가능성은 나의 존재 가능성에 몰입하는 가운데 모호해진다. 가치 서열 규정을 이해하고 이를 반복 재생산하며 타인을 나의 실존을 추구하기 위한 도구로 삼으려는 이러한 경향은 우리 각자의 일상적 삶의 구조 안에 깊이 스며져 있다.

그렇지만 '그리스도 안'의 시간 지평 위에서는 이러한 도구화의 가치 규정이 설 자리는 사라진다. 왜냐하면 카이로스적 경험 속에서의 삶은 그러한 상대에 대한 사물화를 통해 자기존재감을 확보하려는 노력이 무의미해지는 차원이기 때문이다. 크로노스적 시간의 양적인 반복 재생산이 아니라 그 시간의 끝을 바라보며 카이로스적 시간의 순간을 새롭게 사는 질적 삶의 이해 위에 있다. '그리스도 안'에서는 남자·여자뿐 아니라 노예제와 같이 문화와 문명을 유지하는 가치 도구로서 타인을 수단화하는 태도 자체가 동력을 잃는다. 그래서 무젠더의 이상, 즉 젠더의 차이가 차별로 이어지지 않는 이상적 관계가 실현되어 있다.

그럼에도 고린도전서 14장은 교회에서 여성이 침묵해야 한다는 메시지를 남긴다. 이것은 '교회 안'이 자연스럽게 '그리스도 안'이 되지 못하는 크로노스적 시간의 공간 세계를 내보이고 있음을 의미한다. 교회는 여전히 크로노스적 시·공간인 그리스도 밖의 한복판에 위치하고 있음을 증거하는 것이다. 구체적인 역사의 시·공간 안에 머물러 있기에 아직 그리스도 안이 아니며, 단지 그리스도 안에서의 삶을 기억하고 희망하여 이 기억을 그리스도 밖에서 살려 실현할 목표로 향한다는데 교회 안과 밖의 차이가 있을 뿐이다. 그러나 '그리스도 안'으로 되어감을 지향하고 있기에, '교회 안'이란 카이로스적 삶으로의 희망을 이루려는 의도적 노력이 나타나고 이의 성취와 좌절의 경험이 공존하는 그리스도 밖의 시공간이라고 할 수 있다.

이에 따라 젠더 문제에 있어서도 교회는 '그리스도 안'의 시간성을 궁극적 목표로 놓고 "남자나 여자나 다 하나"인 공동체의 가능성을 기억하지만, 또한 젠더 차이가 힘의 불균형한 규정과 함께 고착되어 있는 문화와 문명 안에 속해 있다. 그래서 젠더 차이가 무의미해지는 '그리스도 안'의 삶이 '교회 안'의 삶에 적용되면 무젠더의 이상은 필연성이 아니라 우리 자신의 참여 결단에 따라 나타날 수도 나타나지 않을 수도 있는 가능성이 된다. '교회 안'에서의 삶은 '그리스도 안'의 삶 그 자체가 아니라 일상적 분주함 깊숙이 숨겨져 있던 카이로스적 시간에 대한 기억을 끌어내기 위한 예배와 이를 삶에 실현하려는 결단 안에 있는 그리스도 밖의 세계다. 젠더에 대한 태도는 이 결단의 매개 없이는 '교회 안'은 힘의 불균형을 재생산하는 문화에 몰입하여[11] 젠더를 나

---

11 니이버(H. Richard Niebuhr)가 『그리스도와 문화』(1951)에서 제시한 그리스도와

자신의 나다움을 위한 수단으로 삼는 양태로 기울어진다. 카이로스적 시간을 살 가능성에 열려있으나 그것이 우선 불가능성으로 기울어져 있는 이 그리스도 밖의 세계가 바로 하이데거가 말하는 평균적 일상성의 세인 세계이다.

III. '그리스도 밖'의 젠더화된 세인 현존재와 비본래적 심려[12]

그리스도 안과 밖의 간극과 젠더 딜레마의 근원적 의미는 하이데거의 『존재와 시간』에 나타난 심려 분석론을 통해 공동존재의 실존론적 구성틀 안에서 현상학적으로 해명될 수 있다. 하이데거는 우리 각자의 평균적 일상성의 세계를 "우선 대개"[13] 나의 실존을 위한 사물로 타인을 대하는 모호한 '주체'로서 사는 세계로 서술한다. 그런데 이 '주체'에 그가 붙인 이름이 '세인das man'이다.[14] 이 이름은 우리 안의 모순적인 사

문화 간의 관계 유형에 대한 다섯 가지 고전적 모델은 사실상 한 특정 교회나 신앙인이 이 중 하나의 참된 모델을 택하는 차원으로서라기보다는 어떤 시대의 어떤 신앙인도 이 가능성 안에서 겪을 수 있는 다섯 가지 갈등 체험의 유형으로서 이해되어야 한다.

12 하이데거 심려 분석에 관한 더 자세한 내용은 필자의 다음 논문을 참조: 임현진, "타인과 더불어 있음의 현사실성: 하이데거의 실존범주 '심려'," 「철학논집」 51 (2017), 183-212.

13 하이데거는 평균적 일상성의 존재론적 표현으로서 "우선 대개"(zunächst und zumeist; proximally and for the most part)라는 말을 강조하여 사용한다. 마르틴 하이데거/이기상 옮김, 『존재와 시간』 (서울: 1998), 34; Martin Heidegger, *Sein und Zeit* (Tübingen: Niemeuyer Verlang GmbH&Co, KG, 1993), 16; 영역본은 Heidegger, *Being and Time*. tr. by John Macquarrie & Edward Robinson (New York: Haper, 1962), 37.

14 Ibid., 175.

태를 보여준다. 주체이지만 늘 남들의 눈에 자신을 맞추기 위해 전전긍긍하며 사는, 타인과 더불어 있는 공동존재로서 자기모순 안에서 사는 우리 각자인 것이다. 그때그때마다 각자 나 자신이고자 하고, 그래서 참 나인지 아닌지에 지속적으로 마음을 쓰며 본래적eigentlich인 나와 비본래적uneigentlich인 나로 있을 가능성으로서 실존하지만, 일단 내 존재에 마음 쓰며 있는 '나'의 의미는 타인과의 관계에 깊게 맞물려 있기도 하다. 그래서 주체라는 강한 느낌 배후에는 늘 누구나이기도, 남들이기도 또는 아무나이기도 한 세인이 실존론적으로 자리잡고 있다. 그리고 이런 세인으로서 나 자신은 타인의 자기됨을 나 자신의 편의대로 규정하고, 자신도 타인에 의해서 그렇게 규정되는 관계를 형성하고 있다. 익명의 다수의 시선을 늘 의식하며 크로노스적 시간을 살며 타인을 판단하며 살아가는 이 근원적 사태를 하이데거는 "배려하는 심려be-sorgende Fürsorge"15라고 부른다.

이렇게 타인에 마음을 쓰며 가능적 존재자로 사는 우리 각자를 구체적 일상적인 사태에 속한 거기에Da 있다Sein는 의미에서 하이데거는 우리 자신을 현존재Dasein 그리고 공동존재Mitsein라고 부른다. 인간이라는 종으로서 지니는 어떤 보편적인 특성으로 규정된다 하더라도 그 전에 우선 우리는 나 자신임을 묻는 실존성이라는 가장 근원적인 틀, 즉 나됨을 추구하여 있는 존재 양식을 구체적인 시공간인 거기Da를 타인과 함께 부여받는다. 물론 하이데거는 거기Da를 현상학적으로 서술할 때 젠더화된 현존재를 분석하지 않는다. 보편적 본성을 추구한 서구 형이상학 전통의 존재 망각을 비판하여 현상학적 존재론을 제안하고, 스승

---

15 Ibid., 173.

후설의 초월론적 자아의 추상성도 비판하였음에도 불구하고 그는 현존재를 "중립적neutral이고 모든 구체적인 사실에 앞서 있는" 존재론적 구성 틀을 통해 바라보았다.16

필자는 하이데거의 현존재의 분석에서 현존재는 가치중립적인 존재론적 근원성 안에서 제시되어 있음을 받아들임과 동시에 그가 제시한 세인의 심려 구조 안에 젠더의 계기가 은폐되어 있고, 여성주의 현상학은 이를 비은폐하는 영역 존재론의 작업으로 접근해야 한다고 본다.17 이러한 여성주의 현상학을 통해 보면 평균적 일상적 세인의 삶에

---

16 M. Heidegger, *The Metaphysical Foundations of Logic* (Bloomington: Indiana University Press, 1984), 136. 이 사실은 쟈끄 데리다와 많은 여성주의 현상학자들의 주요한 공격의 표적이 되어왔다. 다음을 참조: Jacques Derrida, "Geschlecht: Sexual Difference, Ontological Difference," *Research in Phenomenology* 13 (1983), 65-83.

17 아호(Kevin Aho)는 위의 데리다의 논문을 언급하는 것으로 시작하여 흔히 여성주의 철학자들이 비판하는 하이데거 현존재 개념의 젠더 중립성의 문제를 다룬다. 그는 드라이프스(Hubert Dreyfus) 등에 의해 받아들여진, 세계성의 기본 근거로서의 세인 현존재의 중립성에만 초점을 맞추는 것에 반대하고, 페미니스트들이 시간성의 지평까지 감안한 실존론적 구조의 차원의 중립성을 간과한 것에 대해서도 비판하면서, 젠더 화는 '세인'의 가능성에, 젠더 중립성은 시간성에 속하는 것으로 대안을 제시한다. 케빈 아호의 이 같은 접근은 여성주의 현상학, 더 나아가 현상학적 여성신학으로서는 여전히 미비한 측면이 있는데, 그것은 하이데거 자신이 존재론적 중립성을 유지하면서 여성주의와 같은 존재적 당파성을 정당화할 계기를 밝히지 않기 때문이다. 이것은 여성주의 이론과 여성신학적 방법론을 위한 매우 중요한 탐구 주제이지만 본 논문에서는 지면의 한계상 이를 직접 다루지 않았다. 여기서는 이 글의 주제인 인공 '여성' 지능이 드러내는 과학기술 자본주의와 젠더중립적 음성에 관한 논의를 위한 현상학적 방법에 관련지어서만 언급한다. 이에 대해서는 다음을 참조: Kevin Aho, "Gender and Time: Revisiting the Question of Dasein's Neutrality," *Epoché: A Journal of History of Philosophy* 12/1 (Fall, 2007), 138; 페미니즘과 현상학과의 관계의 역사에 대해서는 다음 참조: Linda Fischer, "Feminist Phenomenology." in *Feminist Phenomenology* (2000), 3.

존재론적 차원을 부여하는 하이데거의 중립적인 접근을 그리스도 밖에서의 젠더 이해에 적용시킬 수 있다. 타인의 젠더를 타인의 맥락에서 보지 않고 나 자신의 실존 가능성에 기여하는 맥락에서 우선적으로 받아들이는 사태를 지적할 수 있게 된다.

갈라디아서와 고린도전서에 나타난 상반된 메시지는 젠더 차이에 수반되는 가치서열의 문제와 관련하여 '교회 안'이 곧 '그리스도 안'이 되지 못하고 우선 세인적 관계 안에서 갈등하는 것으로 파악된다. 또한 '교회 안에서 여성이 침묵하라'는 명령은 특정 젠더 현존재의 실존 가능성을 규정하고 한정시키는 것이 다른 젠더 현존재의 실존성에 기여하게 되는 세인적 구조 안에서 설명된다. '교회 안'은 카이로스적 시간에 사는 '그리스도 안'이라기보다는 이의 가능성을 안고 있지만 크로노스적 시간 차원에서 타인의 젠더를 자신의 실존을 위한 수단으로 삼을 가능성에 우선 몰입하는 세계이다.

그리스도 밖의 세계가 타인과 함께 서로를 수단화하면서 있는 세계-내-존재로서의 세인의 세계이고, 이 수단의 전면에 젠더가 나타나 있다. 사물에게 쓸 배려Besorge의 마음으로 타인을 대하는 배려하는 심려에 몰입하고 있기에 흔히 우리는 타인의 다른 젠더로 인한 실존론적 사태가 나와 같지 않다는 것이 드러날 때마다 낯설음에 사로잡힌다. 젠더의 차이로 인해 나타나는 다름의 경험은 우리 자신의 존재 양식인 실존론적 구성틀을 감안하면 결코 저절로 익숙해질 수 없는 사태이다. 그렇기에 우리는 타인의 고유한 실존성에 부딪힐 때마다 익숙함이 신비로 돌변하는 불편한 사건을 만난다. 타인과 나와의 차이를 감안하지 못하는 결손된 심려에 상호 몰입하고 있는 세인 현존재이기에 타인이 타인 고유의 젠더로 실존하며 본래성을 추구해 나가기를 인정하기보다 우선 나의 젠더를 통한 위계의 확보를 위해 타인의 젠더를 수단시하여 나다움에 봉사하도록 하는 비본래적 심려로 관계하는 사태로 기울어져 있다.

서로가 서로를 내 존재 가능성의 실현을 위한 수단처럼 대하는 데 몰입하는 사태는 그리스도 밖의 일반적 삶이며, 여기서 도구로 쓰는 사물에 대한 마음씀과 타인 현존재에 대한 마음씀 간의 구별이 느슨해져 있는 일상이다. 여기서 흔히 내 존재를 문제삼으며 있는 현존재의 실존적 존재 방식 때문에 타인과 더불어 살면서 각자 모두의 실존성이 위협 받게 되는 역설이 나타난다. 타인을 심려하지 않을 때는 내 존재를 문제삼음에 더 충실할 수 있을 듯하지만, 타인의 젠더를 본래적으로 심려하지 못하거나 나의 젠더도 타인에 의해 도구화되는 심려 방식에 머무르는 가운데 오히려 본래적 나에 대한 물음은 이러한 세인적 관계를 강화하기 위한 물음으로 대체된다.

"여자는 교회 안에서 잠잠하라"는 바울서신의 명령은 카이로스적 시간 속의 희망이 평균적 일상성의 크로노스적 시·공간 안에서 배려하는 심려에 머무르는 세인적 편의를 위해 밀려난 일상적 사태를 스스로 드러내고 있다. 여성의 역할에 대한 갈라디아서와 고린도전서 간의 모순적 메시지는 '교회 안'이 그리스도 밖에 있으면서도 그리스도 안을 희망하기에 처하게 되는 모순적 상황 자체, '그리스도 안'과 '교회 안' 사이의 간격은 결코 자연스럽게 채워지지 않는다는 점을 보여준다. 이 간격은 소외의 불안을 안고 세인적인 일상의 삶을 넘어서려는 각자의 결단이 매개 되어야 채워지는, 카이로스적 시간과 크로노스적 시간 사이의 존재론적 간격이다.

남자와 여자의 젠더 차이가 차별로 이어지지 않는 '그리스도 안'에서의 무젠더적 이상의 체험은 이 결단의 매개가 늘 어느 정도 상실된 "배려하는 심려" 양태가 일반화된 그리스도 밖에 머무르는 가운데 일상적으로 은폐된다. 그리하여 젠더 차이는 일상 안에서 나 자신의 세인적 존재 강화를 위해 계산해 두어야 하는 권력의 불균등으로써 쉽게 이해된다. 실존론적 결단의 가능성으로서 타인과 함께 존재하는 공동존재는 본래적 심려를 회복하여, "타인을 그의 자유에서 그 자신에로 자유롭게 내어주는 그런 올바른 사태성"[18]으로 나가야만 비로소 채워지는 존재론적 간격을 안고서 우리 각자는 젠더 차이가 차별이 되는 일상에 매몰되어 있다.

젠더 차별을 자연스럽게 내재화시키면서 인공지능 비서의 인공 '여성' 지능화를 거북함 없이 받아들이는 사태도 이와 현상학적 근원을 같이하고 있다. 무젠더의 이상을 말하면서도 동시에 침묵의 역할을 여성 젠더에게만 부여하는 사태는 성별과 관계없는 기계로 여기면서도 동시에 이 인공지능 비서 상품에 여성 이름과 여성 음성을 부여하는 사태와 동일한 실존론적 근원을 두고 있다는 것이다. 수천 년의 시간 간격을 둔 다른 사건이지만 그 동일한 현상학적 구조는 타인의 젠더를 존재적 가치 시스템에 맞추는 수단으로 사용하면서 이를 일상적으로 은폐하는, 배려하는 심려로 기울어진 공동존재로서의 세인이다. 그러면 이러한 은폐와 권력 불균등의 맥락 안으로 무젠더 이상주의를 도입하게 되면 그 이상은 세인에게 어떤 결과를 가져오게 될 것인가?

---

18 Ibid., 171.

IV. 그리스도 밖에서의 무젠더 인공지능 Q

타인의 젠더를 자기 실존 가능성을 위한 수단으로 접하는 것이 일상적으로 행해지는 세계, 이로 인해 젠더 구별이 존재자들의 가치 서열 근거가 되고 이 서열을 재생산하는 세계에서 무젠더의 이상이 비본래적 심려 관계에 들어온다면 이는 젠더의 존재자적 서열을 저지하여 본래적 심려를 회복하는 계기가 될 수 있는가? 우리는 이 물음을 위해 다시 EqualAI가 개발한 무젠더 인공지능 음성 Q에 주목하여 이들의 시도가 실재적인 효과가 있을 것인지 살펴볼 필요가 있다. EqualAI는 인공 '여성' 지능을 다시 인공지능으로, 즉 무젠더의 지능으로 바꾸는 기술적 장치를 통해 젠더 편견이 인공지능 산업을 통해 재생산되고 강화되는 것을 막기 위해 출시되었다.

그런데 앞서 필자가 제시한 '그리스도 안'과 '교회 안'의 딜레마와 '그리스도 밖'에서 우리 각자가 일상적으로 처해 있는 심려의 사태를 감안하면, Q를 보급함으로써 인공지능으로 젠더 편견이 강화되는 사태를 막을 수 있으리라 기대하는 것은 일단 어려워 보인다. 인공지능이 비서와 같은 업무 처리 기능을 수행하기 위해 인공 '여성' 지능이 되는 일상적 삶의 자연스러운 흐름의 맥락에서 무젠더 인공지능의 위치는 이 편견의 부당성을 환기시키는 상위 가치의 목소리로 나타나기 어렵기 때문이다. "잠잠하라"는 여성의 역할에 저항하는 일이 평균적 일상적으로 이미 규정되어 있는 '그리스도 안'의 세계 안에서 모호해지고 분산되듯이, 젠더 분화 형태가 힘의 불균형에 기반을 두어 있는 상황의 맥락 속에서 무젠더 음성 Q는 힘의 불균형을 극복할 수 있게 하기보다는 더 세분화된 문제를 드러내는 방향으로 나아가게 된다.

그 한 예는 Q의 목소리가 생물학적 여성이나 남성이 아닌 논바이너리non-binary에 속한 사람들의 대표적 목소리로 받아들여지는 것이다. Q를 출시한 EqualAI는 성소수자의 목소리도 포함시켰으므로 이러한 의도도 물론 감안하고 있었다. 서구의 한 언론 매체는 무젠더 음성 인공지능의 Q의 출시가 트랜스젠더 공동체의 존재를 반영하는 희망의 소식으로 여겨질 수 있음을 시사했다.[19] 트랜스젠더 또는 젠더유동성 gender fluid 등의 공동체에게 이러한 기계의 출시는 이들의 존재를 긍정하는 역할을 해줄 수 있다. 물론 논바이너리 내부에서의 다양성까지 고려한다면 인공지능의 젠더는 여성, 남성, 논바이너리보다 더 많은 수가 되어야 할 것이지만, 현재 Q는 이분법적 젠더 구분에 저항하는 모든 성 정체성을 지닌 사람들의 대표 목소리로 여겨진다. 결과적으로 무젠더 음성 Q는 여성성에 대한 편견에 저항하는 효과보다는 논바이너리 젠더 정체성을 드러내면서 이들에게 비서 업무를 명령하는 사태로 나타난다. 이 매체와 인터뷰를 한 활동가는 논바이너리 공동체들의 존재가 긍정되는 것 자체를 강조했기 때문에 보조업무를 명령받는 역할에 대한 부정적인 언급은 없었다.

시드니대학의 음성연구소 소장인 매딜Cate Madill도 양성적 목소리androgynous voice가 트랜스젠더들의 음성치유speech therapy에 종종 도움을 준다고 언급하며 Q의 출시가 시의적절하다고 말한다. 그런데 그녀는 음성이 무젠더라 하더라도 그 인공지능이 서비스업의 기능을 수행하는 경우는 여성의 목소리에, 지적인 권위로 정보 전달을 수행하는 경우는

---

19 Caitlin Fitzsimmons, "'We need Siri to be Sirius': genderless voice assistant splits experts," https://www.smh.com.au/technology/we-need-siri-to-be-sirius-genderless-voice-assistant-splits-experts-20190322-p516m3.html.

남성의 목소리에 가깝게 들리게 될 것이라고 통찰력 있는 지적을 한다.[20] 그러면서 일상적 젠더 고정관념을 깨기 위해서는 무젠더 음성을 사용하는 것이 아니라 "시리"를 "시리우스"로 바꾸는 방법을 써야 한다고 주장한다.[21] 다시 말해 무젠더 음성은 젠더 편견을 깨는 역할을 하는 것이 아니라 트랜스젠더라는 특정 젠더의 음성으로 인식되니, 여성 젠더에 대한 편견을 깨기 위해서는 인공 '여성' 지능 비서를 인공 '남성' 지능 비서로 바꿔야 한다고 주장하는 것이다.[22] 그런데 젠더화된 세인 현존재가 몰입해 있는 평균적 일상성의 세계, 이미 특정 젠더가 다른 젠더보다 훨씬 더 '자연스럽게' 보조적 서비스 역할에 위치 지워져 있는 세계에서 과연 애플사가 시리 대신 시리우스를 출시할 것인가?

그리스도 밖에서 젠더화된 현존재의 세계는 우선 대개 젠더가 남녀로 이분화되어 있는 크로노스적 시공간이다. 이런 세계에서 무젠더 Q의 음성은 대체로 부자연스럽게 들릴 것이다. 이 어색함을 거스르며 Q를 젠더 평등을 목표로 상용화한다면 사람들은 그 음성을 트랜스젠더의 음성으로 여기거나, 아니면 메딜 박사가 말한 대로 기계의 특정

---

20 위의 각주 인터넷 기사 참조. 이와 유사한 주장이 담긴 다른 인터넷 매체의 기사로는 다음을 참조: Ted Ranosa, "Meet Q, The First Genderless Voice: Here's How It Sounds," https://www.techtimes.com/articles/239631/20190314/meet-q-the-first-genderless-voice-heres-how-it-sounds.htm.

21 "시리"(Siri)는 북유럽 노르웨이 문화에서 쓰이는 여성 이름이고, "시리우스"(Sirius)는 그리스어에서 유래한 이름으로서 "천랑성"(天狼星)으로 알려진 밝은 별 이름이다. 시리우스는 시리에 직접 대응되는 남성형 이름은 아니지만 인터뷰를 한 메딜 박사는 인공 '남성' 지능을 지시하고자 유사한 발음을 고려해 "시리우스"를 "시리"와 대응시킨 것이다.

22 여기서 인공 '여성' 지능, 인공 '남성' 지능에 필자가 붙인 작은따옴표는 인공지능이 어떠한 젠더로 나타나더라도 그것은 결국 우리 자신이 문화적 맥락에 따라 의도적으로 부여한 것이며, 실제로 기계 자체는 사물이므로 성이나 젠더가 없다는 점을 밝히기 위한 표시이다.

기능에 따라 여성 또는 남성 음성에 가깝게 듣는 심리적 편향을 가지거나, 이것도 아니라면 하드웨어의 색깔이나 디자인 이름 등으로 다시 인공지능을 젠더 고정관념에 맞춰 더 편하게 만들고자 할 것이다. 대화하는 상대 인간의 목소리를 특정 젠더와 그에 따른 편견 없이 상상하는 것은 거의 불가능하기 때문이다. 그리고 기술전문가들은 인간의 목소리와 더 유사하기를 바라는 그리스도 밖의 자연스러운 요구를 반영하여 상품화할 것이다. 이렇게 무젠더 음성은 여성 젠더에 대한 편견과 혐오를 극복하는 계기를 제공하기보다는 트랜스젠더 또는 젠더유동성의 음성을 인식하는 데에 도움을 주게 된다. 만일 인공지능 비서 이용자가 트랜스젠더나 젠더유동성 그룹에 속하지 않는다면, 이들은 다시 여성으로 맞춰진 디폴트 세팅으로 되돌아갈 가능성이 높다.

무젠더 음성을 들여올 때 무젠더가 특정 젠더가 되는 그리스도 밖의 이러한 사태는 주목할 만하다. EqualAI는 기계적으로 합성된 음성과 관련하여 단지 여성 젠더 편견 극복 이외에 이보다 더 다양한 전망을 제시할 수 있기 때문이다. 여성 젠더뿐 아니라 논바이너리 목소리의 기술적 소외를 좀 더 대중적으로 인식하게 할 계기를 마련하고, 이 문제는 계속 세분화되면서 젠더의 영역을 넘어 인종, 계층, 국가 간의 이슈로 확장될 수도 있다. 한 인종과 민족 내의 독특한 악센트까지 개인화, 세분화할 기술까지도 예측 가능하다. 여성 젠더에 대한 편견 극복에서 출발하는 듯했으나 Q의 등장은 궁극적으로 양성 젠더의 평등을 넘어서서 과학기술이 주도하는 문화 안에서 소외되고 차별받을 수 있는 소비자층의 인권 문제를 포괄적으로 환기시킬 수 있게 되는 것이다.23 그리하여 현재보다 더 본래적인 심려관계의 가능성을 실재로 현실화하기 위한 논의의 장을 열어준다. 무엇보다도 과학기술전문가들이 기술에 집중하여 만들어낼 미래는 인권의 문제를 다루는 다른 분야의 전문가들과의 협력으로 함께 세워져야 한다는 중요한 사실을 상기시켜준다.

그런데 이 긍정적 효과를 고려하면서도 이 글에서 필자는 무젠더 음성 Q가 여성 젠더 편견의 극복에는 어떤 영향을 주고 있는지에 보다 더 집중하고자 한다. 무젠더가 특정 젠더가 되어 세분화된 물음을 일으키는 세인 현존재의 세계에서 그렇다면 여성이라는 특정 젠더 편견의 극복은 어떻게 다루어져야 하는가? 젠더의 더 세분화된 차이를 인식하는 가운데 여성 젠더의 문제는 곧 젠더유동성을 긍정하는 문제로 대체될 수 있는가? 여기서 우리는 무젠더 Q가 논바이너리 젠더의 한 대표 음성이 됨으로써 여성 젠더가 누구인지 모호해지는 사태를 나타내 주고 있음을 지적할 수 있다. 여성 젠더에 대한 편견의 극복이 곧 모든 젠더 가능성을 받아들이는 일과 연결되면서 여성이나 남성이라는 양분된 젠더 명칭 자체가 젠더 억압적 구조에 봉사하는 정치적으로 부적절한 규정으로 인식될 수 있기 때문이다. 이러한 인식 안에서는 젠더 유동성에 열려있으면서도 동시에 여성으로서(만) 젠더 편견에 저항한다는 것은 자기 모순적이고 이기적으로 들리고 여성이라는 정체성은 사라져야 할 것처럼 들린다.

---

23 하버드 경영대학원 신문에는 과학기술 시대에 쉽게 방치될 수 있는 특정 젠더, 인종, 국적에 속한 소수자들의 인권 문제를 다루고 있다. 이것은 다문화 사회가 새로이 가지게 될 기술소외층에 대한 문제를 환기시킨다. James ManyikaJake and SilbergBrittany Presten, "What Do We Do About the Biases in AI?"; Joan Palmiter Bajorek, "Voice Recognition Still Has Significant Race and Gender Biases," https://hbr.org/2019/10/what-do-we-do-about-the-biases-in-ai; https://hbr.org/2019/05/voice-recognition-still-has-significant-race-and-gender-biases.

이에 따라 여성으로 규정함과 규정됨에 대해 세인 현존재의 심려 관계는 더욱 불투명해진다. 그리하여 역설적이게도 여성 젠더의 문제에 집중하는 실질적인 목소리의 동력은 약화되어 결과적으로는 "잠잠하라"는 바울의 명령에 따르는 것과 같은 동일한 효과를 낳게 된다.[24] 이것은 인공 '여성' 지능이 야기할 수 있는 부당한 젠더 편견에 맞서기 위해 세인적 세계에 들어온 무젠더의 카이로스적 이상이 그 목소리가 구체적으로 누구인가에 다시 맞춰짐으로써 나타나는, 누구도 의도하지 않은 결과이다. 한 특정 젠더로서의 여성이 스스로 그 고유한 저항의 위치를 가늠하기 어렵게 되는 사태라고 볼 수 있다.

물론 젠더의 세분화에 대한 물음은 불가피하고 중요한 과제이며, 젠더에 관련된 다양한 편견과 혐오의 역사를 극복하는 일은 지속, 확장되어야 할 일이다. 궁극적으로 이는 '그리스도 안'에서의 평등을 현실화하는 방향으로 향하는, 타인의 실존성을 젠더 차별의 틀을 넘어서 본래적으로 심려하는 현존재의 지평을 성취하는 초윤리적 가치 실현을 목표로 한다. 그럼에도 불구하고 우리는 여성 젠더에 대한 편견과 혐오 그리고 폭력의 문제에 집중할 여성이라는 현존재의 정체가 분산되고 모호해지는 사태에도 또한 주목하지 않을 수 없다. 여성은 그리스도 밖의 젠더화된 공동존재로서 몸을 통해 젠더 서열 안에 들어서는 일상적 사태를 젠더 차이가 아닌 차별로 겪는 세계-내-존재이다. 젠

---

24 필자는 학계 안팎에서 여성주의와 여성신학의 이론적 실천적 동력을 강화하기 위해서는 논바이너리 젠더 고찰도 중요하지만, 이와 함께 여성 젠더에 특화된 사태를 다루는 영역에 대한 별도의 탐구도 계속 진행되어야 한다고 생각한다. 이 주제에 대한 자세한 논의는 본 논문의 주제와 직접 연관되지 않으므로 여기서는 다루지 않으나 이는 향후 여성신학 방법론을 위해서도 공론화되고 연구되어야 할 주제라고 본다.

더 자체의 다양성을 탐구하는 맥락 안에서 환원될 수 없고 대체될 수 없는, 고유한 비본래적 심려의 영역은 여성으로 젠더화된 세인으로 일상을 사는 세계성 안에 여전히 남아있다.

이 사태는 젠더화된 세인 현존재가 본래적 심려의 관계로 이행하고자 하는 '기획투사Entwurf'25의 매개를 요구한다. 세인적 세계에 머무르는 비본래적 실존에 대한 이해와 본래적인 심려로 이행하여 타인의 젠더를 자기 실존성을 위해 서로를 수단시하는 관계를 벗어날 가능성에 가치를 부여하는 매 순간이 매개되어야 한다. 구체적으로 이는 젠더 구별이 존재자 서열이나 힘의 불균형과 무관하게 되는 차원을 삶에서 의도하고, 이러한 실제 삶 속으로의 자신에 초점을 맞추려는 노력이 인공지능의 생산, 유통, 소비의 과정에 반영되도록 하는 일이다. 특정 젠더의 고유한 실존론적 맥락에 따라 다양하게 드러나는 존재론적 구성틀과 동시에 현상학적 근원성을 보편적으로 공유하는 세계-내-존재로서의 이해가 함께 수반되어야 하는 것이다.26

이러한 매개적 기투로 심려의 본래성을 회복하는 현존재를 통해 인공 '여성' 지능 비서로 기울어져 나타나는 세계에 대해 보다 적극적인 실천을 모색하기 위한 물음이 뒤따라와야 한다. 이미 고대 사회부터 디폴트로 세팅되어 있는 젠더 편견과 다양한 혐오 관계를 재생산하고

---

25 하이데거, 『존재와 시간』, 201-203.

26 하이데거의 기초존재론 안에는 '이해'와 '기획투사'라는 두 실존범주 사이에 어떠한 윤리적 당위성의 계기가 없다. 이 또한 하나의 가치중립적인 가능성으로서 나타날 뿐이다. 여성주의 현상학에서는 이러한 중립성을 전제하면서도 이에 기반을 두어 본래적 심려에 가치를 두는 존재적 차원으로의 이행 계기를 밝히는 것이 필요하다. 이에 대해서는 다음의 논문을 참조: 임현진, "업신여김의 현상학: 하이데거의 종교현상학과 기초존재론의 기독교 윤리학적 이해," 이화여자대학교 대학원 박사학위논문(2017), 134-138.

강화하기 위해 과학기술이 동원되는 것을 방치한다면, 포스트휴먼적 관용이나 트랜스휴먼적 진보를 믿으면서 커즈와일이 말하는 '특이점'을 향해 나아간다는 것이 무슨 의미가 있겠는가? 이러한 방치 안에서 인공지능이 아닌 우리 자신의 지성은 과연 어디에 위치하고 있는가? 우리는 이 물음을 지속해야 하는 것이다. 그리고 이 물음을 위해 구체적으로 다루어야 할 평균적 일상적 세계는 빅데이터의 생산자, 유통자, 소비자인 우리 자신이면서 이들의 자연스러운 소비 욕망과 선택적 취향을 근본 동력으로 삼는 슈퍼휴먼 엘리트 자본주의 시스템이다.

V. 슈퍼휴먼 엘리트 기술자본주의와 인공 '여성' 지능

현 자본주의적 체제에서 소비지상주의를 이끌어가고 있는 세인 현 존재의 한 구체적 이름은 '고객님'이다. 상품을 생산하고 유통하고 판매하는 자들도 궁극적으로 나 자신을 나답게 만들고자 행하는 만족스러운 소비를 위해 그러한 활동을 한다. 이 체제 안에서는 무엇을 얼마만큼 어떻게 소비하여 소유할 수 있느냐가 고객님인 우리를 '있어 보이게' 만들고, 이것이 우리의 서열을 결정함에 따라 세인의 실존적 존재감도 채워진다.[27] 우리는 '그리스도 안'의 경험을 맞이할 가능성을 안고 살기는 하지만 우선 대개 몸과 마음은 그리스도 밖의 고객님으로 살기에 바쁘다. 이러한 가운데 현재 우리는 인공지능 산업을 대표로

---

27 이에 대한 기독교사회윤리학적 논의는 다음을 참조: 양명수, 『생명에서 성명으로: 서구의 그리스도적 인문주의와 동아시아의 자연주의적 인문주의』 (서울: 이화여자대학교 출판부, 2012), 235-245.

하는 소위 4차 과학기술 혁명시대를 경험하면서 더 만족스러운 소비를 위한 삶을 향해 갈 수 있다는 희망적 메시지를 불안 속에서도 간간이 듣고 있다.

미래에 대한 다양한 희망적 절망적 메시지가 교차하는 가운데 많은 공상과학소설과 영화가 우리의 주목을 끌면서 기술로 인해 변화된 인간의 삶을 상상하지만, 과학기술은 이에 무심한 듯 가치중립적인 도구 개발을 묵묵히 그리고 급속도로 진행해 가고 있다. 국내·외 교육계는 기술 중심적인 지식을 수용하고 긍정하는 커리큘럼을 점점 확대하며 희망을 그려나가고 있지만 또 한편으로 초지능 로봇이 인류를 지배하는 공포스러운 미래를 그린 영화나 예술 작품들이 이미 수십 년 전부터 프랑켄슈타인 신드롬[28]을 드러내며 대중들에게 경고를 보내기도 한다. 이러한 혼재된 정보를 통해 알 수 있듯이 당장 우리에게 주어져 있는 구체적인 시·공간은 어떤 사악한 과학기술이 만들어낸 초지능 기계와의 전쟁에서 인간성의 승리를 이끌 네오Neo[29] 같은 인물을 기다리는, 그런 선명한 흑백논리가 통하는 곳이 아니다. 과학기술과 젠더 편견의 문제에 관련해서는 더더욱 그러하다.

추상적인 의미에서 과학기술이 생산해내는 도구는 사악하지도 선하지도 않은 물리적 사물이다. 인간의 도구적 이성은 삶을 보다 편리하고 안전하게 만드는 데 큰 역할을 해왔고, 이것이 근대 휴머니즘 성

---

28 EploringYourMind, "What is Frankenstein Syndrome?" https://exploringyourmind.com/frankenstein-syndrome/.

29 "네오"(Neo)는 인간을 가상현실에 살게 하면서 인간의 몸을 에너지원으로 하여 가동되는 초지능 기계시스템과 이에 대한 인간의 저항을 그린 워쇼스키 형제의 영화 〈매트릭스〉(1999)의 주인공 이름이다. 이 영화를 만들었던 당시 워쇼스키 형제는 성전환 수술을 받고 현재 워쇼스키 자매로 활동 중이다.

과이며 열매이고 여전히 성찰되어야 할 인권 사상의 한 뿌리이기도 하다.[30] 현재 진행되고 있는 과학기술 발전도 이의 연장으로서 의료기술에 적용되어 생명 연장의 꿈을 실현하고자 하고 증권시장 분석의 정확도를 높이며, 전 지구적 실시간 소통을 가능케 하려 한다. 그러나 이 세계에서 평균적 일상적 삶의 편의를 제공하는 가치중립적 기술은 우리가 타인과 관계하는 양태를 통해 혐오와 편견을 동력으로 삼아 성장하고 강화되거나 저지되기도 한다. 그리고 가치중립적이던 과학기술을 적용하여 인간적 편의를 도모하고자 하는 노력이 행해지는 이 세계는 이미 모순된 세인적 '주체'의 평균적 일상성으로 디폴트 세팅되어 있다.[31] 그런데 문제는 현존재의 본래적 심려를 통해 그 세팅에 대한 의문을 제기할 수 있는 계기가 일상적으로 우리 안에서 차단되어 있다는 점에 있다.

그 차단의 존재적인 차원을 살펴보기 위해서는 세인 세계의 구체적인 버전인 기술자본주의적 시스템이 언급되어야 한다. 앞서 하이데거 현상학적 심려 분석을 통해 살펴본 것처럼 세계란 우리 각자가 세인으로서 타인과 "배려하는 심려"로 교류하며 사물처럼 타인을 도구화하며

---

30 양명수,『호모 테크니쿠스: 기술, 환경, 윤리』(서울: 한국신학연구소, 1997), 15-32.
31 아이작 아시모프/김옥수 옮김,『아이, 로봇』(서울: 우리교육, 2016), 6. 아시모프는 이 책에서 로봇 3법칙을 다음과 같이 제시한다: 첫째, 로봇은 인간에게 해를 입혀서는 안 된다. 그리고 위험에 처한 인간을 모른 척해서도 안 된다. 둘째, 제1원칙에 위배되지 않는 한, 로봇은 인간의 명령에 복종해야 한다. 셋째, 제1원칙과 제2원칙에 위배되지 않는 한, 로봇은 로봇 자신을 지켜야 한다. 이후 로봇은 인류에게 해를 끼치지 않으며, 인류가 위험하도록 방관하지 않는다는 0법칙이 추가되었다. 그런데 이 '인간'은 궁극적으로 자신에게 해가 되는 일도 '주체적으로' 원하여 선택할 가능성 안에 있다는 것 그리고 보통 타인의 실존적 선택을 감안하지 않으면서 함께 살아가는 세인이라는 점을 감안하면 이러한 법칙에 따라 알고리즘이 짜인 프로그램으로서의 인공지능은 과연 인간과 인류를 위해 어떤 선택을 할 것인지 가늠하기는 거의 불가능하다.

만들어가는 거기ᴰᵃ이다. 타인과의 관계에 고심하면서도 내 고유한 삶을 형성해 나가기 위해 남들은 어떻게 사는지 신경 쓰고 나의 몸, 정신의 패턴이 어느 정도까지 타인의 눈에 맞게 억지로 다듬어져야 하고 얼마만큼 내 마음대로 발산될 수 있는지를 조정한다. 그리고 조정된 정도를 마음에 새겨 체화하고 남에게도 권고하기도 하면서 소비하는 내가 참 나임을 스스로에게 확신시키는 삶을 매일 꾸려 나간다.[32] 타인도 이러한 내 실존을 위한 분주한 마음 쓰기에 참여할 것이라는 기대에 몰입하면서 배려하는 심려 관계를 맺으며 살기에 세인은 젠더의 차이도 그러한 기대와 전제의 수단으로 서열화시켜 이해한다. 현 시스템은 이 세인 세계를 상품을 끊임없이 소비하고 이에 대한 정보를 나누고 권장함을 통해 형성해 간다. 타인의 실존성을 젠더의 수단화를 통해 이윤 창출의 추진력으로 삼는 자본주의이며, 과학기술을 소비하면서 추진력의 질적 양적 동력을 더 세련화하도록 삶을 주도하는 기술자본주의다.

유발 하라리는 우리가 현재 처해 있는 이러한 기술자본주의를 이것이 향해 가고 있는 방향을 제시하며 설명하기 위해 "알고리즘으로 증강된 슈퍼 휴먼 엘리트 자본주의"[33]를 말한다. 즉, 이제 세계는 각각의 특수한 문화적 상황에 맞게 근로자들의 '건전한' 근로 의욕ᵐᵒʳᵃˡᵉ을 이끌어내는 유능한 리더십에 기반을 둔 다수의 일류 기업들이 이끌어가는

---

32 아이리스 영(Iris Marion Young)은 여성이 자신의 몸을 움직이도록 선택하는 과정에서 어떻게 젠더화된 세인적 기대를 내재화하고 이를 스스로 체화시키고 표현하는가를 현상학적으로 기술하였다. Iris Marion Young, "Throwing like a Girl: A Phenomenology of Feminine Body Comportment Motility and Spatiality," *Human Studies* 3/2 (1980), 137-156.

33 유발 하라리/전병근 옮김, 『21세기를 위한 21가지 제언: 더 나은 오늘은 어떻게 가능한가?』 (파주: 김영사, 2018), 370.

구조에서 소수 기술전문가들이 이끄는 구조로 이행하고 있다는 것이다. 그래서 빅데이터를 수집하고 이를 조작하는 알고리즘을 생산해낼 수 있는 소수의 엘리트들과 이 기술적 생산과정을 전혀 이해하지도, 이에 참여하지도 못하는 다수의 무력해진 하위계층 간의 양극화가 진행 중이라고 한다. 필자는 그 무력해진 하위계층이 인공 '여성' 지능을 자연스럽게 받아들이는 고객들의 대체적인 소비 행태에 잘 나타나고 있다고 본다. 인공지능 젠더 편견을 비판하여 고정관념을 극복하고자 해도 이미 이렇게 세팅된 상황 안에서 수집되고 있는 데이터가 쌓이는 과정 그리고 이 빅데이터를 바탕으로 하여 알고리즘을 생산하는 기술적 과정에 대해 고객님들은 대체로 아는 바가 없고 알아도 막을 길이 없다.

여기서 인공지능의 자연어 형태의 출력 내용은 머신 러닝의 결과로 포장되어 있지만, 그것은 결국 기술 엘리트 자본주의 체제 안에서 생산자와 소비자의 평균적 일상적 삶을 사는 우리가 기대하는 편리한 타인을 규정한 결과인 경우가 많다. 이의 한 형태인 인공 '여성' 지능이 비서로 자연스레 나타나고, 기계적 편리함에 익숙해져 생긴 세인적 세계에 대한 친밀감은 재생산된다. 이 친밀감은 현실 세계의 젠더 편견을 극복하고 본래적 심려를 행하고자 카이로스적 시간적 지평에 들어서기를 더욱 어렵게 만든다. 젠더 분화가 힘의 불균형을 수반하는 그리스도 밖의 현실과 안과 밖의 간극을 채우려는 노력은 타인을 내 실존을 위한 수단으로 삼지 않음으로써 회복되지만, 엘리트 기술자본주의라는 전 지구적 동력은 이 회복의 가치를 떨어뜨리는 비본래성으로 현존재를 더욱더 기울어지게 만들게 된다. 인공지능 비서는 인공 '여성' 지능 비서라는 사태에 저항하는 여성의 위치도 더욱 모호하게 된다.

여성으로서, 여성이기 때문에 겪는 편견과 폭력은 과학기술 시대의 진보와 무관하게 그리고 세분화된 논바이너리가 주목받는 긍정적 차원과 별도로 삶의 구석구석에서 일상적으로 여전히 진행되고 있다. 여성의 사회 진출이 확대되고 뛰어난 여성 개인의 성취가 실현되는 일이 종종 나타나지만 이 가운데 오히려 더 은폐되기 쉬운 일상적 구조,[34] 몸으로 젠더화된 현존재가 타인의 젠더를 나 자신의 실존에 기여하는 수단으로 삼는 평범한 가능성의 구조가 자리잡고 있다. '그리스도 안'의 무젠더 관계도 일상적 시간에서는 특정 젠더로 나타남에 따라, 여성 젠더에 대한 편견 극복에 관한 한, 이 세계에 속한 가치서열을 극복하기 위한 여성주의적 기획 투사는 여전히 요구된다. 소수 엘리트의 손에 맡겨진 기술자본주의가 규정하는 상품 가치와 순환적 구조를 이루면서 돌아가는 세분화된 젠더 규정을 두고 겪는 갈등의 맥락에서 여성 젠더를 수단시하는 시도에 저항하는 매개가 요구된다는 것이다.

물론 이는 세인 고객님으로 몰입해 있을 가능성에 비해 훨씬 희박한 가능성인데, 그것은 알고리즘으로 증강된 수퍼휴먼 엘리트 자본주의의 기반인 빅데이터가 세인의 통계적 우위를 반영할 수밖에 없기 때문이다. 이에 따라 무젠더의 젠더를 논바이너리로서 드러내는 Q의 긍정적 결과에 대한 탐구와 별도로, 현재 우리가 발견할 수 있는 그리스도 밖의 사태는 EqualAI의 기획이 인공 '여성' 지능 비서 문제에 저항하는

---

34 데이터 과학자이자 수학자인 캐시 오닐은 과학기술에 대한 무력한 대응으로 인해 인공 지능을 맹신하여 나타날 수 있는 불합리한 차별과 편견의 피해를 고발한다. 그녀의 주장은 과학기술이 진전된 사회라 할지라도 세인적 삶에서 통용되는 편견이 빅데이터에 의해 걸러지는 것은 수학적 양적 가치만 감안하는 기술자본주의에만 의존한다면 이루어지기 어려운 일임을 말해주고 있다. 캐시 오닐/김정혜 옮김, 『대량살상 수학무기: 어떻게 빅데이터는 불평등을 확산하고 민주주의를 위협하는가?』 (서울: 흐름출판, 2017), 16-22.

차원으로 직접 나아가고 있지는 못하며, 지금도 인공 '여성' 지능 비서가 여전히 선호되는 가운데 기술자본주의 시스템의 발전은 급속도로 진행 중이라는 점이다.

VI. 나가며: 본래적 심려의 젠더 의식을 반영한 참여의 기획투사

무젠더 음성 인공지능 Q를 통해 우리에게 밝혀지는 사태는 결론적으로 다음과 같다: 여성에게 부여된 침묵의 역할이 "남자도 여자도 없다"는 무젠더의 이상과 함께 제시되어 오히려 젠더 편견이 은폐되는 바울서신의 세인적 사태는 인공 '여성' 지능 사태와 동일한 현상학적 근원을 공유한다. 그 동일한 현상학적 근원이란 타인의 실존을 받아들이며 본래적 심려 관계의 가능성을 실현하는 '그리스도 안'과 타인을 우선 자기실존의 수단으로 삼는 비본래적 심려 관계에 우선 머무르는 그리스도 밖 사이의 존재론적 간극이다. 인공 '여성' 지능에게 부여된 순종적 비서의 역할은 인공지능이라는 중립적 이름과 함께 지속적으로 은폐되고 있다. 무젠더 인공지능 Q의 도입은 무젠더의 이상을 실제로 실현시키기보다는 무젠더의 구체적인 형태인 논바이너리 젠더를 긍정하는 효과로 나타지만 인공 '여성' 지능의 문제를 비은폐하는 방향으로는 진행되지 못한다. 또한 여성 젠더를 통해 고착되는 세인의 일상성을 넘어설 기획투사를 향할 '여성'은 젠더의 세분화와 유동성으로 환원되어 그 동력이 분산되고 여성 고유의 저항의 자리는 모호해진다.

그러나 그리스도 안과 밖 간의 딜레마는 젠더화된 세인 현존재가 타인과의 관계에 있어서 배려하는 심려의 양태에서 벗어나고자 하는 여성주의적 기획투사를 통해 젠더 편견에 의존된 세인적 가치 규정에서 벗어나 본래성을 회복하는 참여를 통해 해결 가능하다. 이것은 타인의 젠더를 자기 실존성을 위해 수단시하는 일상적 관계에 제동을 거는 방향 안에서 여성 젠더의 사물적 수단화에 저항하는 윤리적 논의와 실천을 수행하는 것을 의미한다. 구체적으로 말해, 세인의 비본래적 심려에 기반하여 형성된 그리스도 밖의 현 시스템인 기술 엘리트 자본주의 안의 심려구조를 이해하고 과학 기술의 적용과정에 본래적 심려 관계를 실현할 적극적인 참여 기획을 추진하는 일에서 출발한다. 그리하여 젠더 구별이 존재자 서열이나 힘의 불균형과 무관하게 되는 차원, 기술 소비자의 삶을 넘어서는 차원을 의도하고, 이러한 삶 속에서의 기획투사를 인공지능의 생산, 유통, 소비의 과정에 적용하여, 과학 기술에서 소외된 무력한 거대 소비층이 형성되어 가는 과정을 저지하는 일이 될 것이다.

EqualAI는 바로 이러한 실천에 큰 첫걸음을 내딛고 있으며 이와 같은 참여의 계기를 과학기술주도 문화 안에서 만들어내고 확장하는 일은 반드시 수반되어야 한다. 비록 무젠더의 젠더를 드러내는 데에 그치고 여성 젠더 편견 극복에 관한 한 큰 반향을 일으키지 못하고 있으나, 오히려 EqualAI의 시도와 그 효과의 한계 자체가 우리에게 현상학적 탐구와 실천을 촉구하는 출발점을 제공한다. 그리하여 젠더 중립이라는 과학기술의 배후에 숨겨진 젠더화된 세인의 세계를 비은폐하면서 우리에게 더 나은 실천적 방안을 고심하도록 이끌고 있다. 이것은 기술에 대한 막연한 낙관론이나 비관론에 머무르지 않고 기술을 상품화하는 자본주의 시스템 안에 디폴트되어 있는 젠더 편견과 혐오에 저항하는 우리자신의 결단과 개입의 중요성을 상기시킨다.

그러므로 EqualAI가 제안한 무젠더 음성 인공지능 Q의 실제적 효율성과는 별도로, 이들의 시도는 빅데이터를 통해 양적 우위로 반영될 비본래적 심려 관계를 벗어나고자 카이로스적 시간에 열려진 우리 자신의 기획투사적 개입이라고 평가할 수 있다. 이와 같은 실존론적 참여의 지속적인 매개가 없다면, 기술자본주의는 지금까지 인간의 역사를 점철시켜온 젠더 편견과 폭력을 통해 타인을 수단화하는 방향으로 기울어진 세인 세계에 적응한 우리 자신을 닮은 기계 이웃만을 생산해 나갈 것이다. 그리고 젠더 중립적 기술시스템이라는 메시지 아래 인공 '여성' 지능에 대한 문제 제기에 대해 "잠잠하라"고 명령하며 침묵시킬 것이다. 그러므로 빅데이터와 알고리즘을 최대 이윤 창출에 맞추어 조절할 수 있는 소수의 기술 엘리트들과 다수의 무력해진 하위 소비계층 간의 양극화를 막는 일과 인공지능과 공존하면서 인공 '여성' 지능에 대한 문제를 지속적으로 제기하는 일은 결코 무관하지 않다.

이에 따라 그리스도 밖의 현 세계의 시스템, 즉 기술자본주의 안에서 생산과 유통과 소비의 과정에서 인공지능을 사용하며 젠더화된 세인으로 실존하는 우리 자신을 진단하며, 이 시스템에 어느 정도까지 순응하거나 또는 저항할 것인지를 본래적 심려의 기투 가능성에 초점을 맞추어 논의하는 여성주의적 현상학이 기술 윤리학의 예비학으로서 요구된다. 이는 '그리스도 안'의 무젠더적 이상을 젠더 편견을 은폐하는 젠더 중립적 도구로 변형시키는 것이 아니라 이를 실제로 실현시키며 바울서신의 두 모순된 메시지의 딜레마가 보이는 간극을 좁혀 나가는 길을 기술자본주의 안에서 제시하는 여성주의적 기획투사의 한 방향이 될 수 있을 것이다.

자본주의에서 '좋은 삶'에 대한 해석학적 모색

김선하*

I. 시작하는 말

"자본주의에서 좋은 삶의 모색"이라는 논문의 제목은 실상 "자본주의에서 '좋은 삶'을 어떻게 규정해야 하는가"라는 질문과 교환적으로 쓸 수 있다. 다시 말하면, 현대 자본주의 체제에서 "좋은 삶이 어떤 삶인가"라는 질문에 대한 답은 이미 주어져 있는 것이 아니라 찾아야 한다는 말이다. 그러므로 이 질문에 답하기 위해서는 먼저 '좋은 삶'이 무엇인지를 물어야 하고, 이어서 자본주의 체제에서 그 '좋은 삶'을 이루기 위한 조건들이 무엇인지를 말할 수 있어야 한다. 결과적으로 이 문제는 현재 삶에 대한 윤리와 도덕의 질문을 함축하고 있다.

발전된 산업사회에서 현대인들은 산업화의 경제 논리와 기존 정치

* 감리교신학대학교 강사 / 해석학

에서 경험하는 낡은 합리성 간의 모순 속에서 살고 있다. 이러한 모순을 피하기 위해 대다수는 행복의 사유화를 추구하면서 개인적인 생활에 몰두한다. 동양이든 서양이든 모든 발전된 산업사회에서는 사생활을 보호하려는 강력한 개인적인 울타리가 만들어지고 있다.[2] '좋은 삶'이 어떤 삶인가에 대한 대답을 폴 리쾨르의 관점을 통해 살펴보면서, 이 글은 현대 자본주의 경제체제가 안고 있는 문제점 즉 정치의 권위가 사라지고, 윤리와 도덕의 문제가 경제적인 것 뒤에 가려진 현실적 위기에 대한 대안을 모색해보고자 한다. 최종적으로는 리쾨르가 제시하는 '좋은 삶'이 자본주의 사회에 적용 가능한지, 나아가 적용 가능하다면 그 실행을 위한 조건이 무엇인지에 대해 살펴보고자 한다.

리쾨르가 아리스토텔레스를 따라서 윤리적 목표로 삼는 진정한 삶은 "정의로운 제도 속에서 타자와 더불어, 타자를 위하여 사는 좋은 삶" (la vie bonne avec et pour autrui dans des institutions justes)이다.[3] 본문에서는 이 주장을 하나씩 풀어서 그 의미를 고찰해 볼 것이다. 결론적으로 그의 주장에 의거해서 자본주의가 '좋은 삶'의 목표를 이루기 위한 좋은 제도가 될 수 있는지를 탐색하고자 한다. 한마디로 '좋은 삶'에 대한 리쾨르의 주장이 의미하는 바가 무엇인지 그리고 그의 주장이 오늘날 자본주의 사회에서 얼마나 타당성이 있는지 살펴보려고 한다.

세부적으로 첫째, 아리스토텔레스의 목적론적 윤리에 따라 '좋은 삶'을 목표로 삼는다는 것이 무엇을 의미하는지 리쾨르의 논의를 따라 살펴본다. 둘째, '좋은 삶'에서 타자가 왜 필요한지에 대해 고찰한다. 이

---

2 폴 리쾨르/박병수·남기영 편역, 『텍스트에서 행동으로』(아카넷, 2002), 417.
3 P. Ricoeur, *Soi-même comme un autre* (Seuil, 1990), 202.

과정에서 아리스토텔레스의 우정론을 통해 타자의 의미를 밝힌다. 셋째, '좋은 삶'의 목표와 좋은 제도가 어떻게 연결되는지 탐색해 본다. 여기서 개인적인 좋은 삶이 모든 사람을 포괄하는 제도의 차원으로 나갈 수 있는 근거가 되는 '자기soi'에 대한 논의를 검토한다. 마지막으로 성서의 관점에 비추어 '빚' 개념과 마르셀 모스의 '선물' 개념을 통해 자본주의가 정의로운 제도가 될 수 있고, 그 속에서 좋은 삶이 가능하다고 보는 이 글의 주장을 뒷받침하고자 한다.

II. '좋은 삶'을 목표로 삼는다는 것

서양철학 전통에서 윤리éthique와 도덕morale은 많은 부분 교차적으로 사용되어왔다. 두 용어는 각각 그리스어와 라틴어로부터 왔으며, 공통적으로 '좋다고 평가'되는 의미와 '강제적인 의무'라는 의미를 함께 가지고 있다. 일반적으로 윤리는 아리스토텔레스를 따라 목적론적 관점으로, 도덕은 칸트적 전통에서 의무론적 관점으로 대표된다. 리쾨르는 논의를 위해서 '하나의 완성된 삶의 목표'에 대해서는 윤리라는 용어를 쓰고, 구속력을 지닌 보편적 규범들과 관련해서는 도덕이라는 용어를 사용한다.[4] 리쾨르에 따르면 '좋은 삶'은 윤리적 목표로서 도덕 규범보다 우위에 있다. 왜냐하면 '좋은 삶'은 윤리적 목표가 되는 대상 자체이기 때문에 이것의 성취는 각각의 행위의 궁극적 목적이 된다. 규범은 이 목표를 이루기 위해 행위를 걸러주는 체의 역할을 한다.[5]

---

4 폴 리쾨르/김웅권 옮김, 『타자로서 자기 자신』 (동문선, 2006), 230.

주지하다시피 아리스토텔레스 윤리학은 행복eudaimonia을 최고선으로 삼는다. 이 행복은 잘 사는 것to eu zen이나 잘 나가는 것to eu prattein과 같은 것이다.6 즉, 아리스토텔레스에게 잘 사는 것 곧 좋은 삶은 첫 번째 윤리적 목표이다. 그는 이것을 이루기 위해 실천praxis을 강조했다. 그러므로 아리스토텔레스의 윤리는 철저히 프락시스에 기반한 목적론적 윤리라고 할 수 있다. 아리스토텔레스는 행복이 무엇인가에 대한 분분한 의견이 있을 수 있음에 대해 미리 지적하면서, 두 가지 태도를 들어 자신의 입장을 밝힌다. 그 둘은 제일원리arche에서 출발하는 것과 제일원리를 향해 가는 태도이다. 이 둘은 비슷한 것 같지만, 심판이 있는 곳에서 반환점을 향해 달리는 것과 반환점에서 심판이 있는 곳으로 달리는 것만큼이나 차이가 있다고 그는 말한다. 행복이 무엇인가, 혹은 무엇이 좋은 것인가에 대해 수많은 좋은 것을 좋음이게 해주는, 그 자체로 좋은 무엇인가가 있다고 말하는 플라톤의 관점이 후자인 제일원리로 향해 가는 태도라는 암시를 주면서, 아리스토텔레스 자신은 제일원리에서 출발하겠다는 입장을 밝힌다. 왜냐하면, '그 자체로 좋음'이 무엇인지를 알기 위해 일일이 좋은 것에 대한 의견을 밝히는 것은 시간 낭비일 뿐이고, 반면에 제일원리가 충분히 분명하고 확인할 필요가 없는 것이기 때문에 여기에서 출발하는 것이 바람직하다는 것이다. 이때 제일원리의 자리에 아리스토텔레스는 좋은 습관을 놓는다. 좋은 습관이 곧 실천이다.7 그래서 습관ethos은 도덕(혹은 윤리ethike)과 연결된다.8

---

5 『타자로서 자기 자신』, 201.
6 아리스토텔레스/천병희 옮김, 『니코마코스 윤리학』(도서출판 숲, 2018), 26-27.
7 『니코마코스 윤리학』, 27-28.

이러한 관점에서 리쾨르가 아리스토텔레스에서 가장 포괄적이고 온전한 윤리적 목표를 발견할 수 있었던 것은 '자기 사랑philautia'에 기초한 윤리를 말한다는 점이며, 또한 인간 삶 전체의 목표와 개별행동들 사이의 연속성을 강조한다는 점이다. 한마디로, '좋은 삶'의 목표가 닻을 내리는 장소가 프락시스praxis: 실천이며, 이 실천 속에 들어있는 목적론이 좋은 삶의 목표를 이룬다.9

그렇다면 개별 행동들과 삶 전체의 목표가 어떻게 연관되며, '좋은 삶'의 목표와 연관된 목적론은 어떻게 구성되는가? 직업이든 놀이든 예술이든 각각의 실천은 '좋은 삶'이라는 윤리적 통일성을 지향하고 있다. 그리고 이 구체적인 행함이 '좋은 삶'의 목표와 부합될 때 잘 행했다는 평가를 받는다. 즉, 평가와 규범적 판단들이 의미를 가질 수 있는 것은 '좋은 삶'이라는 목표와 연관된 행위의 차원에서이다. 여기서 중요한 것은 이러한 잘 행함에 대한 판단이 이루어지기 위해서는 어떤 훌륭함의 기준에 대한 축적된 합의가 있어야 한다는 사실이다. 바로 이 훌륭함의 척도들이 어떤 실천에 있어서 행동이 지향해야 할 목적론을 구성한다. 즉, 이 목적론이 각각의 실천에서 하나의 목표를 제시하고 그 목표에 부합하는 행동이 훌륭함의 척도를 만족시키는 것으로 평가받을 수 있다는 것이다. 그러한 평가는 좋은 것으로 인정될 수 있는 모두의 평가를 전제하기 때문에, 개인이 막연히 가지고 있는 '좋은 삶'에 대한 이상과는 분명히 분리된다.

요약하면, 훌륭하고 좋다고 판단되는 행위는 '좋은 삶'을 목표로 하

8 『니코마코스 윤리학』, 60.
9 『타자로서 자기 자신』, 233. 『니코마코스 윤리학』, 1.1.1094a, 31. (장경, "폴 리쾨르의 정의 이론," 「해석학연구」 제31집 [2013], 93에서 재인용.)

는 것이고, 이러한 행위는 모두에게 인정되는 합의된 평가 기준을 만족시키는 것이다. 이로써 아리스토텔레스가 '좋은 삶'의 윤리적 목표를 이루기 위해 개별 실천을 중요하게 생각한 이유를 알 수 있다.

따라서 개별 실천을 통해 '좋은 삶'의 목표를 이루기 위해서는 실천적 지혜phronèsis프로네시스가 요구된다고 아리스토텔레스는 말한다. 실천적 지혜는 심사숙고의 과정을 거쳐 '좋은 삶'에 부합하는 행위를 선택하는 지혜를 말한다. 실천적 지혜를 지닌 사람을 아리스토텔레스는 프로니모스phronimos, 즉 프로네시스의 인간이라고 불렀다. 실천과 '좋은 삶'이라는 궁극 목적 사이에서 무엇이 중요한가를 결정하는 것은 프로네시스와 프로니모스의 관계와 밀접하게 연관된다. 왜냐하면, 지혜로운 판단을 하는 인간이 개별적 상황에서 '좋은 삶'의 목적에 부합하는 규칙과 행동을 동시에 선택하기 때문이다. 또한 프로니모스에 의해 각각의 상황에서 선택되는 도덕 규범은 '좋은 삶'이라는 윤리적 목표를 향해 있기 때문이다. 따라서 좋은 삶에 부합하는 실천에 대한 평가는 고정불변하는 기준에 의해서가 아니라 실천적으로 어떤 삶의 선택이 주는 이점과 불편을 검토하면서 그 사이에서 심사숙고하는 선택을 통해 얻을 수 있다.10

리쾨르는 이러한 '좋은 삶'이라는 목표를 향한 삶의 통일성을 이루기 위해서는 행함과 자기 자신에 대한 끊임없는 해석 작업이 동반되어야 한다고 말한다.11 다시 말하면, 우리의 삶 전체에서 볼 때 가장 훌륭하다고 생각되는 것을 선택하는 실천은 행동과 자기 자신에 대한 끊임

10 『타자로서 자기 자신』, 239.
11 『타자로서 자기 자신』, 245.

없는 해석 작업으로부터 나온다. 이것을 리쾨르는 '좋은 삶'이라는 목표와 우리 삶에서의 결정들 사이에서 일어나는 '해석학적 순환'이라고 말한다. 즉, 부분을 알기 위해서는 전체를 알아야 하고, 전체를 알기 위해서는 부분을 알아야 하는 해석의 순환처럼, 한 행동의 결정은 모든 행위의 주체인 자기 자신을 해석하는 것과 총체적으로 연결되어 있다. 제비 한 마리가 왔다고 여름이 온 것은 아니라는 속담에서처럼 하나하나의 행동과 실천은 전체적인 해석 속에서 의미를 부여받게 되어 있다. Ch. 테일러가 인간을 '자기 해석적 동물'(self-interpreting animal)이라고 할 때, 자기 해석은 타인들의 평가와도 결부되어 있는 자기 자신에 대한 총체적 해석을 의미할 것이다.[12]

리쾨르가 볼 때, 개별행위들을 통합하고 총체적인 관점으로 해석하는 것은 '삶의 계획plan de vie'과 연관되어 있다. 이때 '삶'이라는 말은 반성적인 용어이다. 말하자면, 삶이라는 용어는 의미 해석이 필요한 자기 반성의 차원에서 사용된 말이다. 또한 삶은 단지 생물학적 의미에서 채택된 것이 아니라 윤리적-문화적 의미로 채택된 것으로, 파편화된 실천들과는 대조적인 전체로서 인간을 지칭한다. 아리스토텔레스는 의사나 건축가 같은 사람에게 그의 에르곤(기능, 과업ergon)이 있듯이, 인간은 인간 그 자체의 에르곤이 있다고 말한다. '삶'이라는 용어는 인간을 그 자체로 규정하는 에르곤과 연결되어 있다. 달리 말하면 인간 본연으로서의 에르곤은 각각의 실천을 포괄하는 전체로서의 '삶'에 대한 평가적·판단적 차원과 연관되어 있다. 좋은 의사, 훌륭한 예술가에게 내려지는 평가처럼 선한 사람, 좋은 삶 자체에 대한 평가가 인간

---

12 『타자로서 자기 자신』, 242.

의 에르곤에 의해 내려진다는 것이다. 그러므로 인간 삶과 에르곤의 관계는 하나의 구체적 실천과 탁월성의 기준의 관계와 같다. 즉, 하나의 행동이 탁월성의 기준에 의해 평가되는 것처럼 인간 삶이 인간의 에르곤에 의해 평가 차원에 이를 수 있게 된다. 각각의 실천들을 포괄하고 통합한다는 점에서 '삶의 계획'과 인간의 에르곤은 동일 선상에 있다.[13]

인간의 에르곤이라는 것은 소크라테스가 검토되지 않은 삶은 '삶'이라는 이름을 받을 자격이 없다고 말할 때, 검토된 삶과 관련이 있다. 그러한 삶은 하나의 통일성을 가진다. 이러한 삶의 통일성은 이야기라는 행위를 통해서 드러난다. 즉 한 삶의 통일성은 모든 이야기 속에서 각각의 의도들, 원인들, 우연들을 구성하는 이야기로 만들어지는 통일성이다.[14] 이야기를 하면서 윤리적 주체는 자신의 행동에 내려지는 타자의 평가와 스스로 내리는 자신의 평가를 결합시킨다. 인간은 자기 자신에게 평가의 시선을 던지는 존재이다. 개별적인 실천들을 전체 삶의 통일성과 조율하여 판단하고 선택하는 것도 인간이 해야 하는 일이다. 요컨대, 삶의 이야기적 통일성이라는 것은 이야기를 통해 개별 실천들 가운데서 일련의 선택과 그에 대한 평가가 함께 만들어내는 윤리적 통일성이다.

그런데 한 가지 중요한 사실은, 평가가 최종적으로 실현된 결과를 통해 내려지지만 그러한 결과보다 먼저 능력의 측면에 주목해야 한다는 사실이다. 각자의 행동은 그들이 가진 능력에 비례해서 평가가 이

---

13 『타자로서 자기 자신』, 240.
14 『타자로서 자기 자신』, 241.

루어진다. 그러므로 행동에 있어서 이 무언가 할 수 있는 능력capacité이라는 용어는 신체적 차원에서 윤리적 차원으로 연장된다. 나는 자신의 행동을 평가할 수 있고, 그 행동 중에 어떤 것의 목적이 좋다고 평가함으로써 자기 자신을 훌륭하다고 평가할 수 있는 그런 존재이다. 이때 강조점은 동사적인 할 수 있음(le pouvoir-faire)에 놓여야 하며, 이 할 수 있음은 윤리적으로 판단할 수 있음(le pouvoir-juger)의 연장선에 있다. 우리는 무언가 행동함에 있어서 각자 자신의 행동을 평가하듯이 다른 사람의 행동을 판단한다. 이러한 이유로 내가 무언가 할 수 있다는 것은 사람들의 윤리적인 판단과 결부되어 있으며 이 '할 수 있음'은 '타자'라는 매개를 통해 확인된다. '좋은 삶'의 윤리적 목표에 타자가 필요하다는 것은 아리스토텔레스의 우정philia에 관한 분석을 통해 확인할 수 있다.

III. 타자와 함께, 타자를 위하여

『니코마코스 윤리학』에서 "인간은 사회적 존재이고 본성적으로 남과 함께 살도록 되어 있기 때문에… 행복한 사람에게도 친구가 필요하다"[15]고 아리스토텔레스는 말한다. 그에 따르면, "가장 친한 친구란 알아주는 사람이 아무도 없어도 상대방을 위해 상대방이 잘되기를 바라는 사람이다. 그리고 이런 조건은 자기 자신과의 관계에서 가장 잘 충족된다."[16] 그리고 "남에게 느끼는 우애의 감정은 자기 자신에게 느끼

---

15 『니코마코스 윤리학』, 359.

는 우애의 감정이 확장된 것"[17]이라고 한다. 또한 "사람은 자기 자신의 가장 좋은 친구이기 때문에 자기 자신을 가장 사랑해야 한다"[18]고 말한다. 아리스토텔레스는 우정이 자기 사랑philautia과 타인을 매개한다고 말한다. 아리스토텔레스가 밝히는 우정이 지닌 상호성, 공유, 평등이라는 성격을 통해 리쾨르는 '좋은 삶'의 윤리적 목적을 이루기 위해서 왜 타인이 필요한지를 논증한다.

먼저 우정은 상호적 관계이다. 이 상호성은 '더불어-살기vivre-ensemle'와 연결된다. 우정의 상호성은 각자가 타자를 있는 그대로의 모습으로 좋아한다는 데 중요성이 있다. 아리스토텔레스는 실리적인 이익 때문에 혹은 즐거움을 주는 이유로 친구를 좋아하는 것은 우정의 참된 모습이라고 보지 않았다. 완전한 우정은 일시적인 유용성이나 쾌락을 얻기 위한 것이 아니라 서로 유사한 미덕을 가진 좋은 사람들 사이의 우정이다. 그들이 좋은 사람인 한 똑같이 서로가 잘 되기를 바라며, 무엇보다 그들 자신이 먼저 좋은 사람이다. 친구를 위해 친구가 잘되기를 바라는 사람들이야말로 가장 진정한 친구이다. 그들이 친구를 그렇게 대하는 것은 친구의 사람 됨됨이 때문이다. 이러한 친구와의 우정은 행복한(좋은) 사람이라도 홀로 산출할 수 없는 어떤 좋은 것을 제공한다.[19] 좋은 사람은 자기가 좋은 사람임을 자각하기 때문에 그 자체로 즐겁듯이, 친구 존재도 그러함을 자각함으로써 행복하다. 이것이 '더불어-살기'suzèn이다. 인간이 함께 산다vivre-ensemble는 것은 들판에서 소떼들이

---

16 『니코마코스 윤리학』, 353.
17 같은 곳.
18 『니코마코스 윤리학』, 354.
19 『니코마코스 윤리학』, 301.

각자 풀을 뜯어 먹는 것과는 다른 차원이다. 따라서 사람이 행복해지려면 훌륭한 친구가 필요하다고 아리스토텔레스는 주장한다.[20]

아리스토텔레스에 따르면 우정은 심사숙고하여 선택하는 행위와 관련된 미덕이다. 따라서 우정은 타인에 대한 애정이나 애착 같은 심리적 감정에 관한 것이 아니라 선을 향한 윤리에 관한 것이다. "우정은 미덕이거나 미덕을 수반하며, 살아가는 데 가장 필요한 것"이라고『니코마코스 윤리학』은 밝히고 있다.[21] 이 미덕은 끊임없이 실질적으로 발현되는 활동이다.[22] "행복은 일종의 활동energeia이며 활동은 분명 생성되는 것이지 재물처럼 누군가에게 이미 존재하는 것이 아니다. … 좋은 사람에게는 자기 친구인 훌륭한 사람의 행위가 즐겁다면 더없이 행복한 사람에게는 이러한 친구가 필요할 것이다."[23] 선하고 행복한 사람은 그와 같은 친구를 통해서 더없이 좋은 것을 얻을 수 있다. 친구와의 관계에서 만들어지는 행복(우정)은 하나의 '활동energeia'이며, 이 활동은 분명 하나의 '생성devenir'이고, 완성된 현실태entelecheia로 가는 힘puissance이다.[24] 다시 말하면, 좋은(행복한) 사람들 사이의 우정이 '좋음'의 현실태로서 간주된다면, 각각의 좋은 사람들은 자기 속에 있는 결핍(가능태)을 채우기 위해 우정을 향해 가야 한다.[25] 즉 행복한 사람이 느끼는 친구의 필요성은 자기 자신의 존재와 맺는 관계에서 비롯되는 일종의 부족이나 결핍에 기인한다.[26] 요약하면, 우정이라는 활동은 아

---

20 『니코마코스 윤리학』, 362-363.
21 『니코마코스 윤리학』, 294
22 『타자로서 자기 자신』, 245.
23 『니코마코스 윤리학』, 360.
24 『타자로서 자기 자신』, 251.
25 『타자로서 자기 자신』, 246.

리스토텔레스의 목적론적 철학에서 잠재적 가능태에서 완성된 현실태로 가는 생성이자 힘이다.

우정의 또 다른 특성은 공유와 평등이다. "친구들은 모든 것을 공유한다", "우애는 평등이다"[27]라고 아리스토텔레스는 말한다. 이런 면에서 우정은 개인적으로 '좋은 삶'의 목표와 정치적인 의미의 정의를 연결해 준다. 우정은 동등한 관계를 전제한다. 정의가 제도의 차원에서 평등을 논한다면 우정은 개인적 관계에서의 평등을 요구한다. 다만 제도적인 정의에서 평등은 기여도에 있어서 불평등을 고려하기 때문에 비례적 평등이라고 한다면, 개인적 우정에서 평등은 동등한 수준의 사람들 사이에서 전제되는 것이다.

리쾨르는 아리스토텔레스의 우정론에서 상호성과 공유 그리고 평등을 통해 더불어-살기의 모색으로 나아간다. '친구는 또 다른 자기allos autos'라는 것은 우정이 자기 사랑에서 나온다는 말이다.[28] 각자 자신을 존중하는 사람들에게 우정은 '자기 존중l'estime de soi'에 '상호성mutualité'의 관념을 덧붙인다. 그리고 우정은 평등한 개인들 사이의 공유로부터 정치적 공동체의 다원성을 고려한 배분적 정의justice distributive로 향한 길을 터준다.[29]

---

26 『타자로서 자기 자신』, 252.
27 『니코마코스 윤리학』, 353.
28 『타자로서 자기 자신』, 249.
29 『타자로서 자기 자신』, 253.

IV. 정의로운 제도들에서: 나와 너에서 각자로

앞서 '좋은 삶'의 목표를 이루기 위해서는 타자 존재가 필요하다는 것을 아리스토텔레스의 우정론을 통해 살펴보았다. 그런데 리쾨르는 '잘-살기vivre-bien'가 '더불어-살기vivre-ensemble'가 되기 위해서는 상호 개인적인 차원에 국한되는 것이 아니라 제도로까지 그 범위를 넓혀서 생각해야 한다고 말한다. 즉, 개인적인 차원의 윤리는 제도적인 차원의 정의로까지 확대되어야 한다는 것이다. 서론에서 언급되었듯이, 리쾨르의 윤리적 목표는 "정의로운 제도들에서 타자와 함께하는 그리고 타자를 위한 좋은 삶"이다. 이것은 관념적인 차원이 아닌 행위와 실천의 차원에서 이야기된다. 행위와 실천의 차원에서 더불어-살기의 윤리를 위해 리쾨르는 고통당하는 타자에 주목한다. 이렇게 하는 의도는 고통당하는 타자를 보고 자신의 내면에서 일어나는 공감과 연민에 반응하는 배려를 제삼자를 포함한 타자에 대한 정의로 확대하고자 하는 것이다. 거기에 더하여, 자기 사랑에서 출발하는 우정과 다른 한편 타인의 고통으로부터 비롯되는 공감이 서로 균형을 이루어서 자기와 타자가 기울어짐 없이 함께 '좋은 삶'의 윤리적 목표를 이루고자 함이다.[30]

리쾨르는 고통받는 타자를 레비나스의 명령하는 타자와 대비시킨다. 레비나스에 따르면 타자의 얼굴은 우리가 정의롭도록 명령한다. 그가 말하는 대표적인 타자의 얼굴은 소외된 자, 고아와 과부의 얼굴이다. "그의 얼굴은 내가 그를 섬기도록 명령한다."[31] 그런데 여기서

---

30 『타자로서 자기 자신』, 257.
31 레비나스/양명수 옮김, 『윤리와 무한』 (다산글방, 2000), 126.

타자와 나의 관계는 상호적이지 않다. 그는 내 목숨까지도 요구할 수 있다고 레비나스는 말한다. 심지어 상호관계가 아니기 때문에 나는 그의 종sujetion이라고까지 말한다. 이런 의미에서 나는 주체subjet이다. 이렇게 명령하는 타자는 우리에게 책임을 부과한다. 모든 게 내 책임이 된다. 그런데 내 책임의 근거는 타자의 명령이다.[32] 그러므로 정의의 문제 또한 타자와의 비대칭적 관계에서 규명될 수밖에 없다.

리쾨르에 따르면 명령하는 타자와 상반되는 것이 고통받는 타자이다. 고통당하는 타자는 우리 내면에 공감과 연민을 불러일으키고 기꺼이 타인의 괴로움을 나누고자 하는 소망을 품게 한다.[33] 이처럼 행위의 주도권을 가지고 타자의 고통을 자기 것처럼 느끼면서 도와주려는 행위는 실상 타자로부터 촉발되지만 이에 따라 자기를 내어주는 배려sol-licitude의 행위는 타자에 대한 자기의 반응이다. 즉, 배려로부터 자기와 타자는 상호성으로 나아가게 되고, 타자에 대한 배려는 이러한 상호성의 증거이다.[34] 요컨대, 고통당하는 타자로부터 시작된 공감과 연민은 배려를 통해 자기와 타자가 상호관계에 들어가게 된다. 이것은 자기 사랑에서 출발한 우정의 측면과 만나 균형을 이룬다. 이로써 '너 역시'와 '나 자신처럼'이라는 동등한 가치가 만들어진다. 그리고 자기 자신

---

32 『윤리와 무한』, 127.

33 '…와 더불어 고통받는다'는 것은 타자의 목소리(명령)에 의한 책임 부여와는 상반되게 자기 속에서 먼저 일어나는 것이다. 그런데 고통받는 타자와의 공감은 은밀하게 자기를 우위에 두는 연민과는 다르다. 진정한 공감은 고통받는 타자 앞에서 자기의 취약함을 드러낸다.

34 다시 말하면 '배려'는 타자로부터 비롯된 타자의 고통에 대한 도덕적 명령과 자신 속에서 일어나는 타인을 향한 감정들의 정서적 본능이 결합된 용어이다. 『타자로서 자기 자신』, 258.

처럼 타자의 존중과 타자처럼 자기의 존중이 근본적으로 동등하게 된다고 리쾨르는 말한다.[35] 여기서부터 '각자chacun'에 대한 규정이 나온다. 이러한 각자의 규정에서 리쾨르는 윤리적 주체로서 '자기soi'의 의미를 드러낸다.

리쾨르에 따르면, 자기soi는 '나je'가 아니다. 즉 자기는 1인칭의 나 중심성에서 벗어나 3인칭 관점으로 자기를 세울 수 있는 주체이다. 또한 타자도 2인칭의 '너'와는 다른, 3인칭의 관점으로 자기를 세울 수 있는 주체이다. 그러므로 '나'도 '너'도 3인칭 각자로서 '자기'이다. 이로써 나-너의 대면적 관계가 3인칭 자기의 차원으로 확대된 제도로 옮겨간다. 제도는 서로 대면한 관계만 아니라 익명의 제삼자들도 포함한다. 그러므로 익명성은 '진정한 삶la vraie vie' 즉 '좋은 삶'이라는 목표 속에 포함된다. 이로써 정의의 의미는 '나-너'라는 마주함보다 더 멀리 확대된다.

결국, '잘-살기vivre-bien'라는 윤리적 목표는 익명의 제삼자를 포함한 제도로까지 확대된다. 마주한 타인에 대한 배려는 제도 속에서 평등으로 나타난다. 제도와 삶이 맺는 관계는 배려와 상호 개인들이 맺는 관계와 같다.[36] 여기서 제도는 역사적 공동체(국민·민족·지방 등)에서 '더불어-살기'의 구조를 의미한다. 그러므로 제도는 보편적인 규범들에 의해서가 아니라 공통의 관습에 의해서 만들어진다고 볼 수 있다. 그런 맥락에서, 윤리éthique라는 명칭은 관습과 습관을 뜻하는 에토스ethos에서 나왔고 에토스로 되돌아간다.[37] 한마디로 아리스토텔레스에게

---

35 『타자로서 자기 자신』, 260-261.
36 『타자로서 자기 자신』, 271.
37 『타자로서 자기 자신』, 261.

있어서 습관과 윤리가 연결되어 있듯이, 윤리와 관습 그리고 제도가 긴밀한 관계를 이루고 있다.

　그런데 '좋은 삶'의 윤리가 정의로운 제도와 접목될 수 있기 위해서는 '제도 속에서 정의를 어떻게 설명해야 하는가'라는 문제가 남아있다. 리쾨르는 아리스토텔레스의 미덕으로서의 중용을 통해 이 문제에 대답한다. 아리스토텔레스에 따르면, "모든 미덕은 미덕을 지닌 것이 좋은 상태에 있게 하고, 제 기능을 잘 수행하게 하는 것"이다. 예컨대 눈의 미덕은 눈과 눈의 기능을 좋게 한다.38 그런데 감정과 행위와 관련된 도덕적 미덕이 목표로 삼는 것은 무엇인가? 아리스토텔레스에 따르면, 도덕적 미덕은 중간médiété을 목표로 삼는다. "미덕은 적어도 중간mésotès메소테스을 목표로 삼는다는 점에서 일종의 중용이다."39 중간은 지나침과 모자람이라는 두 악덕 사이의 중간이다. 중용은 개인 혹은 개인들 간의 모든 미덕들에 공통된다. 아리스토텔레스는 정의를 중간을 목표로 삼는 중용과 연결시킨다.40 이러한 의미에서 정의는 올바르게 행동하도록 요구하는 미덕이다. "정의는 완전한 미덕의 활용이므로 가장 진정한 의미에서 완전한 미덕이다."41 "정의는 타인을 위한 좋음

---

38 『니코마코스 윤리학』, 71-72.

39 『니코마코스 윤리학』, 74.

40 "법을 지키지 않는 사람은 불의하고 법을 지키는 사람은 공정한 만큼 분명 합법적인 것은 무엇이든 어떤 의미에서는 옳다. 입법 행위에 따라 제정된 것은 합법적이고, 우리는 그런 법규 하나하나를 옳다고 여긴다. 그런데 법은 삶의 모든 영역을 규정하면서 시민 전체 또는 최선자(最善者)들 또는 집권자들 또는 그런 종류의 다른 집단의 공동 이익을 추구한다. 그래서 어떤 의미에서 우리는 국가 공동체의 행복 또는 행복의 구성 요소를 산출하거나 보전하는 것들을 옳은 것이라고 부른다"(『니코마코스 윤리학』, 174-175).

41 『니코마코스 윤리학』, 176.

으로 간주되는 유일한 미덕이다. 정의는 대인관계에서 행해지기 때문이다."[42] 이러한 보편적 미덕으로서의 정의와 대조해서, 아리스토텔레스는 특수한 의미에서 옳은 것과 불의한 것도 논한다. 특수한 의미로서 정의는 명예나 금전이나 기타 정치 공동체의 구성원들 사이에서 분배될 수 있는 것들을 배분하는 데서 발견된다. 그리고 사람들 사이의 거래에서 조정하는 역할로서의 정의를 말한다. 그런데 아리스토텔레스가 보편적 미덕의 차원에서 말하는 분배에서의 정의는 일종의 비례적 정의이다.[43] 왜냐하면 올바른 것은 지나침과 모자람이라는 극단들 사이에 존재하는 중간인데, 이 중간은 사람에 따라 유동적이며 또 누구나가 다 같은 종류의 가치를 염두에 두지는 않기 때문이다. 그런 정의와 불의의 예로써 누군가 자기가 받을 몫보다 더 많이 가지려 한다면 그의 행위는 어떤 종류의 악덕, 곧 불의를 드러낸다고 한다.[44]

리쾨르는 개인적인 차원에서 제도적인 차원으로 무리 없이 이동하게 해 주는 것이 아리스토텔레스의 중용이라고 말한다. 즉 정의로운 것과 정의롭지 못한 것을 구분하는 중간은 개인들 상호 간의 관계에서뿐만 아니라 제도적 차원에도 해당된다.[45] 제도가 필요한 이유는 분배의 문제와 연관되어 있다. 끊임없이 더 많이 갖고자 하는 악덕pleonexia과 불평등의 문제는 언제나 외적이고 불안정한 이익과 관련되어 있다. 제도를 통하지 않고서는 이러한 분배가 불가능하다. 배분적 작용은 생산이라는 개념의 보완으로서 경제적 차원에 한정되는 것이 아니다. 그

---

42 『니코마코스 윤리학』, 176.
43 『니코마코스 윤리학』, 181.
44 『니코마코스 윤리학』, 177.
45 『타자로서 자기 자신』, 266-267.

것은 '더불어-살기'에서 사회 구성원들에게 무언가를 나누는 구분을 의미한다. 예컨대 역할·임무·이익·불이익 등을 사회 구성원들 사이에 분배하는 일을 제도가 조정하기 때문에 분배는 모든 제도에서 볼 수 있는 근본적 특징이다. 따라서 분배répartition라는 용어는 나눔의 다른 측면을 표현한다고 할 수 있다. 결과적으로, 제도에 참여하는 일과 배분의 체계에서 각자에게 지정된 몫을 구분하는 측면은 언제나 같이 있다. 그러므로 '좋은 삶'의 윤리적 목표의 전체 범위 속에는 분배의 차원에서 제도를 고찰하는 것이 포함된다. 리쾨르에 따르면, 제도에 대한 배분적 해석은 상호 개인적인 차원에서 공동체적 차원으로의 이동을 방해하는 모든 장벽을 무너뜨린다. 나아가 윤리적 목표를 구성하는 개인·상호 개인·공동체 사이에 결속력을 확보해 준다.46

요컨대, 각자에게 자기 몫을 정당하게 배분하는 것이 정의로운 제도의 특징이라고 할 수 있다. 언급했듯이, 제도에서 평등이 각자의 삶과 맺는 관계는 배려가 상호 개인 간 맺는 관계와 같다. 즉, 평등은 마주 보는 대상에 대한 배려를, 자기를 포함한 각자인 타자에게 적용한 것이다. 배려는 인격들을 서로 대체할 수 없다고 간주한다. 그러므로 누구도 불이익을 당하거나 공정한 대우에서 배제되는 것을 금하는 정의는 이러한 배려를 전제한다. 반면에 평등의 적용 영역이 인류 전체라는 점에서, 정의는 상호적인 배려를 전체 각자에게로 확장한다.47 정치 권력이라는 것은 함께 행동하는 사람들이 있는 동안만 지속하고 그들이 흩어지면 사라져 버리는 취약성을 드러낸다. 하지만 함께 행동

---

46 『타자로서 자기 자신』, 269-270.
47 『타자로서 자기 자신』, 271.

하고 잘 살고자 하는 의지로서 권력은 일정 정도, 제도에 의해 그 지속력을 보장받는다. 따라서 '좋은 삶'의 윤리적 목표는 제도 속에서 법적 구속의 일관성과 당위성을 가진 법적 차원으로 확대된다. 그러므로 제도에서 윤리와 정치는 교차한다.[48]

V. 빚진 존재와 선물 교환의 도덕

지금까지 우리는 리쾨르가 '좋은 삶'을 "정의로운 제도 속에서 타자와 함께, 타자를 위하여 사는 진정한 삶"이라고 주장하는 근거를 살펴보았다. 먼저 '좋은 삶'이라는 것은 규범에 앞서는 하나의 윤리적 목표라는 점을 보았다. 이것은 개별 실천을 통합하는 하나의 삶의 계획으로서 그 자체로 좋다고 평가받을 만한 것이다. 그리고 좋은 삶은 타자를 필요로 한다는 것을 우정에 대한 분석으로 살펴보았다. 우정에서 볼 수 있는 상호성, 공유 그리고 동등한 관계를 전제한 배려가 우리 각자에 대한 평등으로 이어진다는 것을 보았고, 이어서 각자에게 공정한 몫을 나누는 배분적 정의justice distributive가 실현되는 것은 제도를 통해서라는 것을 살펴보았다. 결국 제도에서 윤리와 정치가 교차하면서 '좋은 삶'의 목표를 이룰 수 있다는 사실을 검토해 보았다. 이제 남은 문제는 '우리가 몸담고 살아가고 있는 자본주의가 리쾨르가 말하는 좋은 제도의 요건을 갖추고 있는가'라는 것이다. 이것은 서론에서 말했듯이 중립적인 체제 개념인 자본주의를 우리가 어떻게 운용하는가에 대한 문제

---

48 『타자로서 자기 자신』, 261.

와 연결된다. 자본주의가 '좋은 삶'을 위한 좋은 제도가 될 수 있다는 점을 뒷받침하기 위해서 우리는 성서의 관점에 비추어 '빚dette' 개념과 마르셸 모스의 '선물don' 교환의 도덕을 논해보고자 한다. 결론적으로 우리 모두가 '빚진 존재'라는 사실과 우리에게 선물로 주어진 것을 '나누어야 할 의무'를 환기시킴으로써, 자본주의는 '좋은 삶'을 위한 '정의로운 제도'가 될 수 있다는 것을 주장할 것이다.

구약성서는 행복을 내가 도와줄 이웃과의 관계 맺음을 통해 설명한다. 고아와 과부, 나그네들이 내가 도울 수 있는 이웃의 모델로 등장한다. 여호와 하나님은 출애굽 사건을 통해 이스라엘 민족을 종의 형상에서 자유민으로 옮기셨다. 젖과 꿀이 흐르는 가나안 땅으로 들어가기 전에 하나님은 그들이 새로운 땅에서 어떻게 살아야 하는지에 대한 지침을 십계명을 통해 명령하셨다(출애굽기 20장). 이로써 묶여 있던 종살이에서 벗어나 자유로운 의지와 욕망을 활용할 수 있는 가능성을 이스라엘 민족은 갖게 되었다. 이 모든 것을 하나님과 이웃을 위해 잘 사용할 때 복을 받는다는 사실을 성서는 명시하고 있다. 그 명령들을 한마디로 요약하면, 하나님 사랑과 이웃 사랑이다. 하나님 사랑은 모든 것에서 하나님의 주권을 인정하는 것이다. 따라서 이 두 명령은 어떤 것도 내 것이 아니기 때문에 권리에 대한 포기와 함께 이웃과의 나눔이 당위라는 사실을 함축한다.

이스라엘아 네 하나님 여호와께서 네게 요구하시는 것이 무엇이냐 곧 네 하나님 여호와를 경외하여 그의 모든 도를 행하고 그를 사랑하며 마음을 다하고 뜻을 다하여 네 하나님 여호와를 섬기고 내가 오늘 네 행복을 위하여 네게 명하는 여호와의 명령과 규례를 지킬 것이 아니냐 하늘과 모든

하늘의 하늘과 땅과 그 위의 만물은 본래 네 하나님 여호와께 속한 것이로
되 여호와께서 오직 네 조상들을 기뻐하시고 그들을 사랑하사 그들의 후
손인 너희를 만민 중에서 택하셨음이 오늘과 같으니라 그러므로 너희는
마음에 할례를 행하고 다시는 목을 곧게 하지 말라 너희의 하나님 여호와
는 신 가운데 신이시며 주 가운데 주시오 크고 능하시며 두려우신 하나님
이시라 사람을 외모로 보지 아니하시며 뇌물을 받지 아니하시고 고아와
과부를 위하여 정의를 행하시며 나그네를 사랑하여 그에게 떡과 옷을 주
시나니 너희는 나그네를 사랑하라 전에 너희도 애굽 땅에서 나그네 되었
음이니라(신 10:12-19).

하늘과 땅과 만물이 하나님께 속한 것이라는 성서의 관점은 자연스
럽게 '빚dette'이라는 개념으로 연결된다. 리쾨르에 따르면, 우리는 유산
dette-héritage이라는 명목으로 과거에 의존하고 있는 빚진 존재들l'êtreen-
dette이다.[49] 과거에 대한 빚이라는 개념은 과거의 흔적 개념과 달리 강
요의 의미가 내포되어 있다. 말하자면 이것은 우리에게 주어진 모든
것에 있어서 우리가 도덕적 부담으로부터 자유롭지 않다는 의미를 함
축하고 있다. 나는 내 생명조차도 타인에게 빚진 존재이다. 이러한 도
덕적 부담은 무거워지거나 가벼워질 수는 있지만 여기서 벗어날 수 있
는 사람은 아무도 없다. '빚'이라는 개념은 인간의 존재 구조를 드러내
는 말이자, 성서가 말하는 인간 삶의 진실과 겹친다. 이것은 또한 성서
의 청지기 사상과도 같은 맥락을 가지고 있다.
빚이라는 관념 속에는 내 존재를 포함한 모든 것이 거저 주어졌다는

---

49 P. Ricoeur, *La memoire, l'histoire, l'oubli* (Seuil, 2000), 473-474.

선물(증여)의 개념도 포함되어 있다. 선물이 주고받는 관계 속에서 부드러운 부담감을 만든다면, 빚은 강요의 의미를 띤다. 하지만 둘 다 우리에게 주어진 모든 것이 은총이기 때문에 이것을 하나님과 이웃을 위해 사용하라는 명령이 함께 주어졌다. 십계명 중 제5계명에서 하루를 구별하여 거룩하게 지내라는 안식일의 명령은 고단한 인간이 쉼을 얻을 뿐 아니라, 빚진 자, 곧 은총을 입은 자임을 기억하는 날이다. 이스라엘 민족이 종의 신분에서 종을 부리는 자의 신분으로 바뀐 이후, 일곱째 날에는 가축과 종까지도 쉬도록 명하셨다(출 20:10; 신 5:14). 즉 필요와 욕구라는 새로운 주인을 모시고 쉬지 못하는 인간에게 모든 존재의 쉼을 명령하신 것이다. 안식일의 쉼은 "사람을 녹초로 만드는 무거운 짐을 지고, 조심해야 할 무거운 짐을 지고 괴로워하는" 많은 이들이 기쁘게 받아들이는 평화로운 대안이라고 월터 브루그만은 말한다.[50] 안식은 단순한 쉼이 아니라, 모든 것이 하나님의 은총이요 우리에게는 빚이라는 사실을 기억하여 구별한다는 의미를 가진다. 안식은 과거와 미래를 연결 지을 뿐 아니라 사람들 간의 관계도 연결 짓고 나아가 지상과 하늘을 연결 짓는다. 이와 더불어 빚 개념은 과거에 영향받는 존재인 우리를 미래를 향해 방향을 돌릴 수 있는 능력과 다시 이어준다. 코젤렉Koselleck의 용어를 빌자면, 그것은 경험공간을 기대지평과 연결한다.[51]

빚을 진다는 것은 채무 관계를 맺을 수 있는 동등한 관계에서 일어나는 일이다. 빚 개념은 이스라엘 민족이 종의 신분에서 하나님과 계

---

50 월터 브루그만/박규태 옮김, 『안식일은 저항이다』(복있는 사람, 2018), 20.
51 *La memoire, l'histoire, l'oubli*, 497.

약을 맺을 수 있는 관계로 들어섰다는 것을 반증한다. 이제 관건은 주어진 것을 어떻게 운용하는가 하는 문제이다. 빚 개념과 함께 자본주의를 좋은 삶을 위한 정의로운 제도로 만들 수 있다는 주장을 뒷받침하는 개념은 선물 즉 증여이다. 모스의 『증여론』(*Essai sur le don*, 1925)은 이득profit과 개인individu에 기반한 합리주의와 상업주의에 맞서는 선물 교환의 도덕을 제시한다. 『증여론』에서 마르셀 모스는 증여와 교환 그리고 호혜성을 통해서 한편으로는 인간의 기본적 사회관계 측면을 밝히고, 다른 한편으로는 현대인인 우리가 살아가는 세상에서 지배 논리로 작용하고 있는 경제 논리, 즉 이윤 추구, 효용 극대화, 경쟁, 이기주의를 지적하고 있다. 그에 따르면 우리는 이러한 것들을 당연한 사회 논리로 치부하지만, 서양 사회가 인간을 경제 동물animal économique로 만든 것은 대단히 최근에 일어난 일이며, 인간이 계산기라는 복잡한 기계가 된 것도 그리 오래된 일이 아니다.[52] 한마디로, 모스가 말하는 선물-교환은 선심의 차원에서 하는 선택적 행위가 아니라, 종국적으로 개인이 원자화되어 이익intérêt의 노예가 되지 않도록 해주는 사회 소통 시스템이다.

모스에 의하면 증여, 즉 선물 교환의 체계는 자발적으로 일어나는 것이기는 하지만 개인적 욕심을 채우고자 하는 것은 아니라, 의무적으로 반드시 수행해야 하는 것이다. 모스는 멜라네시아, 폴리네시아, 북아메리카 등의 교환과 계약의 형태들을 비교 분석하고, 여기에 로마, 힌두, 독일의 문헌까지도 살펴봄으로서, 모든 사회에서 나타나는 교환과 그로 인해 야기되는 호혜성이 사회를 유지시키고 사회적 결속력을

---

52 마르셀 모스/이상률 옮김, 『증여론』(한길사, 2018), 271.

더욱 강화시키는 핵심 요인이 된다는 점을 구체적인 사례로 증명해내고 있다.[53] 모스는 이미 사라져버린 고대 사회의 다양한 법령 분석은 물론이고, 생존하고 있는 현 사회의 원시 부족민들의 삶, 규칙과 약속을 규정하고 있는 교환 행위들을 그들 각각의 사회적 맥락에서 살펴보면서 민족학적 해석에 집중하였다. 그러나 그가 진정으로 심도 깊게 분석하고자 했던 사회는 바로 지금 현대인들이 살아가고 있는 이 시점의 삶일 것이다.[54]

모스는 많은 사회에서 사물이나 용역 그리고 상징이나 사람의 순환은 구매와 매매라는 양식으로만 이루어지지 않고 세 가지 의무, 즉 주어야 할 의무, 받아야 할 의무, 되돌려 주어야 할 의무에 의해 규정되고 있다고 보았다. 이 세 가지 의무에 의해 수행되는 순환 현상이 사회의 '총체적 급부 체계'를 이루고 있다. 이와 대조적으로, 흥정이나 경쟁 그리고 위세나 영향력 투쟁과 같은 것을 의미하게 될 때, 그것을 모스는 '투기적agonistique 급부 체계'라고 부른다. 선물을 주고받는 행위는 개인 간에 이루어지는 것이지만, 그것이 개인들을 연결하는 고리를 형성하면서 사회구조를 작동시킨다. 따라서 선물을 하는 행위는 '총체적 급부 체계'를 형성하고, 이것이 모여 '총체적인 사회적 사실'이 된다. 개인과 집단의 재화는 사회 전체의 재화와 긴밀히 연결되어 있다. 따라서 '선물 주기'라는 개별적 행위가 시사하는 바를 이해한다면 사회 전체 구조의 특성도 이해할 수 있다. 주기와 받기 그리고 답례라는 선물의 삼각 구조는 명백히 '총체적인 사회적 사실'이 되기 때문이다.[55]

---

53 류정아, 『마르셀 모스, 증여론』 (커뮤니케이션스북스, 2016), 10-11.
54 앞의 책, 82.
55 『마르셀 모스, 증여론』, 6-7.

상품은 호혜성을 수반하지 않는다. 반면 선물은 물건 그 자체뿐만 아니라 물건을 교환하는 당사자 간에 상호 긴밀한 관계가 형성되고 있다는 인식까지도 같이 교환하는 것이다. 주기와 받기 그리고 답례라는 삼중의 의무를 수행하는 '선물을 하는 행위'는 사회생활의 중요한 기초다. 따라서 선물은 결코 단순한 물건 교환만이 아니라, 결혼, 축제, 의식, 춤, 잔치, 시장 등 삶의 모든 측면과 관계하는 매커니즘이다. 이처럼 전체적 현상으로서 증여에 나타나는 사회적, 종교적, 법률적, 경제적, 도덕적 의의를 '교환'의 개념으로 분석하고, 그 배후에 잠재해 있는 호혜성의 원리를 찾아내고자 한 것이 마르셀 모스가 『증여론』에서 지속적으로 추구한 원칙이었다.

정리하면, 모스의 『증여론』은 개인의 개별 행위들에 영향을 미치는 사회적 힘을 '총체적 사회적 사실fait social total'이라는 개념으로 설명한다. 그에 의하면 총체적 사실의 체계는 가족, 기술, 경제, 법률, 종교적인 것 등 모든 행위에서 보이는 물리적, 심리적, 사회적 측면들을 동시에 고려하면서 해석하는 체계이다. 그러므로 총체적 사실은 개인적인 것과 사회적인 것을 연결시켜 주는 것이면서 동시에 물리적인 것(또는 생리적인 것)과 정신적인 것을 연결시켜 주는 것이다. 이러한 것들이 연결되어 나타나는 총체적인 사실이란 다양한 사회적 양식, 개인의 다양한 경험과 표현방식 등을 말한다.[56] 모스가 궁극적으로 강조하고자 했던 것은 어떤 사회나 그 사회를 구성하는 제도나 표상들은 통합된 전체를 이루고 있다는 것이다. 즉, 모스는 여러 사실을 그것이 속해 있는 사회적 단위들의 총체적인 관계 속에 놓고 이해하고자 했다. 모스는

---

56 류정아, 『마르셀 모스, 증여론』, ix.

사회적 사실로서의 '증여'를 통해 '호혜성'의 이론과 '교환'의 개념을 도출해 낸다.[57] 호혜성은 단순한 규범의 차원이 아니다. 모스는 호혜성을 그 체계에 내재된 구조에 의해 작동하는 커뮤니케이션 체계로 보았다. 호혜성은 등가물을 교환하는 것으로, 여기서 '사회'와 '개인'이 만난다. 그리고 교환은 모든 형태의 의사소통 체계를 포괄하고 있다. 교환은 자신과 타인과의 관계 속에 있으면서 동시에 하나에서 다른 하나로 이뤄지는, 대화의 과정에서 나타나는 모순을 극복하는 상징적 사고의 종합물이다. 『증여론』에서 이야기하는 '교환'이 이루어지는 시스템 전체를 종합적으로 통칭하는 말이 '총체적인 급부 체계système des prestations totales'이다. 이러한 모스의 주장은 오늘날 상업 자본주의가 추구하는 개인주의와 성과주의에 제동을 거는 메시지임이 틀림없다.

주라 그리하면 너희에게 줄 것이니 곧 후히 되어 누르고 흔들어 넘치도록 하여 너희에게 안겨주리라 너희가 헤아리는 그 헤아림으로 너희도 헤아림을 도로 받을 것이니라(눅 6:38).

---

57 모스의 삼촌이기도 하면서 많은 영향을 준 사회학자 뒤르켐(E. Durkheim)은 사회와 개인을 주체와 객체로 보는 사회결정론과 역사기능론을 동시에 강조하면서 분석 과정에서 혼란을 겪었다. 다시 말하면, 역사적 방법을 강조하면서도 동시에 기능론을 취한 결과, 역사적 기원을 찾는 것과 그 기능을 분석하는 방향을 혼동하게 되는 모순에 빠졌다. 이러한 모순점을 모스는 '증여'의 개념을 통해 극복하면서 뒤르켐을 넘어선다(『증여론』, 28).

VI. 나가는 말

리쾨르는 아리스토텔레스 윤리학을 따라 "정의로운 제도 속에서 타자와 더불어, 타자를 위하여 사는 좋은 삶"을 목표로 내세웠다. '자본주의에서 좋은 삶에 대한 모색'이라는 이 글의 제목이 밝히듯이, 우리의 논의는 리쾨르의 주장이 오늘날 자본주의 체제에서 적용 가능한지 따져 보는 데 최종 목적이 있었다. 결론은 자본주의가 좋은 삶의 목표를 이루기 위한 정의로운 제도가 될 수 있다는 것이었고, 이것을 증명하기 위해 성서의 '빚' 개념과 모스의 '선물' 개념을 차용하였다. 빚과 선물 개념은 공통적으로 주는 자와 받는 자 간의 유대와 호의적인 기대를 바탕으로 하고 있다. 이것은 근대 이후 인간이 고립된 주체로 자리매김한 이래 상실한 관점이다. 아리스토텔레스의 '함께 잘 살기|bien vivre ensemble'라는 목표로 향한 첫걸음은 탐욕적인 자기 중심성에서 벗어나는 것이 될 것이다.

현대 철학은 자본주의가 태동한 근대 사회의 개인주의가 가진 한계를 입을 모아 강조하고 있다. 또한 부분의 합이 전체라고 믿었던 뉴턴 과학의 요소론적 세계관이 지닌 한계를 앞다투어 지적한다. 고립된 주체와 이성에 대한 낙관, 소유와 진보에 대한 추구가 물질적 풍요 뒤에 한 세기를 전쟁의 그림자로 뒤덮는 결과를 현대인들은 목도했다. 그러나 생각의 관성에서 벗어나지 못한 지적 게으름과 앞만 보고 달리는 무지로 인해 각자의 얼굴을 잃어가고 있는 것이 오늘날 우리의 모습이기도 하다.

하지만 출구 없어 보이는 현실 속에서 새로운 의미를 발견할 가능성은 여전히 남아있다. 그것은 텍스트 앞에서 새로운 자기 이해와 동시적으로 이루어지며, 우리가 자본주의를 '좋은 삶'을 위한 제도로서 만들 수 있고, 또 만들어야 한다고 주장하는 이유이다. 결국, 달라지는 것은 세계가 아니라 세계를 대하는 우리 자신이며, 처음부터 우리를 옥죄는 것은 세계가 아니라 세계 속에 갇힌 우리 자신이었다는 것을 발견하는 것이 중요하다. 구조나 체제를 탓하기에 앞서 그 속에서 자신을 잃어버리고 살지 않았는지 생각해 볼 수 있어야 한다. 이것이 끊임없이 이윤을 창출하기 위해 인간을 고립시키고 욕망의 노예로 만드는 상업 자본주의에서 벗어나 우리 자신과 타인의 좋은 삶을 생각하고 선택할 수 있는 해방된 자유민이라는 증거일 것이다.

전 지구적 자본주의 시대, 여성과 디아코니아

강희수*

오늘의 여성들은 21세기에 살고 있으나 여러 세기의 삶이 우리의 일상에 들어와 있는 복잡한 문화적 상황 속에 살고 있다. 가족제도는 성역할의 고정관념 속에 억압적이고, 사회는 여성을 배제한 일상에 익숙하도록 함으로 인간으로서 여성의 권리를 존중하지 않는다. 정치·경제·종교적 상황 역시 가부장제적 삶의 연장으로 평등·자유·구원의 의지를 약화시키는 남성 중심적인 문화로 여성들을 불청객 대접을 한다. 이러한 차별적 문화는 섬김과 봉사로 디아코니아 활동을 하는 여성들에게도 미친다. 필자는 전 지구적 자본주의가 가부장체제를 지속시키고, 교회의 성 차별적 문화에 변화가 일어나지 않는 가운데 과연 여성의 디아코니아 활동이 오늘의 시대에 희망이 될 수 있는지 질문하게 되었다. 무엇보다도 자본주의와 디아코니아의 관계성을 논하는 것조

---

* 서울신학대학교, 감리교신학대학교 강사 / 조직신학

차 쉽지 않다. 자본은 이윤 추구를 위한 기업활동을 기본으로 하고, 디아코니아는 일반적으로 섬김과 봉사를 통해 그리스도의 복음을 전하는 기독교 정신에 기반을 하고 있기에 상호 간에 공통분모를 찾아내기란 쉽지 않기 때문이다. 콘스탄티노플 이후의 교회가 로마를 기독교화하지 못하고 오히려 자신을 로마화시켰듯, 현실의 교회 역시 자본주의 양식을 그대로 덧입었기 때문에 결국 자본주의적 틀 속에서의 디아코니아는 철저하지도, 성서적이라고도 할 수 없을 것이다.[1] 그렇지만 성서 가운데 살아있는 여성들의 주체적 삶이 이끌어낸 디아코니아를 볼 때 가부장체제 아래 자본주의의 억압을 극복할 수 있는 희망은 있다고 본다.

필자는 지난 2019년 노벨경제학 수상자들의 연구를 보면서 디아코니아와 자본주의의 연계성에 대해 다시금 생각하기로 했다.[2] 경제학 분야에서 가난한 자, 소외된 자, 사회적 공감을 받지 못한 자들이 지닌 문제는 자본의 문제로 해결할 것이 아니라, 그들이 지닌 문제에 대한 공감과 섬김이 우선되어야 한다는 것을 보여준 이 연구는 새로운 방법

---

1 이정배, "탈세속화 시대의 디아코니아, 그 향방,"「신학논단」65 (2011. 9), 169-204, 179.
2 2019년 노벨경제학 수상자로 에스테르 뒤플로(Esther Duflo)가 선정되었다. 3인 공동 수상이었는데 그들은 저개발국의 빈곤 퇴치를 위해 실험적 연구 방법인 '무작위 배정 연구'를 통해 빈곤 탈출을 위한 정책 실험의 효과성을 검증하는 데 기여한 것을 인정받았다. 필자는 경제학자의 연구가 이렇게 실천적인 적이 있었는가 생각해 보았다. 인류는 가난의 문제에 대해서 많은 논의를 해왔음에도 가난은 해결되지 못할 것이라고 말해왔다. 그런데 한 번도 가난의 문제를 그들의 입장에서 해결하기 위한 합리적인 방법의 노력을 하지 않았다는 것을 알게 되었다. 에스테르 뒤플로는 가난의 문제는 누구도 해결하기 어렵다는 전통적인 사고에 전환을 요구하고 있다. 가난의 문제를 해결하지 못하는 것은 가난한 자가 지닌 문제에 대한 공감이 없었기 때문이라는 것을 보여주었다. 아비지트 배너지·에스테르 뒤플로/이순희 옮김,『가난한 사람이 더 합리적이다』(생각연구소, 2011).

론이었다. 필자는 적어도 베버Max Weber가 주장하듯 자본주의 정신이 합리적이라면, 그래서 최대 다수의 행복을 추구하는 노력을 함께 일구어내고자 한다면,3 기독교의 디아코니아의 의미는 무한히 확장될 수 있다고 본다.

이 글은 다음과 같은 몇 가지 목적을 가지고 연구 내용을 구성하고자 한다.

우선 전 지구적 자본주의의 확산으로 이주의 여성화가 초래한 전 지구적 돌봄의 연쇄 현상이 심각하게 드러나는 가운데 자본주의가 여성에게 미친 영향에 대해 생각해 보겠다. 이는 자본주의 시대가 인간의 삶을 지배하고 있을지라도 생존을 위해 일상을 극복하고자 하는 여성들이 있고, 여성들을 위해 요청되는 디아코니아 정신이 있음을 성찰하고자 함이다.

다음으로는 성서에 나타나는 디아코니아의 의미를 살피면서 주로 교회의 선교적 차원에서 이루어졌던 디아코니아 개념이 전 지구적 차원에서 하나님의 집을 세우는 디아코니아로 확대되어야 함을 주장하고자 한다. 실제로 초대교회 여성의 디아코니아 활동은 구원받은 그리스도인으로서 복음 전파를 위한 주체적 활동이었고, 더더욱 한계적이지 않았음을 알 수 있다. 이러한 성찰을 통해 전 지구적 자본주의가 여성들에게 억압적인 상황일지라도 디아코니아의 본질을 되살려낸다면, 여성은 주체적 삶을 이끌어낼 수 있는 힘이 있음을 알게 될 것이다.

끝으로 디아코니아 활동을 일상에서 실현해낸 디아코니아적 삶을

---

3 막스 베버/ 김상희 편역, 『프로테스탄트 윤리와 자본주의 정신』 (풀빛, 2016), 245-247.

돌아보면서 전 지구적 자본주의 시대에 디아코니아는 모든 피조세계를 향한 삶으로서 배제와 차별이 없는 그리스도인의 책임적 역할이라는 것으로 결론을 맺고자 한다.

I. 전 지구적 돌봄의 결핍은 디아코니아를 요청한다

세계화가 본격적으로 시작된 1989년 베를린 장벽이 무너진 이후 지구화와 지구 자본주의의 확산은 세계의 노동시장에 변화를 가져왔다. 국제노동기구에 따르면 전 세계적으로 약 2억 1천만 명의 사람들이 고향을 떠나 이주하여 외국에서 살고 있다.[4] 세계화 이후 수많은 사람은 자본주의를 맹신하면서 자본에 따라 움직였다. 사람들이 국경을 넘어 움직이고 한 곳에 정착할 수 없는 이유가 반드시 자본의 흐름 때문이라고 할 수는 없을 것이다. 지구적인 경제 양극화로 북반구와 남반구 저개발국의 개도국 경제는 피폐화되고, 빈곤과 실업이 만성화된 상황에서 사람들은 생존을 위해 해외로 취업의 길을 떠나게 되었기 때문이다.[5] 이처럼 국경을 넘는 사람들이 늘어나면서 이주민들이 겪게 되는 경제, 정치, 문화, 종교 활동, 각양의 사회문제나 갈등은 증가하고 있다. 특히 여성들의 이주화는 두드러지게 증가하고 있다. 그런데 왜 여성들이 국경을 넘는지, 왜 여성들의 취업 과정이나 직종이 남성들과

---

4 ILO, *International Labour Migration: A rights-based approach* (Geneva: ILO office, 2010).

5 황정민/, "지구화 시대의 이주와 젠더," 한국여성연구소 편, 『젠더와 사회』 (동녘, 2017), 210-211.

구분되는지, 여성들의 이주가 또 다른 돌봄의 결핍을 낳게 되는지 등에 대한 문제 인식은 부족한 상황이다.6 자본주의가 여성에게 미치는 영향에 대한 연구를 하는 미즈Maria Mies는 가장 근본적인 원인을 자본주의의 주된 관심이 노동 수단으로 직접 사용될 수 있거나 혹은 기계와 곧 연결될 수 있는 인체의 부분에만 두고 있기 때문이라고 본다.7 미즈는 마르크스가 『자본론』 1권에서 '생산 노동'이라는 개념을 사용할 때에 잉여가치를 생산하는 것에만 적용시켜버림으로 여성의 '생명 생산'까지 포괄할 수 있는 좀 더 일반적이고 근본적인 생산적 노동의 개념을 덮어버렸다고 본다. 즉 '생산적 노동'의 개념에 자본주의적 함의만을 담았으므로 이후 여성, 식민지인, 농민과 같은 무임 노동자에 대한 극도의 착취를 기반으로 한 임금노동 착취가 가능해졌다는 것이다.8 결과적으로 마르크스의 자본론은 여성의 삶 가운데 일어나는 생산 혹은 재생산은 여성의 생물학적인 일이라고 보거나 '자연'적인 기능으로 규정함으로서 단지 여성의 생리 활동의 연장선으로 간주해버렸다. 그래서 여성의 활동에는 의미를 부여하지 않고, 여성의 활동을 진정한 인간의 활동이 아닌 자연의 활동이라고만 보게 되었다.9 예를 들면, 여성의 출산, 육아 그리고 다른 가사노동들을 포함한 일련의 활동을 노동/일로 보지 않는다. 이는 여성의 노동 개념을 전형적인 '가정주부'로만 규정하

---

6 전 지구적 정치경제 구조변화에 대한 페미니스트적 연구인 젠더와 발전(Gender and Development) 필드는 여성학 분야에서 논의가 활발하게 진행 중이다. 이현옥, "전지구적 정치경제 구조변화를 페미니스트 시각으로 읽는 방법," 「한국여성학」 33/4 (2017), 247-252.

7 마리아 미즈, 『가부장제와 자본주의』 (갈무리, 2017), 122.

8 미즈, 같은 책, 125-126.

9 같은 책, 121.

는 것으로 남성의 생산적 노동, 잉여가치를 생산하는 노동과 같다고 보지 않는 것이다.[10] 이렇듯 여성은 보편적으로 '가정주부'로 규정되므로 최적의 노동력으로서 '소득을 유발하는 활동'으로 규정되어 값싸게 구매될 수 있었다. 가정주부는 개별화·고립화되어 있는 채로 공동의 이해관계나 전체 생산과정을 간파하는 것이 아주 어렵게 되어 있다. 심지어 가정주부들의 시야는 가족이라는 테두리에 가로막혀 있다.[11]

한편, 사센Saskia Sassen은 자본주의 지구화 과정에서 여성의 이주가 두드러지게 되는 증가 단계를 세 가지로 구분한다.[12] 첫 번째, 글로벌 자본이 저개발국가의 농업이나 자원 개발 사업에 진출해 현지 남성들을 임금노동자로 고용하였다. 하지만 여성들은 '보이지 않는 노동자'가 되어 생존 경제 내 식량 생산, 가사노동, 각종 생계 유지를 도맡게 되었다. 그러므로 이런 여성 무급 노동은 근대화된 산업 분야의 성장에 의해 착취당하는 것이다. 두 번째, 국제화된 제조업이 개도국의 수출자유지역 등에 진출하여 공장을 세운 후 여성들을 '값싸고 온순한 노동자'로 이름 짓는다. 개도국에 세워진 기업은 저임금에도 강한 노조를 조직하지 않는다는 점에서 선호된다. 세 번째는 고향을 떠나 외국으로 이주하는 여성들이 증가한다. 여성들은 지구 자본주의의 흐름을 따라 이동함으로써 '생존의 여성화feminization of subsistence'를 추동하도록 한다. 그런데 이들 여성 가운데 다수는 돌봄 노동자로 일한다. 이른바 '전 지

---

10 같은 책, 121-122.
11 같은 책, 255.
12 Saskia Sassen, "Women's Burden: Counter-geographies of Globalization and the Feminization of Survial," *Journal of International Affairs* 53/2 (2002), 503-524; 4-5.

구적 돌봄의 연쇄global care chain'가 전 지구적으로 사람들 간에 연계된
다.13

전 지구적 자본주의 시대에 급속하게 증가한 이주의 여성화 현상에
서 더욱더 안타까운 사실은 여성들의 임금은 최저 수준으로 유지된 채
돌봄 노동의 가치가 평가절하되어 나타나는 것이다. 생존을 위해 일하
는 여성들이 늘어나는 현상 즉 '생존의 여성화'가 두드러지고 있다. 생
존의 여성화는 여성들에게 남성들보다 더 불리하고 힘든 이주의 조건
을 수용하도록 압박한다. 그들은 '더 좋은 기회를 찾아가는 이동이 아
니라, 막다른 이동'으로 이주를 선택하고 있다. 지구화된 경제체제 안
에서 값싼 노동력에 대한 수요가 증가하면서 여성의 노동력은 가치가
계속해서 낮아지고 있다. 또한 개도국과 선진국 사이의 경제 격차나
임금 격차는 이러한 이주 노동 시스템을 확대재생산하면서 더 많은 이
주 여성들을 '지구화의 하인들'로 일하게 하는 현실이 초국경적으로,
전 지구적 차원으로 확대되고 있다.14 결과적으로 성별 분업을 재편성
하는 문제를 넘어서서 사회적 돌봄을 확대해야 하는 문제에 직면하게
되었다.

그러므로 여기서 주목되는 것은 돌봄을 매개로 한 여성들의 이주가
대량으로 발생하면 할수록 결국 돌봄 결핍의 문제 해결을 위한 디아코
니아의 활동이 요청되고 있다는 사실이다. 즉, 디아코니아는 생존을
위해 이주한 여성들의 삶이 경제적으로 윤택하지 못하다고 하여 복지

---

13 A. R. Hochschild, "Global care and emotional surplus value," *On The Edge:
   Living with Global Capitalism*, W. Hutton and A. Giddens, eds. (London:
   Jonathan Cape, 2000).
14 황정민, 앞의 글, 212-215.

차원에서 벌여야 하는 돌봄의 수준을 넘어서야만 하는 것이다. 물론, 돌봄 노동자의 권리를 보장하는 제도적 보완을 통해 할 수도 있다. 그러나 무엇보다도 여성들이 주체적으로 살아갈 수 있음에도 그들을 가정주부화 하거나 수동적 혹은 고립적 여성으로 취급하는 자본주의의 가부장체제에서 벗어날 수 있도록 체제를 변화시키는 일이 그 무엇보다 필요하다. 또 성별 분업을 재편성하는 일도 필요하다. 여성에게 짐지워져 있는 자녀 양육과 가사노동에 양성평등적인 참여가 독려되고 사회적 돌봄을 확대하는 것이다.15 그러므로 디아코니아는 체제나 법이 미치지 못하는 영역을 다루는 것이 되어야 할 것이다. 앞서 살펴본 바처럼 전 지구적 자본주의가 여성들의 삶을 피폐화시키고, 생존을 향한 여성들의 현실 극복을 바라는 요청이 간절할 때에 기독교가 이에 부응하여 세상과 소통하되 세상을 변화시키는 일은 곧 디아코니아의 본질이 될 수 있기 때문이다.16

II. 디아코니아의 다층적 의미를 생각하다

교회가 대對사회적 선교적 사명으로 여겨 펼쳐 온 디아코니아는 성서에서 다층적 의미를 담아 증거하고 있다. 성서에서 보여주는 디아코니아는 계층, 성, 삶의 양태를 막론하고 식탁에서의 섬김이라는 제한된 범주를 뛰어넘고 있다. 예수께서 세상에 오심 자체가 인류를 섬기

---

15 같은 글, 215.
16 이정배, 앞의 글, 184.

기 위한 증거이고, 그리스도의 삶이야말로 디아코니아로서의 삶이다.[17] 그러나 교회의 디아코니아 활동은 다양한 자본의 확장과 산업의 발전 시대에 여전히 제한적으로 이루어지고 있다. 교회가 영적인 기능을 수행하는 기관이라는 협소한 견해를 고수하고 자본주의의 가부장 체제를 넘어서지 못하는 가운데 추상적이거나 관념적인 세계만을 수행하고 있는 것이다. 교회가 자본이라는 물질 권력에 의존해 행하는 디아코니아 활동을 넘어선다면 디아코니아는 섬김과 배려에 머물지 않고 상대가 하나님 나라의 주체적 일꾼으로 세워지도록 존중하고 참여하게 할 수 있다. 무엇보다도 전 지구적 자본주의 사회에서 여성의 활동을 제한하고 여성의 주체성을 망각케 하는 상황에서 교회는 인간에 대한 존중으로부터 디아코니아의 첫걸음을 디딜 수 있어야 한다.

1. 교회와 디아코니아

예수 그리스도는 하나님 나라 지상 건설(막 1:15)을 복음 선포의 핵심으로 삼았다. 이는 곧 하나님이 전 세계와 전 인류를 위해서 행하시고자 하는 하나님의 선교 사업이다. 따라서 오늘날 그리스도인들의 궁극적 실천과제는 인류와 더불어 실현하시는 하나님의 일을 전 세계에 세워나가는 것이다.[18] 그런 의미에서 하나님 나라는 하나님의 보편적 세계 통치의 내용이고 목표이며, 전체 인류들에게 보편적이고 공공적 성격을 띠는 개념이다. 하나님 나라는 특정 개인이나 집단, 특정 종교

---

17 윤철원, 『신약성서의 그레꼬-로마적 읽기』 (한들출판사, 2000), 128.
18 손규태, 『하나님 나라와 공공성』 (대한기독교서회, 2010), 157-158.

가 독점하거나 소유할 수 없는 공적 성격을 띤 개념이고, 이 세계에서 인간 사회의 관계—정치적 · 경제적 혹은 사회적—들을 열린 관계로 해석하고 이해하도록 한다.[19] 교회는 세계와 관련이 있는 존재로서 인식하고 행동하는 인간들의 공동체이어야 하므로 세계 안에 존재하는 그 누구나 세상에 봉사하며 하나님을 향한 책임을 다해야 한다. 만일 교회가 이 의무를 망각한다면 교회 스스로 하나님에게 속해 있다는 것과 이 세상에서 현존하는 사실을 부인하는 것이다. 그러므로 교회는 이와 같은 인식을 하고 실천적인 참여를 해야 함은 물론이요 부름을 받은 사람들의 공동체로서 함께 모인 모두가 서로 신앙의 자유 안에서 살 수 있도록 해야 한다.[20]

초대교회의 성도들은 공동생활을 통해 구약성서에 나타나 있는 공공성을 회복하는 생활을 하려 했다. 사도행전 4장 33-35절에는 임박한 종말론의 영향을 받은 그리스도인들이 자기의 소유를 공공의 소유로 만들어 원시적이긴 하나 공산주의 사회를 건설했다. 즉, 그들은 성서에 나타나는 이상, 공공성을 회복하여 진정한 그리스도인들의 공동체를 형성했다.[21]

이처럼 교회가 진정한 그리스도인들의 공동체를 형성하였을 때, 교회는 본회퍼가 말한 대로 '존재하는 그리스도'의 역할을 담당할 의무가 있다. 또한 교회는 인간의 공동체적 삶이라고 하는 세계적 과제들에 참여해야 하는데, 지배가 아닌 섬김과 봉사를 통해서 해야 한다. 따라

---

19 같은 책, 158.
20 볼프강 후버/채수일 옮김, 『진리와 평화를 위한 교회의 투쟁』(한국신학연구소, 1991), 28-29.
21 손규태, 앞의 책, 170.

서 교회는 모든 직업에 종사하는 사람들에게 그리스도와 더불어 사는 삶이 어떤 것이며 또 타자를 위해서 존재하는 것이 무엇을 의미하는가를 말해주어야 한다.[22] 이렇듯 교회가 하나님 나라 공공성을 세우는 의미를 포용한 디아코니아 이해와 인식은 교회의 미래를 어떻게 전개할 수 있는가와 맞물려 있다. 오늘의 한국교회는 세계화의 물결 속에서 사회 구조적 변동을 맞이하고 시민사회의 일원이 되었으므로 교회가 하나님 나라와 그것을 지상에 실현하려던 예수 그리스도의 의지의 실천을 이루는 데 앞장서야 한다.

1) 식탁에서의 섬김으로부터 시작된 디아코니아

디아코니아diakonia는 기독교의 정신인 '이웃 사랑'을 실천하는 일로서 기독교 신앙에서 유래한 사랑의 행위Caritas, 교회가 책임져야 하는 섬김과 봉사의 사회적 활동영역을 일컫는다.[23] 본래 디아코니아는 섬긴다는 뜻의 헬라어 동사 '디아코네인diakonein'에서 나온 말로 섬기는 남자 혹은 여자 종은 '디아코노스diakonos'라고 부른다. 역사적으로 교회는 소외된 자들을 공동체의 일원으로 다시 끌어들이고 도시 안에서 배제된 채 억눌려 있는 사람들에게 자유를 얻는 역할을 해왔다.[24] 신약성서 누가복음 22장 27절에 '나는 섬기는 자로서 너희들 중에 있다'는 예수

---

22 같은 책, 192.

23 이정배, 앞의 글.

24 Nicolas Lossky 외/ 한국기독교교회협의회 편, 『에큐메니칼 운동과 신학 사전 I』(한들출판사, 2002), 429; J. 몰트만/정종훈 옮김, 『하나님 나라의 지평 안에 있는 사회선교』(대한기독교서회, 2000), 24.

의 말씀은 디아코니아가 그리스도 중심적으로 이해되어야 하는 이유를 분명히 제시하고 있다.[25]

신약성서에 나타난 디아코니아는 그리스어 diakonein섬긴다/diakonia섬김/diakonos섬기는사람처럼 주로 섬기는 기능을 표시하는데 특별히 식탁에서의 봉사를 의미한다. 마가복음 1장 31절에서 시몬 베드로의 장모는 예수로부터 병 고침을 받은 후 사람들의 시중을 들었다고 나타난다. 한편, 마가복음 10장 45절에서 예수는 "민족들을 다스린다고 자처하는 사람들은 백성들을 마구 내리누르고 고관들은 세도를 부린다. 하지만 너희는 섬기는 사람이 되어야 한다"면서 자신이 세상에 온 것은 섬김을 받으러 온 것이 아니라 섬기러 왔다고 천명한다. 즉, 예수 그리스도의 섬김은 권력과 억압으로 인해 억지로 '낮아짐'이 아닌 이 세상의 그 어느누구도 하나님이 제공하는 풍성한 디아코니아의 세계에서 예외가 될 수 없음을 강조한 것이다.

교회는 가난한 이들과 고아와 과부의 고난을 식탁공동체로 모았고, 이를 통해 가난한 자들을 위로했다. 교회의 디아코니아 활동영역은 노예제도, 가부장제 철폐 등 로마제국과는 다른 삶의 양식을 펼치는 데까지 확장되었는데 이러한 교회의 디아코니아는 로마 사회를 변화로 이끌었다. 3세기 초 초대교회에서 벌인 조직적인 돌봄의 봉사와 방문 봉사에는 영적 지도가 병행되었다. 교회의 구제를 통해 일할 능력을 상실한 사람들을 회생시키고, 일할 능력이 있는 사람들은 존재적 가치를 회복시킴으로써 평안을 얻게 되었다. 특별히 259년 알렉산드리아,

---

25 M. 보그 · K.D. 크로산/김준우 옮김, 『바울의 첫 번째 서신들』(한국 기독교연구소, 2010).

312년 소아시아와 카르타고에 페스트가 창궐할 때에 교회의 디아코니아 활동가들은 재난 지역을 찾아 봉사하고, 지역민들을 위해 사명감을 지닌 가운데 희생적 활동을 벌여 전염병의 공포를 물리치도록 하였다. 기독교 초기 교부 바실리우스Basilius, 닛사의 그레고르Gregor of Nazians, 아우구스티누스Augustinus 등은 배고픈 자, 가난한 자, 병든 자들을 위해 헌신적으로 봉사할 것을 강조하였다. 교회의 디아코니아 활동은 서기 1000년 이후 도시의 발달에 따라 기독교 선교단체를 설립하여 장례, 간호, 노인복지 등의 사회봉사 활동으로 영역을 확장하였다.[26]

물론 교회가 하는 일이 섬김만은 아니다. 사도행전 6장 1절에서 7절에는 섬김의 다양한 용례를 보여준다. 교회가 형성되고 기독교인이 증가하면서 공동체 구성원에 대한 섬김의 봉사 역할을 나누게 되었다. 그중 일곱 사람을 뽑아 기도하는 일과 말씀을 섬기는 일을 담당하였다.[27] 빌립보서 4장 2-3절에서는 여성들의 활동에 대해서 언급하고 있다. 사도행전 16장 11절 이하에서도 루디아 후원이 있었음을 가늠케 한다. 무엇보다도 바울은 빌립보교회에 보낸 편지에 로마의 식민지인 빌립보교회 성도들에게 더 가치 있고 더 영원한 시민이 되는 것이 얼마나 소중한 것인가를 기록하였다.[28] 이러한 기록들을 볼 때에 사도 바울이 강조한 섬김은 선교를 위한 바람직한 모습을 형성하는 것이었다. 따라서 오늘의 교회 역시 디아코니아는 단순한 개인의 영성적 봉사나 헌신만을 강조하는 것으로 책임을 다할 수 없다.

---

26 파울 필리피 외/지인규 옮김, 『디아코니아』 (프리칭 아카데미, 2010), 23-41.

27 홍주민, 앞의 글.

28 유럽에 복음을 전파하는 데 빌립보는 매우 적당한 지리적 요충지였다. 윤철원, 앞의 책, 128-9.

2) 하나님의 집(*oikumene*)을 세우는 디아코니아

교회는 예수 그리스도를 구주로 고백하는 사람들이 모여 참여의 문화를 이루는 곳이다. 교회는 삶의 기쁨을 잃어버려 위로받을 자들이 서로를 위로하고 격려하며 사랑을 나눈다. 초기 교회의 디아코니아는 로마제국의 억압 속에서 사회적인, 경제적인 그리고 심리적인 차별을 받는 사람들을 섬기는 봉사였다. 디아코니아는 배려와 섬김 속에 상대방의 삶을 세우고 촉진시키면서 하나님의 집을 세운다.

초기 식탁에서의 섬김을 근거로 출발한 디아코니아는 교회를 다양성의 공동체로 세울 수 있었다. 로마 시민이면서 기독교인인 사도 바울은 당시 로마인들의 신분 상승을 향한 열망과 사회적 억압에서 벗어나고픈 마음을 잘 간파하고 있었다. 그러기에 사도 바울은 억압받는 노예, 여성, 이방인들에게 곤궁한 삶으로부터 벗어날 수 있다는 희망을 주며 새로운 세상으로 안내하는 생명의 복음을 전하였다. 바울이 갈라디아교회를 향해 띄운 편지 갈라디아서 3장 28절은 그리스도 안에서 세례 받은 자, 누구든지 그리스인이든 유대인이든 혹은 자유인이든 종이든지 간에, 여자든지 남자든지 차별함이 없이 구원을 받을 수 있다고 말한다. 이는 예수 그리스도의 하나님 나라 선포에 나타난 디아코니아의 전형이라고 할 수 있다. 그러므로 진정한 디아코니아로서의 섬김과 봉사는 정치적·경제적·문화적 모든 차별 관계를 뛰어넘는 세상, 즉 하나님의 집을 세우는 오이쿠메네 포용을 의미한다.

교회는 디아코니아의 주체로서 곤경에 처한 교회들을 위해 상호 간에 도움을 주고받았다. 도시의 재난 상황에서 교회는 비기독교인들에게 사랑을 실천하는 디아코니아 활동을 펼쳤다.[29] 사도행전 6장 1절에서 7절에는 헬라파 과부들이 구제에서 무시를 당하게 되자 초대교회가 즉각적인 대처로 갈등을 해결한다. 과부를 무시하는 것은 성서의 전통과 배치되는 일로 매우 심각한 일이었으므로 열두 사도들은 기민하게 과부들을 돕기 위한 계획을 수립한다. 이는 디아코니아의 실제적인 의미가 드러나는 일이라고 할 수 있다.[30] 디아코니아가 그 대상을 차별화하거나 계층화하지 않음은 곧 성서에서 말하는 의미를 실천하는 일이다. 대표적인 예로 독일의 디아코니아 운동은 기독교의 봉사와 섬김을 실천하여 독일 사회에 사회적 선교를 통한 사회적 공감을 이끌어내고 있다. 독일의 디아코니아 운동은 루터의 종교개혁에 근원을 두고 있어 한때 산업혁명의 결과로 생긴 수많은 사회문제에 무방비와 무관심으로 일관한 적이 있었다. 그러나 기존 교회의 선교 방식에 대항하는 새로운 디아코니아 각성 운동이 시작되어 오늘에 이르고 있다. 독일 디아코니아 운동 150년을 기념하여 1998년에 독일개신교연합이 발간한 백서에는 '우리의 온 몸, 즉 가슴과 입과 행동 그리고 삶으로 그리스도가 증언되어야 한다'고 천명하고 있다. 말씀 선포뿐만 아니라 돌보는 이 없는 병실, 차디찬 감옥, 중증 장애인 요양소, 독거노인, 호스피스 병동, 이주 노동자 도움 현장 등에서 디아코니아 실천은 이루어져야 함이 잘 나타나 있다.[31]

이제 오늘의 시대에 교회의 사회적 공감 회복은 교회 내 디아코니아뿐만 아니라 선한 사마리아인의 삶으로서의 공감이다. 강도 만난 자를

---

29 홍주민, "성남주민교회 40년, 디아코니아적 의미," 미간행 논문(2013), 1-3 참조.
30 E. Hachen/이선희 · 박경미 옮김, 『사도행전(1)』 (한국신학연구소, 1987), 403.
31 독일개신교연합 편/홍주민 옮김, 『디아코니아신학과 실천』 (한국디아코니아연구소, 2006), 21.

스쳐 지나간 대제사장이나 율법학자들은 자신들만의 종교적 이유를 가지고 있었다. 그들은 이웃의 고난과 고통에 대해 공감할 줄 모르는 자들이었기에 진정한 이웃이 되어주지 못했다. 하지만 기독교 정신에 입각한 디아코니아는 교리나 신조에 머무는 것이 아니라 어려운 순간과 사건에 참여할 수 있는 힘이 된다.[32]

교회의 우리 이웃을 위한 돌봄은 하나님의 집을 세우는 디아코니아의 확장이다. 성서에서 증언하는 대로 세리 삭개오는 예수 그리스도를 통하여 구원을 얻었음에 기뻐하였고, 자신이 가진 것을 기꺼이 내어놓는 결단을 하였다. 사마리아인은 강도 만난 사람의 상처를 자신의 재산을 들여 돌보았다. 교회의 디아코니아는 섬김, 봉사와 고통받는 자들이 현실을 극복할 수 있도록 공감하는 실천으로 이어져 오고 있다. 그러므로 디아코니아가 이루어지는 곳마다 교회이며, 그곳에서 오이쿠메네 즉 하나님의 집을 세우기 위한 공동체성은 빛을 발하게 될 것이다.

2. 여성과 디아코니아

신약성서 가운데 목회서신은 그리스-로마 사회에서 교회가 보여주었던 역할들, 교회에 소속한 지도자들의 역할과 모습을 담고 있다. 이 가운데는 교회의 지도자들인 장로나 감독 그리고 집사 등의 자격 조건에 대해서도 언급되어 있다.[33] 아쉽게도 목회서신은 가부장적인 가족 제도 위에 구축된 교회의 남성 중심적인 문화를 보여준다. 그럼에도 불

---

32 이정배, 앞의 글, 184-185.
33 M. Davies/윤철원 옮김, 『목회서신』 (이레서원, 2000).

구하고 디도서 2장 3절 같은 부분에서는 여성의 모습을 폄하하지 않는 면도 나타남을 볼 수 있다. 서신서가 교회 지도자들의 사회적 역할에 대한 책임 있는 자세로 남녀 구분을 하지 않는 시각을 드러내고자 한다고 할 수 있겠다.[34] 이를 통해 당시의 디아코니아의 문화적 의미를 생각해 볼 수 있고, 아울러 여성의 디아코니아 활동이 갖는 의미 역시 발견할 수 있다.

1) 예수의 참된 가족 베다니공동체: 누구든지 하나님의 뜻대로 행하는 자가 내 형제요 자매요 어머니이니라(막 3:35)

공동체는 공감하는 자아와 타인과의 관계를 세워가면서 이루어질 수 있다. 또 이를 일상에서 만나는 의제들로 정치화했을 때에는 더 나은 삶을 이룰 수 있다는 희망을 만드는 사회운동이 된다. 물론 구성원들의 자발적 참여가 있어야 하고 특정한 지역을 중심으로 구체적인 생활 의제들이 다루어져야 하므로 포용적인 면이 있어야 할 것이다.[35]

복음서에 나오는 공동체 이야기는 여성의 디아코니아 활동을 구체적으로 보여주는 예이다. 누가복음에는 '마르다와 마리아 자매 그리고 나사로'가 이루는 베다니공동체가 나온다. '마르다와 마리아 자매'(눅 10:38-42)에 대한 이야기에서 마르다에 대한 시각은 때에 따라 다르게 해석되어 왔다. 중세 이후 가톨릭교회는 마르다를 칭송하면서 여성의 봉사적 활동을 권장하기도 했고, 1300년경 도미니크수도회의 마이스

---

34 "늙은 여자로는 이와 같이 행실이 거룩하며 모함하지 말며 많은 술의 종이 되지 아니하며 선한 것을 가르치는 자들이 되고"(딛 2:3).

35 김엘리, "공유감정으로 소통하다: 마을만들기 여성 리더십," 장필화 외, 『페미니즘, 리더십을 디자인하다』 (동녘, 2017), 149.

터 에크하르트 수사는 마르다를 성숙하다고 찬양하였다. 그는 마르다를 활동적이며 창조적인 인간이라고 찬양하였다.[36] 그러나 종교개혁 이후 교회들은 마르다를 '행위로 의를 얻으려는 유대인'의 상징적 인물이라고 비난하기도 하였다. 마르다는 현세적이고 부지런하지만 부엌의 음식 냄새를 풍기며 이차적인 문제에 관심을 갖고 물질적인 것을 추구하는 여인으로 보아 경시했다. 루터는 "마르다, 그대의 행위는 벌받아야 하며, 아무런 의미가 없는 것으로 평가되어어 한다. 나는 마리아의 행위 외에는 다른 어떠한 행위도 하지 않을 것이다. 바로 그것이 주의 말씀을 믿는 신앙이다"[37]라고 말했다. 이처럼 자발적인 사랑의 활동과 섬김의 행위라고 해도 여성들의 봉사는 자연적인 것에 불과하다고 비판 받아왔다.

마르다의 역할을 의도적으로 옹호 또는 비판함으로써 여성을 단지 가사에만 묶어두려는 해석들은 누가복음 기자의 증언을 왜곡한 것이다.[38] 여성을 가정주부화하고, 여성이 남성보다 자연에 '더 가깝다'고 보면서 여성의 할 일을 제한적으로 만드는 것은 가부장적 프로젝트의 일부라고 볼 수 있다.[39] 성서는 분명히 말씀하고 있다. 예수께서는 제자가 되려는 사람은 여자든 남자든 모든 것을 버려두고 나를 따라야 한다(눅 5:11)고 강조함으로써 여성의 역할을 제한하지 않는다.[40]

마르다의 적극적인 디아코니아 활동은 요한복음을 통해서 잘 나타

---

36 엘리자베스 몰트만 벤델/김희은 옮김, 『예수 주변의 여인들』 (대한기독교출판사, 1992), 43-45.

37 같은 책, 28.

38 최영실, 『신약성서의 여성들』 (대한기독교서회, 2000), 125.

39 미즈, 앞의 책, 34.

40 최영실, 앞의 책, 124-125.

나는데 요한복음 11장 25절에 나타난 마르다의 신앙고백 위에 세워지는 베다니공동체의 모습이 그것이다. 베다니공동체는 두 누이와 한 남동생을 기본적인 구성원으로 하여 자연적인 애정을 바탕으로 한다. 이 공동체는 혈연관계에서 오는 자연적인 애정에 근거한다. 그러나 공동체 내의 상호 존경과 신뢰할 만한 사랑이 궁극적으로 개방되어있는 인간의 관계성을 이루고 있다. 이 공동체의 선생으로서 예수는 진리를 가르쳤으며 사람들은 그를 존경했다. 예수 또한 그들을 존중했다.[41] 예수공동체는 혈연관계를 초월할 수 있는 사랑의 방법을 가르친다. 공동체의 선생으로서 예수는 진리를 가르쳤으며, 권위를 내세우지 않고 자신의 자리를 낮추며, 구성원들의 아픔과 슬픔을 함께했다. 예수의 두 여성, 마르다와 마리아를 향한 태도는 당시 가부장체제의 일반적인 윤리적 분위기에서 볼 때 아주 특이하다. 식탁에 초대받은 사람들이 마리아의 행동에 대해 비난을 시작했을 때 예수는 침묵하는 마리아를 변호했다. 권위 있는 변호자의 개입만이 상황을 전환시킬 수 있었기 때문이다. 베다니공동체는 마리아와 마르다를 중심으로 자유롭게 자신들을 표현할 수 있는 공동체 분위기를 제공한다. 그 공동체에서 그들은 자유롭게 의사소통을 할 수 있었고, 남성과 동등하게 대우받고 행동할 수 있었다. 이 공동체 내 구성원 개개인은 자신의 역할로 조화를 이루어내었다. 사랑이 끈이었고, 다양성과 개성이 윤활유였다.[42]

베다니공동체를 이끌었던 마르다의 디아코니아 활동은 미래지향적인 공동체의 삶을 비전으로 보여준다. 오늘의 시대는 자본시장 경제

---

41 이선애, 『아시아 종교 속의 여성』 (아시아여성신학 자료센터, 1994), 318-319.
42 같은 책, 318.

활동 중심으로 가족공동체가 개편되거나 와해되는 상황에서 예수 그리스도의 참된 가족의 의미를 살려내는 디아코니아를 지향하고 있다. 가족은 사회를 구성하는 기본단위임에 틀림없으며, 그 사회의 가치와 기본질서가 양육되고 훈련되는 토대이다. 하지만 가족의 다양성에 대한 인식의 변화 요청은 여성주의뿐 아니라 기존 삶의 구조가 변화되기를 갈망했던 사람들 사이에서 공통적인 것이라 할 수 있다.[43] 가족에 대한 예수의 생각은 혈연중심에 기초를 두고 있지 않다. 교회의 변혁을 위해서도 가족에 대한 인식의 변화는 필수적이다.[44]

성서는 마가복음 3장 21절과 31-35절 그리고 누가복음 14장 15절로 24절에 나오는 예수의 가족에 대한 정의를 통해서 가족에 대한 확장된 인식을 갖도록 안내하고 있다. 마가복음 3장 21절, 31-35절에서 예수는 가족에 대해 정의를 내리고 있는데, 본래의 가족이라고 부르는 것과 정의와 관대함 그리고 하나님의 뜻에 헌신하는 사람들로 구성된 새로운 '가족'에 대한 확연한 경계선을 그었다.[45] 따라서 전 지구적 자본주의 시대에 디아코니아의 의미는 새롭게 확장되어 돌봄을 필요로 하는 그 누구나 하나님의 가족으로서 포용하는 데까지 이르러야 한다.

---

43 허라금, "여성의 행위성과 가족 관념의 재구성,"「철학논총」67 (2012.1), 297-316, 300.

44 이상적인 국가를 구상했던 플라톤은 그의 저서『국가론』에서 가족 제도에 대해 논할 때 가족은 국가 지도자를 "사적 이해에 눈 멀게 하는 원천"이라고 보았다. 따라서 그는 가족을 가장 개인의 것이 아닌 시민 공동의 것으로 만들기를 원했다. 류터(Rosemary R. Ruether)는 가족의 가치를 재발견하려면 '규범적인 가족'의 허구를 넘어서서 가족의 다양성을 인정해야 하는 현실을 받아들이라고 한다. Rosemary R. Ruether, *Christianity and the Making the Modern Family* (Boston: Beacon Press, 2000), 211.

45 테오도르 W. 제닝스/박성훈 옮김,『예수가 사랑한 남자』(동연, 2011), 313-314.

2) 여성 지도자를 중심으로 한 나눔의 공동체
  : 우리 자매 뵈뵈를 너희에게 추천하노니 (롬 16:1)

전 지구적 자본주의 상황에서, 국가의 보호 장벽은 무너지고 개인의 책임만이 가중되는 상황에서, 나눔은 그 어느 때보다 강조되고 있다. 이러한 때에 나눔은 사회적 자선, 기부, 자원봉사와 같은 행위들로만 감당하기에는 한계가 있다. 사회적·경제적·정치적 불평등 구조 안에서 디아코니아의 의미를 담은 나눔은 공존의 사회 구축에 단초가 될 수 있다.[46] 교회의 디아코니아 활동은 나눔 행위로서만 온전하다고 할 수 없다. 나눔 행위 자체가 중요한 것이 아니라, 나눔을 기획하고 실천하며 나눔의 가치와 의미를 어떤 방식으로 공유할 수 있는지를 물어야한다.[47] 즉 디아코니아에는 이러한 질문과 그 대안 모색을 공유하도록 이끄는 과정 또한 포함된다고 할 수 있다.

사도 바울은 서신을 기록하면서 그리스도교의 복음 전파를 위해 수고했던 여성들의 활동을 함께 기록했다. 로마서 16장에서 바울이 안부를 묻고 있는 사람들 중 대부분은 여성들이다. 바울은 그 여성들을 "주 안에서 많이 수고한 자들"(롬 6:12), "주 안에서 택함을 받은 자들"(롬 16:13)이라고 말하며, 그들에게 안부를 묻고 있다. 그리스도교의 복음 전파에는 이름이 밝혀지지 않은 많은 여성 복음사역자들이 있었다. 그들의 활동은 다방면으로 이루어졌는데, 특별히 자신의 소유와 집을 가정교회로 내어놓기도 하고, 바울과 함께 옥에 갇히면서 고난을 당한

---

46 양민석, "나눔리더십, 여성 리더가 만드는 상상과 실천," 장필화 외, 『페미니즘, 리더십을 디자인하다』 (동녘, 2017), 216-217.
47 양민석, 같은 글, 217.

여성들도 있다.

초대교회의 모임은 집을 가졌거나 경제적인 부를 누렸던 여성들의 주도적인 행동에 의해 가정교회의 형태로 모이기 시작했다. 요한의 어머니 마리아의 집(행 12:12-17), 자색 옷감 장수 이방 여인 루디아의 집(행 16:11-15), 라오디게아에 있는 눔바의 집(골 4:14) 등이 가정교회로 제공되었다.[48] 또한 초대교회에는 '사도'로 활동한 여성이 있었는데, 바울이 로마교회에 보낸 편지에 안드로니고와 유니아가 나온다. '유니아'는 분명히 여성의 이름으로 바울의 증언에 의하면 '사도들 중에서도 뛰어난 사도'였으며, 바울보다 먼저 그리스도를 믿고 사도로 활동한 여성이었다.[49] '뵈뵈'는 겐그리아교회의 지도자로 활동한 여성으로 바울은 뵈뵈를 '지도자'와 '행정가'를 뜻하는 헬라어 '프로스타티스πρoστάτιϛ'라는 칭호로 언급한다. 그러나 남성 주석자들에 의해 단지 '일꾼', '여성 후원자', '여 집사'로 축소되어 번역되어 나타난다. 뵈뵈는 분명히 오늘날 교회의 '목사'와 같은 지도자였으며, 교회 행정 전반을 책임지고 있던 유능한 지도자였다.[50]

사도행전 9장 36-43절에는 '제자'의 칭호를 받던 여성으로 다비다라는 '여 제자'가 나오는데, 그리스 말로는 '도르가'로 불렸다. 이 여성은 평소 선한 일과 구제를 많이 한 여성이었는데, 그가 욥바에서 병들어 죽자 제자들은 룻다에 있는 베드로에게 지체하지 말고 와줄 것을 요청한다. 베드로가 그 전갈을 받고 도르가의 집에 오자 과부들이 모

---

48 최영실, 앞의 책, 214.
49 같은 책, 213.
50 엘리자베스 쉬슬러 피오렌자/김애영 옮김, 『크리스챤 기원의 여성신학적 재건』 (태초, 1993), 214.

두 슬피 울면서 도르가의 선한 행실을 증거하며 자신들에게 만들어주었던 속옷과 겉옷을 보여준다. 그 때에 죽은 도르가에게 베드로가 일어나라고 하자 그녀는 눈을 뜨고 되살아난다. 여성들의 스승으로서 그리스도의 여 제자인 도르가는 죽음에서 살아난 여성으로 기록되어 있다.[51]

그리스도교가 로마의 국교로 공인된 이후에도 여성들은 비그리스도인들에게 복음을 전하는 데 큰 영향력으로 발휘되었다. 콘스탄티누스 황제의 어머니 헬레나는 자선과 구제에 힘쓰고, 예배에 참여하며, 기도에도 열심이었다. 헬레나는 황실의 재정을 관리할 정도로 능력을 인정받은 여성이었다. 에우세비우스의 저서 『콘스탄티누스의 생애』에 따르면 헬레나는 도시를 순회할 때마다 백성들에게 풍성한 나눔을 행하였다. 헐벗고 보호받지 못하는 가난한 자들에게는 더욱 신경을 써서 베풀었다. 어떤 자들에게는 돈을, 어떤 자들에게는 옷을 제공하고, 감옥과 광산에서 심한 고통으로 고난당하는 자들이나 억압당하는 자들을 해방시키고, 어떤 자들은 귀양살이에서 다시 불러들였다.[52] 비록 교회가 점차 가부장화되면서 교회 직분의 성별화가 일어나고 여성의 활동은 차단되었지만 남성 제자나 사도들 이상으로 복음 전파에 앞장선 여성들의 다양한 섬김과 봉사의 노력은 기독교의 디아코니아적 삶을 확실히 보여주었다. 따라서 이러한 여성들의 열정과 주체적 활동에 대한 재발견이 필요하다.

---

51 최영실, 앞의 책, 213.

52 서원모 편역, "콘스탄티누스 황제의 어머니 헬레나," 『여성과 초대 기독교』(크리스찬 다이제스트, 2002), 211.

Ⅲ. 가부장적 자본주의를 극복해내는 여성의 디아코니아적 삶

사람이 영원히 살기 위해서 어찌해야 하느냐는 율법학자의 질문에 예수 그리스도는 하나님을 사랑하고, 이웃을 사랑하라고 답한다. 그리고 예수 그리스도는 '사회적 약자'인 이웃을 섬기기 위해 식탁공동체와 물질적 자원의 나눔을 공고히 하는 디아코니아적인 삶의 모범을 보이셨다.[53] 디아코니아적인 삶은 예수 그리스도의 삶을 본받아 이웃 사랑을 실천하는 것이다.

여기에서는 세계화의 그늘 속에서도 꿋꿋이 살아내야 하는 어머니들, 딸들, 며느리들 그리고 아내들에게 희망과 힘이 되어주었던 디아코니아 살리미들의 모임을 소개한다.

기독여민회(이하 기여민)는 1986년 창립한 이래 사회의 여성을 비롯한 소외받은 자들과 함께 호흡하며 디아코니아를 실천해 왔다. 기여민은 화려한 네온사인이 넘실대는 도시의 가장자리에 사는 사람들과 함께 살아왔다. 그들은 거대화된 자본들 앞에서 자신의 생존권과 자존감을 위협받는 여성들이었다. 그들이 당한 고난은 '어쩔 수 없음', '대책 없음'으로 자리하면서 외로움과 슬픔이 되었다.[54] 기독여민회 활동가들은 여성공동체적 디아코니아 운동을 각자 자신이 일하는 현장과 공동체 터전에서 펼쳐나갔다.[55] 여성의 삶은 가장 먼저 육아 문제에 직면

---

53 홍주민, "개신교와 연대정신: 독일 디아코니아운동의 역사,"「역사비평」(2013. 2), 108.

54 박경미, "예수 운동의 정신과 기독여민회," 기독여민회 편,『발로 쓴 생명의 역사, 기독여민회 20년』(대한기독교서회, 2006), 36-38.

55 손은하, "생명공동체를 일구어 가는 삶의 길목에서," 기독여민회 출판위원회 편,『바다을 일구어가는 여성들』(기독여민회, 2001), 104-105.

하기에 활동가들은 아이를 맡긴 엄마들이 안심하고 일을 할 수 있도록 온종일 아이들을 위한 돌봄의 디아코니아를 살아냈다.[56] 활동가들은 산꼭대기 가난한 이들이 모여 사는 곳에서 공부방을 열었고, 또 실직한 부모의 고통과 갈등으로 점철된 일상을 힘들어하고, 본드 흡입으로 삶을 피폐하게 살아가는 청소년들, 온종일 재봉틀 먼지를 뒤집어쓰고 사는 단칸방의 엄마들, 유치원에도 가지 못하고 굶으면서 골목에서 노는 아이들, 돈 때문에 매일 부부싸움으로 아수라장이 되는 가정에서 살아야 하는 아이들이 사는 곳, 그곳에 디아코니아 활동가들이 함께했다.[57] 1998년 IMF 사태로 대량 발생한 실직자들을 돕고자 하는 움직임이 일어났을 때, 여성노숙자 문제에 대해 별 관심도 보이지 않던 상황에서 기독여민회 활동가들은 "소리 없는 혁명을 꿈꾸는" 디아코니아적 삶을 실천했다.[58]

전 지구적 자본주의의 세력은 갈수록 여성들의 삶에 중첩되는 짐을 지도록 한다. 자본주의의 가부장체제가 여성들을 고립화시키고 개별화되도록 억압한다. 그렇지만 여성들에게 주체적인 힘이 있음이 확인되었다. 또한 여성들이 지닌 나눔과 섬김의 능력은 디아코니아 활동가들에 의해서 재발견되었다.

디아코니아는 돌봄과 살핌을 통해 딛고 일어서야 하는 현장에서 이루어져야 한다. 자본주의 세력이 전 지구적으로 확장되고 유지되면 될

56 남미영, "나를 있게 한 어머니들," 기독여민회 출판위원회 편, 『바닥을 일구어가는 여성들』, 31.

57 유미란, "하늘 아래 첫 동네 하월곡동 이야기 ― 가난한 여성과 함께," 기독여민회 출판위원회 편, 『바닥을 일구어가는 여성들』, 76.

58 정태효, "소리 없는 혁명을 꿈꾼다," 기독여민회 출판위원회 편, 『바닥을 일구어가는 여성들』, 120.

수록 주체적인 여성이 행하는 디아코니아는 기존의 가부장적, 남성 중심적, 위계적이고 경쟁 중심적 체제에 균열을 일으킬지도 모른다. 하지만 기독교의 디아코니아는 예수 그리스도가 섬김과 봉사의 본을 보이심으로써 인류 구원의 행동실천을 보이신 것처럼 누구도 예외 없이 존중되는 삶을 보장받도록 하는 데 있다. 여성을 위한 디아코니아, 여성의 디아코니아, 여성에 의한 디아코니아는 자본주의적 가부장제를 극복해낼 수 있는 힘을 온 인류에게 퍼뜨릴 수 있다. 이제 더 이상 '세계화의 하인들'로 살아가는 가난한 여성들을 스스로 비참하고 불행한 존재로 내버려두지 않는다. 예수 그리스도 안에서 자유와 해방을 얻은 하나님 나라의 백성으로 살아갈 수 있도록 디아코니아는 실천해야 한다. 이로써 곧 여성은 가부장적 체제 질서 이데올로기를 끊어낼 수 있는 힘 있는 주체적 일꾼으로 거듭 세워질 수 있을 것이다.

참 고 문 헌

1부 _ 신자유주의를 넘는 성서적 담론

이숙진 • 한국교회 대중적 신앙 담론과 자본주의의 친연성

김동호. 『깨끗한 부자』. 서울: 규장, 2001.

_____. 『깨끗한 크리스천』. 서울: 규장, 2002.

_____. 『어린이 돈 반듯하고 정직하게 쓰기』. 서울: 주니어규장, 2003.

김미진. 『왕의 재정: 내 삶의 진정한 주인 바꾸기』. 서울: 규장, 2014.

김영봉. "깨끗한 부자는 없다, 신 청부론에 대한 대안적 비판 — 적선을 넘어 제도 개혁으로." 「기독교사상」 47(2003. 3).

김진형. "'평생 부자 불가능' 60% 육박." 「머니투데이」 2013년 6월 19일 4면.

김진호. 『시민K, 교회를 나가다』. 서울: 현암사, 2012.

박성수 · 김성주 · 김동호 · 홍정길. 『나는 정직한 자의 형통을 믿는다』. 서울: 규장, 2004.

빈민지역운동사 발간위원회 엮음. 『마을공동체 운동의 원형을 찾아서』. 서울: 한울, 2017.

서중석. "예수의 카리스마적 리더십과 마가공동체." 「신학논단」 29(2001. 8).

안병무. 『민중신학이야기』. 서울: 한국신학연구소, 1987.

이경숙 외. 『기독교와 세계』. 서울:이화여자대학교 출판부, 2013.

이군호. "국민 54%, 로또 아니면 10억 모으기 불가능." 「머니투데이」 2011년 6월 21일 4면.

이숙진. "깨끗한 부와 거룩한 부: 후기자본주의시대 한국교회의 '돈' 담론." 「종교연구」 (2016).

_____. "세계금융위기 이후 한국 개신교와 돈의 친연성: 수용자 연구를 중심으로." 「종교문화비평」 (2018).

이오갑. "종교개혁자들의 경제관." 「사회이론」 52 (2017).

_____. "칼뱅에 따른 돈과 재화." 「한국조직신학논총」 40 (2014).

이택환. "하늘은행에 입금하면 이자율이 3000%?" 「뉴스앤조이」 2014년 2월 5일.

홍석만 · 송명관. 『부채 전쟁: 세계 경제 위기의 진실』. 서울: 나름북스, 2013.

Dezalay, Yves/김성현 옮김. 『궁정전투의 국제화: 국가권력을 둘러싼 엘리트들의 경쟁과 지식 네트워크』. 서울: 그린비, [2002] 2007.

Ellul, Jacques/양명수 옮김. 『하나님이냐 돈이냐』. 서울: 대장간, [1954] 1994.

Gonzalez, Justo L. *The Story of Christianity*. Volume 1, *The Early Church to the Dawn of the Reformation*. San Francisco: Harper & Row, 1984.

Harrison, M. F. *Righteous Riches: The Word of Faith Movement in Contemporary African American Religion*. Oxford: Oxford University Press, 2005.

Horsley, Richard A./김준우 옮김. 『예수와 제국: 하느님 나라와 신세계 무질서』. 고양: 한국 기독교연구소, 2004.

Simmel, G./안준섭 옮김. 『돈의 철학』. 서울: 한길사, [1933] 2013.

Tawney, R. H./고세훈 옮김. 『기독교와 자본주의의 발흥』. 서울: 한길사, 2015.

Weber, Max/김덕영 옮김. 『프로테스탄티즘의 윤리와 자본주의 정신』. 서울: 길, [1920] 2010.

김정숙 • 낙타와 하나님 나라: 낙타가 바늘귀 통과하기

김정숙. "3.1 독립선언100주년: 식민주의, 세계화 그리고 한반도 민족주의." 「신학과 세계」 97 겨울호.

레인, 리처드 J./이기철 옮김 옮김. 『장 보드리야르 소비하기』. 서울: 앨피, 2008.

워터스, 말컴/이기철 옮김. 『세계화란 무엇인가』. 서울: 현대미학사, 1998.

장윤재. "경제 세계화와 하이에크의 신자유주의에 대한 신학적 비판." 「시대와 민중신학」 8 (2004).

최효찬. 『보드리야르 읽기』. 서울: 세창미디어, 2019.

포티스, 조너던/최이현 옮김. 『자본주의가 대체 뭔가요?』 서울: 아날로그, 2019.

Augustine. *On Christian Doctrine*. trans. by D. W. Robertson, JR. New Jersey: Macmillan/Liberal Arts, 1958.

Burkholder, J. R. "Money or Servant?" *Vision* (2011, Spring).

Rodin, R. Scott. "In the Service of One God only: Financial Integrity in Christian Leadership." *ERT* 37/1 (2013).

Saint Augustine. *On Christian Doctrine*, trans. by D. W. Robertson, JR. New Jersey: Macmillan/Liberal Arts, 1958.

그 외 인터넷 사전 및 성서

정복희 • 많은 무리를 먹인 기적 이야기에 나타난 평등 지향
— 요한복음 6:1-15를 중심으로

구인회. "한국의 소득분배 악화 요인과 정책과제." 「한국 사회보장학회 정기학술발표논문집」 (2017), 25-56.

김민주. 『50개의 키워드로 읽는 자본주의 이야기』. 서울: 미래의 창, 2000.

김호경. "누가공동체의 식탁교제와 성결법의 확장." 「신학논단」 26/2 (1999), 379-400.

라이트, N. T./박문재 옮김. 『신약성서와 하나님의 백성』. 서울: 크리스찬다이제스트, 2003.

맥, 버튼/김덕순 옮김. 『잃어버린 복음서』. 서울: 한국 기독교연구소, 1999.

뵈젠, 빌리발트/황현숙 옮김. 『예수시대의 갈릴래아: 예수의 생활공간과 활동 영역으로서의 갈릴래아에 대한 시대사적·신학적 연구』. 서울: 한국신학연구소, 2006.

브라운, 레이몬드 E./최홍진 옮김. 『요한복음 I: 표적의 책』, AB 29a. 서울: 기독교문서선교회, 2013.

예레미아스, 요아킴/한국신학연구소 번역실 옮김. 『예수시대의 예루살렘: 신약성서시대의 사회경제사 연구』. 서울: 한국신학연구소, 1988.

조태연/출판위원회 편. "성결의 이념과 예수의 하나님 나라." 『성결과 하나님나라: 강근환 교수 은퇴 논문집』. 서울: 한들, 2000.

최형묵. "그리스도교와 자본주의: 인간의 삶을 위한 교회의 선택." 「신학과 철학」 29 (2016), 125-148.

홀슬리, 리차드 A./김준우 옮김. 『예수와 제국: 하느님 나라와 신세계 무질서』. 서울: 한국 기독교연구소, 2004.

홍기빈. 『자본주의』. 서울: 책세상, 2011.

홍두승·구해근. 『사회계층·계급론』. 서울: 다산, 2001.

Ascough, Richard S. "Social and Political Characteristic of Greco-Roman Association Meals." In *Melas in the Early Christian World: Social Formation, Experimentation and Conflict at the Table*. Edited Dennis E. Smith and Hal Taussig. New York: Palgrave Macmillan: 2012.

Borg, Marcus J. *Conflict, Holiness & Politics in the Teaching Jesus*. New York: E. Mellen Press, 1984.

Daise, Michael A. *Feasts in John: Jewish Festivals and Jesus' 'Hour' in the Fourth Gospel*.

Tübingen: Mohr Siebeck, 2007.

Dunn, James D. G. *Jesus, Paul and the Law: Studies in Mark and Galatians.* London: SPCK, 1990.

Hoskins, Paul M. *Jesus as the Fulfillment of the Temple in the Gospel of John.* Eugene: Wipf&Stock, 2006.

Klinghardt, Matthias. "A Typology of the Communal Meal." In *Meals in the Early Christian World: Social Formation, Experimentation, and Conflict at the Table.* Edited Dennis E. Smith and Hal E. Taussig. New York: Palgrave Macmillan, 2012.

Kobel, Esther. *Dining with John: Communal Meals and Identity Formation in the Fourth Gospel and Its Historical and Cultural Context.* Lieden & Boston Brill, 2011.

Lim, Sung Uk. "Biopolitics in the Trial of Jesus(John 18:28-19:16a)." *The Expository Time* 127 (2016), 209-216.

_____. "The Political Economy of Eating Idol Meat: Practice, Structure, and Subversion in 1 Corthians 8 through the Sociological Lens of Pierre Bourdieu." *Horizons in Biblical Theology* 34 (2012), 155-172.

Murphy-O'connor, Jerome. *St. Paul's Corinth: Text and Archaeology.* collegeville, Minnesota: The Liturgical Press, 2002.

Neusner, Jacob. "The Fellowship (חרודה) in the Second Jewish Commonwealth." *Harvard Theological Review* 53/2 (1960), 125-142.

_____. *From Politics to Piety: The Emergence of Pharisaic Judaism.* New York: KTAV, 1979.

Neyrey, Jerome H. "The Idea of Purity in Ancient Judaism." *Journal of the American Academy of Religion* 43/1 (1975), 15-26.

_____. "The Idea of Purity in Mark's Gospel." *Semeia* 35 (1986), 91-128.

Rosenblum, Jordan D. *Food and Identity in Early Rabbinic Judaism.* Cambridge: Cambridge University Press, 2010.

Schrenk, G. "ἀρχιερύς." *TDNT* vol. 3. ed. Gerhard Kittel and Gerhard Friedrich, trans. G. W. Bromiley. Grand Rapids: WM. B. Eerdmans, 1974.

Smith, Dennis E. *From Symposium to Eucharist: The Banquet in the Early Christian World.* Minneapolis: Fortress Press, 2003.

Taussig, Haul. *In the Beginning was the Meal: Social Experimentation and Early Christian Identity.* Minneapolis: Fortress Press, 2009.

Wright, David P. "Unclean and Clean(OT)." ABD vol. 6. ed. David Noel Freedman. New York: Doubleday, 1992.

최은영 • 경제적 위기 속의 한부모 가족 이야기 ― 열왕기하 4장을 중심으로

박득훈. 『돈에서 해방된 교회』. 포이에마, 2014.

우택주. 『새로운 예언서개론』. 침례신학대학교 출판부, 2009.

정중호. 『열왕기하』. 대한기독교서회, 1995.

최은영. "엘리사설화에 나타난 여성에 관한 연구." 「한국여성신학」 55 (2003), 49-62.

_____ · 김혜란. 『성서에서 만나는 다문화이야 기』. 대장간, 2013.

Ackerman, Susan. "Why is Miriam also Among the Prophets? (And is Zipporah Among the Priests?)." *JBL* 121 (2002), 47-80.

Bellis, Alice Ogden. *Helpmates, Harlots, and Heroes*. Louisville, Ky.: Westminster/John Knox Press, 1994.

Bergen, Wesley J. *Elisha and the End of Prophetism*, JSOTSup. Sheffield: Sheffield Academic Press, 1999.

Brenner, Athalya. *A Feminist Companion to Samuel and Kings,* The Feminist Companion to the Bible 5. Sheffield: Sheffield Academic Press, 1994.

Burney, C. F. *Notes on the Hebrew Texts of Kings*. Oxford: At the Clarendon Press, 1903.

Camp, Claudia V. "The Wise Women of 2 Samuel: A Role Model for Women in Early Israel." *CBQ* 43 (1981), 14-29.

Carroll, R. P. "The Elijah-Elisha Sagas: Some Remarks on Prophetic Succession in Ancient Israel," *VT* 19 (1969), 400-415.

Newsom, Carol A. and Sharon H. Ringe, eds. *Women's Bible Commentary: Expanded Edition with Apocrypha*. Louisville, Westminster John Knox, 1998. 한역: 캐롤 A. 뉴섬·샤론 H. 린지 편/이화여성신학연구소 옮김. 『여성들을 위한 성서주석 - 구약편』, 대한기독교서회, 2015.

Rentenria, Tamis H. "The Elijah/Elisha Stories: A Socio-cultural Analysis of Prophets and Peoples in Ninth Century B.C.E. Israel," in *Elijah and Elisha in Socioliterary Perspective,* ed. Robert B. Coote. Atlanta: Scholars Press, 1992.

Roncace, Mark. "Elisha and the Woman of Shunem: 2Kings 4:8-37 and 8:1-6 Read in Conjunction." *JSOT* 91 (2000), 109-127.

Shields, M. "Subverting a Man of God, Elevating a Woman: Role and Power Reversals in 2 Kings 4." *JSOT* 58 (1993): 59-69.

Van Wijk-Bos and Johanna, Athalya. *Reformed and Feminist: A Challenge to the Church.* Louisville, Ky.: Westminster/John Knox Press, 1991.

Williams, James G. "The Prophetic Father." *JBL* 85 (1966), 344-348.

Wilson, Robert R. *Prophecy and Society in Ancient Israel. Fortress Press, 1980. 한역: 로버트 R. 윌슨/최종진 옮김.『고대 이스라엘의 예언과 사회』. 예찬사, 1991.*

인용사이트

서울경제신문. '열악해지는 한부모 가정 재정…"생계비·취업지원 절실."' https://www. sedaily.com/NewsView/1VJAIS03VQ. (2019. 6. 2. 접속.)

한겨레. "사별·이혼으로 나락…한부모 가족 못 건져올린 '복지망'." http://www.hani.co. kr/arti/society/rights/923557.html#csidxe0125d6a03b433c80e890f7144fc1 b1. (2020. 1. 8. 접속.)

한국한부모가정사랑회. "저소득 모자 가정, 부자 가정의 4.5배." http://hanbumo.org/ info/read.asp?id=881&number=395. (2019. 6. 2. 접속.)

홀리넷. "과부." http://www.holybible.or.kr. (2019. 12. 2. 접속.)

2부 _ 신자유주의적 삶 속으로 — 시선과 성찰

박진경 • 신자유주의적 자본주의 시대, 이주 여성 노동자와 한국교회의 과제

곽미숙.『삼위일체론 전통과 실천적 삶』. 서울: 대한기독교서회, 2009.

김윤옥. "한국교회 설교에 대한 여성신학적 문제제기." 한국여성신학회 엮음,『교회와 여성 신학』, 230-247. 서울: 대한기독교서회, 1997.

노영상.『미래교회와 미래신학』. 서울: 장로회신학대학교출판부, 2009.

라쿠나, 캐서린 모리/이세형 옮김.『우리를 위한 하나님: 삼위일체와 그리스도인의 삶』. 서울: 대한기독교서회, 2008.

박홍순. "이주민 선교를 위한 성서해석." 총회국내선교부 편,『이주민 선교와 신학』,

43-64. 서울: 한국장로교출판사, 2011.

백은미. 『여성과 기독교교육』. 서울: 이화여자대학교출판부, 2014.

오현선. "이주민과 다문화주의의 정의로운 공존을 위한 하나의 대안." 한국여성신학회 엮음, 『다문화와 여성신학』, 259-288. 서울: 대한기독교서회, 2008.

_____. "이주 여성과 기독교교육." 총회국내선교부 편, 『이주민 선교와 신학』, 123-163. 서울: 한국장로교출판사, 2011.

_____. "한국 사회 여성 이주민의 삶의 자리와 기독교교육적 응답." 「기독교교육논총」 제 15집 (2007), 247-281.

이혜경 외. "이주의 여성화와 초국가적 가족: 조선족 사례를 중심으로." 「한국 사회학」 40/5 (2006), 258-298.

임월산. "신자유주의적 자본주의, 인종주의 그리고 한국의 이주 노동자." 「사회운동」 2011, 87-110.

정현주. "이주, 젠더, 스케일: 페미니스트 이주 연구의 새로운 지형과 쟁점." 「대한지리학회 지」 43/6 (2008), 894-913.

조희원. "한국의 다문화주의와 결혼 이주 여성." 「유라시아연구」 제7권 제3호 (2010), 259-274.

LaCugna, M. Catherine. "The Baptismal Formula, Feminist Objections and Trinitarian Theology." *JES* 26 (1989), 235-250.

임현진 • 인공 '여성' 지능에 대한 여성주의 현상학적 이해
— 바울서신에 나타난 여성 역할의 모순성을 중심으로

저서 및 논문

뉴섬, 캐롤·샤롤 린지/박인희·장양미·정혜진 옮김. 『여성들을 위한 성서 주석』. 서울: 대한 기독교서회, 2012.

니이버, 리차드/홍병룡 옮김. 『그리스도와 문화』. 서울: 한국기독학생회출판부, 2007.

아시모프, 아이작/김옥수 옮김. 『아이, 로봇』. 서울: 우리교육, 2016.

양명수. 『생명에서 성명으로: 서구의 그리스도적 인문주의와 동아시아의 자연주의적 인문 주의』. 서울: 이화여자대학교 출판부, 2012.

_____. 『호모 테크니쿠스: 기술 환경 윤리』, 서울: 한국신학연구소, 1997.

오닐, 캐시/김정혜 옮김. 『대량살상 수학무기: 어떻게 빅데이터는 불평등을 확산하고 민주주의를 위협하는가?』 서울: 흐름출판, 2017.

이희은. "AI는 왜 여성의 목소리인가?: 음성인식장치 테크놀로지와 젠더화된 목소리." 「한 국론정보학보」 90 (2018), 126-153.

임현진. "하이데거 〈종교현상학 입문〉강의에 나타난 '현사실적 삶의 경험'의 근원적 의미." 「신학연구」 71 (2017), 127-153.

_____. "타인과 더불어 있음의 현사실성: 하이데거의 실존범주 '심려'." 「철학논집」51 (2017), 183-212.

_____. "업신여김의 현상학: 하이데거의 종교현상학과 기초존재론의 기독교 윤리학적 이 해." 서울: 이화여자대학교 대학원 (2017).

플라톤/박종현 옮김. 『에우티프론; 소크라테스의 변론; 크리톤; 파이돈』. 서울: 서광사, 2003.

하라리, 유발/전병근 옮김. 『21세기를 위한 21가지 제언: 더 나은 오늘은 어떻게 가능한가? 』 파주: 김영사, 2018.

하이데거, 마르틴/이기상 옮김. 『존재와 시간』. 서울: 까치, 1998.

_____/ 이기상 옮김. 『기술과 전향』. 서울: 서광사, 1997.

Aho, Kevin. "Gender and Time: Revisiting the Question of Dasein's Neutrality." *Epoché: A Journal of History of Philosophy* 12/1 (2007), 137-155.

Derrida, Jacques. "Geschlecht: sexual difference, ontological difference." *Research in Phenomenology* 13 (1983), 65-83.

Heidegger, Martin. *Sein und Zeit*. Tübingen: Niemeuyer Verlang GmbH&Co. KG, 1993.

_____. *Being and Time*. tr. by John Macquarrie & Edward Robinson. New York: Haper, 1962.

_____. *The Metaphysical Foundations of Logic*. Bloomington: Indiana University Press, 1984.

Robertson, Jennifer. "Gendering Humanoid Robots: Robo-Sexism in Japan." *Body & Society* 16/2 (2010), 1-36.

Fischer, Linda. "Phenomenology and Feminism." in *Feminist Phenomenology*, 17-38. Dordrecht; Boston: Kluwer Academic Publishers. 2000.

Fielding, Helen A. and Dorothea E. Olkowski. eds. *Feminist Phenomenology Futures*. Bloomington: Indiana University Press. 2017.

Young, Iris Marion. "Throwing like a Girl: A Phenomenology of Feminine Body Comportment Motility and Spatiality." *Human Studies* 3/2 (1980), 137-156.

Oksala, Joanna. *Feminist experiences: Foucauldian and phenomenological investigations.* Evanston: Northwestern University Press. 2016.

온라인 자료

https://www.theguardian.com/technology/shortcuts/2019/mar/04/adios-alexa-why-must-our-robot-assistants-be-female.

http://www.holybible.or.kr/B_GAE/.

https://www.nbcnews.com/know-your-value/feature/artificial-intelligence-has-gender-problem-why-it-matters-everyone-ncna1097141.

https://voicebot.ai/2019/11/23/u-s-consumers-do-express-a-preference-for-female-gendered-voice-assistants-according-to-new-research/.

https://plato.stanford.edu/entries/heidegger/.

https://www.smh.com.au/technology/we-need-siri-to-be-sirius-genderless-voice-assistant-splits-experts-20190322-p516m3.html.

https://exploringyourmind.com/frankenstein-syndrome/.

https://www.iep.utm.edu/divine-c/.

https://fortune.com/2018/05/10/ai-artificial-intelligence-sexism-amazon-alexa-google/.

http://nymag.com/intelligencer/2019/05/un-report-ai-voices-are-sexist.html.

https://www.techtimes.com/articles/239631/20190314/meet-q-the-first-genderless-voice-heres-how-it-sounds.htm.

https://hbr.org/2019/10/what-do-we-do-about-the-biases-in-ai.

https://hbr.org/2019/05/voice-recognition-still-has-significant-race-and-gender-biases.

김선하 • 자본주의에서 '좋은 삶'에 대한 해석학적 모색

레비나스/양명수 옮김. 『윤리와 무한』. 다산글방, 2000.

류정아. 『마르셀 모스, 증여론』. 커뮤니케이션스북스, 2016.

리쾨르, 폴/김웅권 옮김. 『타자로서 자기 자신』. 동문선, 2006.

_____/ 박병수·남기영 편옮김. 『텍스트에서 행동으로』. 아카넷, 2002.

모스, 마르셀/이상률 옮김. 『증여론』. 한길사, 2018.

아리스토텔레스/천병희 옮김. 『니코마코스 윤리학』. 도서출판 숲, 2018.

브루그만, 월터/박규태 옮김. 『안식일은 저항이다』. 복있는 사람, 2018.

장경. "폴 리쾨르의 정의 이론." 「해석학연구」 제31집 (2013).

Ricoeur, P. *Soi-même comme un autre*. Seuil, 1990.

_____. *La memoire, l'histoire, l'oubli*. Seuil, 2000.

강희수 • 전 지구적 자본주의 시대, 여성과 디아코니아

기독여민회 편. 『발로 쓴 생명의 역사, 기독여민회 20년』. 서울: 대한기독교서회, 2006.

기독여민회 출판위원회 편. 『바닥을 일구어가는 여성들』. 서울: 기독여민회, 2001.

독일개신교연합 편/홍주민 옮김. 『디아코니아신학과 실천』. 오산: 한국디아코니아연구소, 2006.

몰트만, 벤델 엘리자베스. 『예수 주변의 여인들』. 서울: 대한기독교출판사, 1992.

몰트만, J./정종훈 옮김. 『하나님 나라의 지평 안에 있는 사회선교』. 서울: 대한기독교서회, 2000.

미즈, 마리아. 『가부장제와 자본주의』. 서울: 갈무리, 2017.

배너지, 아비지트·뒤플로 에스테르/이순희 옮김. 『가난한 사람이 더 합리적이다』. 서울: 생각연구소, 2011.

베버, 막스/김상희 편역. 『프로테스탄트 윤리와 자본주의 정신』. 서울: 풀빛, 2016.

보그, M.·K.D. 크로산 /김준우 옮김. 『바울의 첫 번째 서신들』. 고양: 한국 기독교연구소, 2010.

서원모 외 편역. 『여성과 초대 기독교』. 서울: 크리스찬다이제스트, 2002.

손규태. 『하나님 나라와 공공성』. 서울: 대한기독교서회, 2010.

윤철원. 『신약성서의 그레꼬-로마적 읽기』. 서울: 한들출판사, 2000.

이선애. 『아시아 종교 속의 여성』. 서울: 아시아여성신학 자료센터, 1994.

이정배. "탈세속화시대의 디아코니아, 그 향방."「신학논단」65 (2011.9), 169-204.

이현옥. "전 지구적 정치경제 구조변화를 페미니스트 시각으로 읽는 방법."「한국여성학」33/4 (2017), 247-252.

장필화 외.『페미니즘, 리더십을 디자인하다』. 서울: 동녘, 2017.

제닝스, 테오도르 W./박성훈 옮김.『예수가 사랑한 남자』. 서울: 동연, 2011.

최영실.『신약성서의 여성들』. 서울:대한기독교서회, 2000.

피오렌자, 엘리자베스 쉬슬러/김애영 옮김.『크리스찬 기원의 여성신학적 재건』. 서울: 태초, 1993.

필리피, 파울 외/지인규 옮김.『디아코니아』. 서울: 프리칭 아카데미, 2010.

한국여성연구소 편.『젠더와 사회』. 서울: 동녘, 2017.

홍주민. "성남주민교회 40년, 디아코니아적 의미." 미간행 논문(2013).

_____. "개신교와 연대정신: 독일 디아코니아운동의 역사."「역사비평」(2013.2), 108-128.

후버, 볼프강/채수일 옮김.『진리와 평화를 위한 교회의 투쟁』. 서울: 한국신학연구소, 1991.

Davies, M./윤철원 옮김.『목회서신』. 서울: 이레서원, 2000.

Hachen, E./이선희, 박경미 옮김.『사도행전(1)』. 서울: 한국신학연구소, 1987.

Hochschild, A. R. "Global care and emotional surplus value." *On The Edge: Living with Global Capitalism,* eds. W. Hutton and A. Gidddens. London: Jonathan Cape, 2000.

ILO. *International Labour Migration: A rights-based approach.* Geneva: ILO office, 2010.

Lossky, Nicolas 외/한국기독교교회협의회 편.『에큐메니칼 운동과 신학 사전 I』. 서울: 한들출판사, 2002.

Ruether, Rosemary R. *Christianity and the Making the Modern Family.* Boston: Beacon Press, 2000.

Sassen, Saskia. "Women's Burden: Counter-geographies of Globalization and the Feminization of Survial." *Journal of International Affairs* 53/2 (2002), 503-524.